조선 사람들,
자기
삶을
고백하다

조선 사람들,
자기 삶을 고백하다

초판 1쇄 인쇄 2021년 8월 23일
초판 1쇄 발행 2021년 8월 30일

_

지은이 정우봉
펴낸이 이방원
편 집 송원빈·김명희·안효희·정조연·정우경·최선희·조상희
디자인 손경화·박혜옥·양혜진   **영 업** 최성수

_

펴낸곳 세창출판사
    신고번호 제1990-000013호 **주소** 03736 서울시 서대문구 경기대로 58 경기빌딩 602호
    전화 02-723-8660 **팩스** 02-720-4579 **이메일** edit@sechangpub.co.kr **홈페이지** http://www.sechangpub.co.kr
    블로그 blog.naver.com/scpc1992 **페이스북** fb.me/Sechangofficial **인스타그램** @sechang_official

_

ISBN 979-11-6684-048-7 03910

ⓒ 정우봉, 2021

이 책은 고려대학교 문과대학 박준구기금 인문교양총서 지원으로 출간되었습니다.

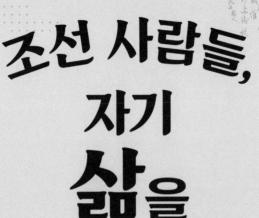

조선 사람들, 자기 삶을 고백하다

정우봉 지음

세창출판사

오늘날 자기표현의 시대적 흐름에 힘입어 자서전, 일기, 회고록 등 자전적 글쓰기가 매우 활발하게 이루어지고 있다. 우리는 각종 블로그, SNS 등을 통해 자기에 관한 글쓰기가 매우 성행하는 시대를 살고 있다. 자서전, 일기 등은 이 같은 자기표현의 시대적 흐름에 잘 맞는 장르다. 자아, 주체, 개성에 대한 관심이 높아지고 있는 시대적 흐름 속에서 현대인들은 규격화된 일상으로부터 찾을 수 없는 삶의 다양성을 각양각색의 인물들로부터 발견하려고 한다. 아울러 인종, 성, 종교, 사회 신분 등의 차이로 말미암아 거부된 목소리를 현대인들은 자기 서사 혹은 자전적 글쓰기라는 통로를 통해 듣고자 한다.

그리고 최근에 들어와 생활사, 문화사에 대한 관심 속에서 고문서, 일기, 자서전 등과 같은 자료의 정리 및 연구가 매우 활발하게 진행되고 있다. 이들 자료는 공식적인 역사 기록, 간행 문집 등에서 찾기 어려운 매우 다채로운 삶의 모습들을 흥미롭게 제시해 주고 있다는 점에서 근래 들어 더욱 주목의 대상이 되고 있다.

이러한 점에 특별히 주목하여 우리는 조선시대 사람들이 기록한 자기 삶의 모습들을 다각도로 살펴볼 필요가 있다. 여기서는 왕실 사람, 양반 사대부에서부터 서얼, 여성, 하급 병사, 공인 등에 이르기까지 다양한 신분과 계층의 인물들이 제각각 살아갔던 삶의 구체적 면모를 집중적으로 조명한다. 조선시대 사람들은 자신들의 삶을 어떠한 동기에서 기록하였으며, 어떠한 모습으로 형상화하였는가? 이러한 기록들을 통해 조선시대 삶의 생생한 면모들을 드러내고자 하였다. 서로 다른 신분과 계층의 사람들이 펼쳐 낸 저마다의 인생사를 이 책에서는 전란, 유배, 인생, 사랑 등을 주제로 하여 크게 네 부분으로 배치하였다. 이 책에서 주안점을 두고 있는 점은 다음과 같다.

첫째, 다른 사람의 손을 빌리지 않고 자신이 직접 쓰고 기록한 문헌들을 적극적으로 발굴하고 조명하고자 하였다. 자신이 직접 자기 삶을 기록하는 것을 '자기 서사', '자전적 글쓰기'라고 한다. 자기 서사 형태의 글쓰기에는 자서전, 일기 등이 포함된다. 이러한 자서전, 일기 등과 같은 자기 서사적 작품들을 대상으로 삼아 이들 기록물에 나타난 각 개인의 역사와 생활을 집중적으로 다루고자 하였다. 자전적 글쓰기는 타인의 손과 입에 의해 왜곡, 과장되지 않고, 최대한 진실되게 자신의 삶을 서술할 수 있는 이점을 지니고 있다. 더욱이 이들 자전적 글쓰기는 특별한 형식이나 기교를 요구하지 않는 만큼 양반 사대부가 아닌 다양한 계층의 사람들이 참여하여 자신들의 목소리를 낼 수 있다는 점에서 중요하다.

둘째, 역사 속에 기록된 위대한 인물보다는 역사 기록에서 소외된 인물들의 삶을 발굴하고 조명하는 데에 초점을 맞췄다. 이에 따라 여기에서는 왕실 사람과 사대부들이 털어놓는 자기 삶의 고백을 듣는 한편, 서얼, 여성, 하급 병사, 공인이 토로하는 자기 삶의 고백을 적극적으로 반영하고자 하였다. 양반 사대부 이외의 계층, 여성 등의 소수자들을 역사의 무대로 끌어들여 그들이 겪었던 삶의 이력들을 생생하게 펼쳐 보이고자 하였다. 이를 통해 역사에서 소외된 인물들의 삶에 담겨 있는 다채로운 모습들을 부각시켰다.

셋째, 상이한 신분 계층의 목소리에 담긴 다종다양한 개인들의 일상과 욕망을 담아내고자 했다. 이에 따라 사건 위주의 서술보다는 각 개인이 겪었던 구체적인 삶의 현장을 전달하고, 그 같은 일상적 삶의 공간 속에서 그들은 무엇을 느끼고 무엇을 생각하였는가에 초점을 맞추어 서술하였다. 이를 위해 신분별, 계층별로 각 개인이 겪었던 삶을 서술함으로써 그들의 다채로운 역사와 생활을 효과적으로 드러내 보이고자 했다.

이 책의 집필은 고려대학교 박준구기금 인문교양총서 지원을 받아 이루어졌다. 이 자리를 빌려 감사를 드린다. 원고 출간을 맡아 준 세창출판사 편집진에게도 감사를 드린다.

2021년 8월
학교 연구실에서 정우봉

차례

1부

전란의
소용돌이 속에서

1장

어느 때, 어느 날에나 잊을까: 남평 조씨

최초의 한글 일기 『병자일기』

350년 동안 집안 대대로 내려온 조선시대 한 여성의 일기. 한글 일기로는 현재까지 알려진 최초의 작품이라는 이 『병자일기丙子日記』는 제목에서 짐작할 수 있듯이 조선 병자호란(1636~1637) 당시의 상황과 그 직후의 생활과 감정을 기록한 일기이다. 작가인 남평 조씨南平曹氏, 조애중曹愛重(1574~1645)은 1574년 명문가의 딸로 태어나 1645년 72세로 병사하였는데, 남편 남이웅南以雄(1575~1648)과는 17세에 혼인하여 56년을 해로하였다. 남편이 대사헌, 형조판서 등 높은 벼슬을 하였고, 집안의 노비가 200명이 넘는 명문대가의 큰마나님으로 살았으나 10대와 20대에 임진왜란을, 60대에 병자호란을 겪었고 네 아들

남한산성(경기도 광주시)

『해동지도』의 남한산성(서울대학
교 규장각한국학연구원/중앙도서관)

과 딸 하나를 두었지만 모두 일찍 죽고 말아 결코 행복한 삶이었다고
는 말할 수 없었다. 일기 속 그녀는 63세부터 67세에 이르는 노년으
로, 일기를 통해 병자호란의 와중에 겪은 피란 생활, 세자를 따라 심
양으로 잡혀간 남편을 기다리는 동안 가솔을 데리고 농사를 지으며
집안을 이끄는 일상, 일찍 죽은 자식들을 향한 그리움과 심양에 억류
되어 있던 남편의 귀향에 대한 간절한 바람 등을 이야기하고 있다.

『병자일기』는 현존하는 한글 일기 가운데 창작 연대가 명확하게 밝혀진 최초의 작품이다. 물론 그 이전에도 유성룡의 아들인 유진柳袗이 쓴 한글 일기인 『임진록』과 『임자록』이 있고 16세기 말엽에는 하급 계층에 의해 쓰인 한글 일기도 있었다. 또한 날짜와 날씨를 밝히고 대체적으로 시간 순서에 따라 그날 일어났던 사건과 사실들을 나열하는 남성들의 한문 일기도 있었다. 이러한 한글, 한문 일기와 16세기 중후반의 한글 편지 등은 여성들의 한글 일기문학의 바탕이 되었고, 남평 조씨의 일기로 이어졌다고 볼 수 있다.

이러한 한글 글쓰기와 일기문학의 계승 속에서 『병자일기』는 한글 산문의 글쓰기 방식을 더욱 내면화하는 방향으로 발전시켰다. 한글 편지가 특정한 상황 속에서 받는 이에게 안부를 묻고 용건을 전하며 상호 간의 공감을 나누려는 목적이 있는 글쓰기라고 한다면, 일기는 특정한 독자를 전제하지 않고 자신만의 내적인 독백과 토로를 강조하는 글쓰기이기 때문이다. 작가에 의해 주관적으로 형성된 시간의 흐름 속에서 '자기'를 발견하고 '인생'의 의미를 성찰한다.

『병자일기』는 '가정일지'와 '내면일기'의 성격을 동시에 지니고 있다. 한문 일기의 전통을 이어받아 그날그날의 일상사를 기록하는 한편, 그것을 넘어서 여성 화자의 내면과 심리까지도 표현하였다. 노년 이기는 하나 전란 중 가솔을 데리고 집안을 이끌어 가는 양반가 여성으로서의 정체성과 자식을 잃은 상실감 속에 고통스러워하는 어머니로서의 정체성이 동시에 나타나고 있다. 자식 모두를 먼저 앞세운 어머니로서의 비탄과 회한 속에서도 그녀는 피란을 가고, 남편을 기다리고, 큰 집안을 이끌고 제사를 주관하고, 주변인들을 챙기며, 매일의 일상을 기록했다. 어쩌면 고통스럽고 힘겹고 외롭던 그녀의 삶을 지탱해 주던 것은 이러한 일상의 기록과 일기 속에서나 가능했을 깊은 내면의 토로였을지도 모른다. 이러한 그녀의 일기에서 우리가 가장 먼저 마주치는 것은 병자호란 당시 급하게 서울을 빠져나가는 피란 행렬의 모습이다.

대갓집 큰마나님이 만난 전란의 모습

조씨가 난리를 피해 집을 떠나 있던 기간은 1636년 12월 중순에서 1638년 5월까지 1년 7개월 정도이다.

일기는 병자년 조씨가 남한산성에 있던 남편에게서 모든 것을 내려놓고 바로 피란을 가라는 편지를 받으면서 시작된다. 아마도 임금의 측근 최고위층의 정보로써 긴박한 상황을 알고 남들보다 먼저 피란을 떠났을 것이다. 뒤주 하나 들고 가족과 종들은 남쪽으로 이동한다.

1636년 12월 17일

날이 새도록 길을 가니 서리와 눈이 말 위에 온통 얼어붙었다. 청호淸湖[1]의 큰길에 다다르니 군병軍兵이 오른다고 하므로 청호 작은 길로 오다가 걸어

오던 두 집의 종 여덟 명과 난추와 천남이를 길을 잘못 들어 잃고 아침이 되도록 찾지 못했다. 길마다 피란하는 사람들은 끝이 없고 길이 여러 방향으로 났으니 어디로 갔는지를 몰라서 온 집안사람이 발을 동동 구르며 애를 썼다. 마을에 들어가 아침밥을 먹고 종들을 다 흩어서 찾으나 찾지를 못하니 갑갑하고 민망하기를 어찌 다 말하랴. 그렇게 하다가 보니 청풍淸風[2]으로 가는 길은 늦어 가는데 주인이 복명하기를 도적이 벌써 그쪽 방향으로 갔다고 하니 그쪽으로는 갈 엄두도 내지 말라고 하거늘 진위振威[3]의 감찰댁을 찾아 들어가니 시간은 이미 한낮이 지났다.[4]

1637년 1월 13일
도적[청나라 군대]이 예산禮山[5]에 들어왔다고 소동이 나니 세 댁 내행차內行次[6]는 서산瑞山으로 가고 진사進士는 계성鷄城[7]으로 가서 밀산군댁 배를 얻으면 섬으로 들어가고 배를 못 얻으면 홍주洪州[8]로 해서 여산礪山[9]으로 나가려고

1   청호(淸湖): 지금의 경기도 평택시 진위면 청호리.
2   청풍(淸風): 지금의 충청북도 제천시 청풍면 일대.
3   진위(振威): 지금의 경기도 평택시 진위면 일대.
4   작품의 원문 번역은 남평 조씨, 『병자일기』(박경신·전형대 역주, 예전사, 1991)를 참고하였다. 이 책을 현대적으로 재정리하여 출간한 『병자일기: 노부인, 일상을 기록하다』(박경신 역주, 나의시간, 2015)도 함께 참고할 만하다. 남평 조씨의 『병자일기』는 『향토연구』 6집(충남향토연구회, 1989)에 소개되어 처음 세상에 알려졌다. 현재 『병자일기』 원본은 국립공주박물관에 소장되어 있다.
5   예산(禮山): 지금의 충청남도 예산군 일대.
6   내행차(內行次): 부녀자의 행차.
7   계성(鷄城): 지금의 충청남도 당진군 당진읍 동쪽 성 밖의 마을.
8   홍주(洪州): 지금의 충청남도 홍성 지역.

하나 도적이 어느 곳으로 흩어질 것인가를 몰라서 큰길로 나갈 결단을 하지 못하였다.

1637년 1월 16일

소허섬[10]으로 가는데 풍설이 크게 일어나 가까스로 세 댁 행차가 넘어 들어갔다. 초경(오후 7~9시)쯤 되어서 거기 간 양반들이나 마을 사람들이 계성관에 이미 도적이 들어왔다고 소동이 진동하였다. 이경(오후 9~11시)쯤 되어서 밀산군댁 일행과 함께 달밤에 시러담潭을 건너는 배를 타서 동녘이 조금 훤할 때 죽도竹島[11]에 가 닿았다.

1637년 1월 17일

아침에 바닷가에 내려 대[竹]를 가리고 지어 간 찬밥을 일행이 몇 숟갈씩 나누어 먹었다. 충이와 어산이가 연장도 없이 대나무를 베어, 가까스로 두 칸[二間] 길이나 되는 집을 짓고 문 하나를 내어 명매기[12]의 둥지처럼 조그만 움을 묻고 생댓잎으로 바닥을 깔고 댓잎으로 지붕을 이어 세 댁의 내행차 열네 사람이 그 안에 들어가 지내고, 종들은 대나무를 베어 움막을 지어 의지하고 지낸다. 하지만 물이 없는 무인도여서 대나무 수풀에 가서 눈을 긁어모아 녹여 먹었다. 당진에서 축이가 몹시 아파서 오지 못했는데

9　여산(礪山): 지금의 전라북도 익산 지역.
10　소허섬: 충청남도 태안군 태안반도에서 남쪽으로 뻗은 천수만에 있던 섬.
11　죽도(竹島): 충청남도 안면도와 홍성 사이에 있는 섬으로 추정.
12　명매기: 제빗과의 여름 철새. 제비보다 날개와 꽁지가 조금 더 긺.

　　　　　　　　　　　　　　　　　　　　　1부 전란의 소용돌이 속에서

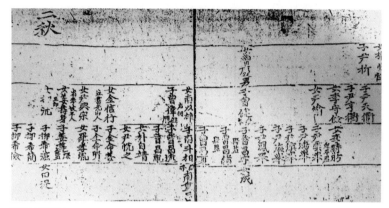

남평 조씨 족보

조리를 하고 오장五將[13]의 양식을 찧어 날라다가 바닷물에다 한번 대충 씻어서 밥을 해 먹었다. 피란 온 사람들이 모두들 거룻배로 나가 물을 길어 오지만, 우리 행차는 거룻배도 없고 그릇도 없으니 한 그릇의 물도 얻어먹지를 못하고, 밤낮으로 산성을 바라보며 통곡하고 싶을 뿐이었다.

주로 친지와 노비 등이 거주하여 연고가 있는 호서 지방을 이리저리 옮겨 다니며 피란 생활을 하게 되는데, 피란 초기에는 청나라 군대를 피해 섬으로 들어가기도 했다. 대나무로 얼기설기 바람막이를 짓고 바닷물에 쌀을 씻어 밥을 지어 먹고 물이 없어 고생하기도 한다. 그 와중에 남편의 소실이 아들(천남이)을 낳기도 했고, 남편은 세자를

---

13 오장(五將): 조선시대 군직(軍職)이었던 오위장(五衛將)을 말함. 오위(五衛)의 으뜸 벼슬이었음.

모시고 청나라의 심양으로 끌려갔다. 답답하고 무섭고 불안했을 것이다.

그러나 역시 대갓집의 피란살이는 일반 백성들과는 달라 초기 몇 달이 지나 섬에서 나온 후로는 호서 지방의 친지와 종들이 있는 곳을 옮겨 다니며 살고, 친지와 지방호족들에게서 음식과 생필품들을 받으며 생활한다. 게다가 곳곳에 산재한 집안 소유의 논밭에 종들을 시켜 농사를 짓기까지 한다. 고생스럽고 불편하기는 하나 먹거리가 없어 굶어 죽고 얼어 죽던 일반 백성에 비할 수는 없었다.

1637년 3월 9일

조별좌가 부안에 피란을 가 있다가 우리에게서 간 기별을 듣고 찾아오니 반가움을 정하지 못하겠다. 서로 죽었는지 살았는지도 알지 못하다가 만나 보니 그지없는 정회를 어찌 다 말하겠는가. 충주로 가려고 하니 여러 날 길에 가기도 민망하고 아기네만 데리고 어찌할까 걱정이고, 가도 거기 초대함도 없으면 그것도 민망하고 혼자 가서는 견디어 낼 일이 더욱 아득하다. 의주댁 형님이 여산에 계신다고 하니 보덕 기별 올 적에 함께 가서 거기서나 지낼 작정을 하였다.

1637년 3월 27~28일

천남이가 다녀왔다. 남원에서 콩 열 말, 백지 두 권 보내고 임실의 강위재 씨가 참깨와 마름질한 옷, 소주 한 병, 꿩 한 마리, 백지 세 권 그리고 동생이 행담行擔[14] 하나를 보내시고 사람과 말을 보내라고 하시더라고 한다. 조

별좌가 보령에 다녀왔다. 박진사가 임천에 갔다. 덕산 김생원이 다녀가
셨다.

1637년 4월 6일

맑았다. 서울 갔던 종들과 막개가 왔다. 기춘이가 맡았던 관대함[15]은 잠가
두었더니 그대로 있고, 농에 넣었던 것들은 다 보자기에다 쌌다고 하더니
솜 두었던 옷 열여덟 벌과 명주 두 필이 없고, 갯지가 맡았던 짐은 제 집
창고에 쌓아 두었다고 하더니 하나도 없다고 한다. 농의 것과 사실私室 함
지[16]를 다 잃어버리니 그런 일이 없다. 그러나 일가들이나 무사하고 영감
이 평안히 다녀 나오시기만 밤낮으로 원할 뿐이요, 그런 짐이나 강도에게
간 내 농에 넣은 것, 그중에 겉옷과 겹옷 합쳐 육십여 가지나 잃었지마는,
곡식이나 그 밖의 것은 생각도 없다.

피란 시작 후 4개월 정도가 지나면 그런대로 급박하고 비참했던 초
기 생활은 진정이 된다. 종들을 시켜 서울의 본가에 가 보게 하여 살
림살이들을 확인하기도 하고 생사를 몰랐던 친지들과도 차츰 만나게
된다. 일반 백성들보다 비교적 여유로운 피란 생활을 했고, 남편의
귀국 후에는 서울로 돌아가 일상생활을 하게 되지만 그렇다고 해서
전란의 어두운 그늘을 피할 수는 없었다. 돌아왔던 세자가 다시 심양

14 행담(行擔): 길을 나설 때 가지고 다니는 작은 상자.
15 관대함: 관대(冠帶)를 넣은 함.
16 함지: 나무로 네모지게 짜서 만든 그릇.

으로 끌려가게 되면서 대신들의 자제들도 인질로 청나라에 가게 된다. 적자가 모두 죽은 조씨는 그나마 정 붙이며 살던 서자마저 청나라의 인질로 내어주게 된다. 그 과정에서 왕실의 무력한 모습과 백성들의 통분, 서자를 청나라로 보내게 된 전란 뒤의 상황을 생생하게 보여 준다.

1640년 윤 1월 9일

흐리고 추웠다. 대궐에 새벽 문안 가셨다가 왕손과 대군 가시는 데 모화관에 다녀오셨다. 오늘 신하와 백성들의 처지와 모습이 참담하여 모든 백성이 울지 않는 사람이 없고 조정 대신들을 포함하여 어느 백관이라도 슬프지 않을 사람이 없겠지만 영감께서는 붙들려 갔다 오셨던 분이니 그 마음이 더욱 어떠하시랴. 내가 이틀 동안이나 눈물을 금할 수가 없는데 임금님과 왕후님께서야 어떠하시랴. 가지 많은 시절을 보는도다. 슬픔이 그지없다.

1640년 3월 9일

맑았다. 아침 드신 후에 청배에 가시더니 약주를 잡수시고 들어오셨다. 저녁때에 치자置子 바꾼 일들[17] 때문에 배오개 영감과 병조판서와 홍보가 옥

---

17 치자(置子) 바꾼 일들: 병자호란이 끝난 이후 조정의 대신들의 적자(嫡子)를 청나라 심양으로 보내게 되어 있었다. 그러나 대신들은 서자를 대신 보낸 경우가 있어서 문제가 되었다. 이 일로 인하여 최명길(崔鳴吉)과 이경석(李景奭)은 파직(罷職)되고, 남이공은 유배되었다.

에 갇힌 기별이 오니 의금부에 가셨다가 밤중쯤에 들어오셨다. 그런 놀라운 일이 없다. 치자를 대신 보내신 일 때문에 이러하다. 두림이가 가게 되었으니 아직 어린아이로서 나의 눈과 귀 같은 구실을 하고 있다가 저리로 보내게 되는 심정이 슬프기 그지없으니 이런 시절이 옛날에도 있었던가? 갑갑한 일이다.

1640년 4월 2일

동궁東宮[18]께서 다시 청나라로 들어가시니 우리 마음도 이러한데 임금님의 마음이야 어떠하시랴. 어찌 시절이 변하여 이렇게 되었는가? 이렇게 애닳고 서러운 일이 없다. 영양군 부인이 여산으로 가시니 가 보고 왔다. 어제 홍명일 댁에서 심양으로 사람이 간다고 와 보고 가시니 남의 일 같지가 않아서 마음이 그지없이 울적하였다.

1640년 4월 26~27일

이날 정사에서 예조판서에 임명되시니 치자 갈 일로 마음이 그지없다. 별좌別坐[19]가 죽은 후에는 수족이 없는 사람이 되어 지내다가 천남이가 자란 후에는 온갖 일에 귀와 눈처럼 있었는데 저리로 보내게 되니 이런 일이 없어한다. 낸들 저를 첩자妾子같이 여기며 저인들 나를 큰어머니라고 하랴. 이렇게 늙고 병病 속에 있으니 다시 보지 못할 듯하여 마음이 그지없다.

---

18 동궁(東宮): 인조의 맏아들 소현세자.
19 별좌(別坐): 25세에 후사 없이 죽은 아들 두상(斗相)을 가리킴. 금화사별좌(禁火司別坐)를 지냈음.

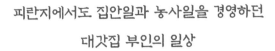

피란지에서도 집안일과 농사일을 경영하던
대갓집 부인의 일상

　조씨는 거의 매일 날씨와 일상 사건들을 충실히 기록한다. 여기에서 그녀의 성실성과 치밀함을 엿볼 수 있으며 당시 생활상도 미루어 짐작해 볼 수 있다. 날씨는 어땠으며 찾아온 사람은 누구였으며, 농사일은 어찌 진행되고 있는지, 피란 생활 중 받은 물건들을 하나하나 꼼꼼히 기록해 두었다. 그 시절 양반 대갓집의 생활상을 알 수 있을 정도로 농사일과 교제 관계, 주고받은 선물의 품목이 매우 상세히 기록되어 있다.

　그녀는 힘겨운 피란 생활 중에도 제사를 지내고 손님을 접대하고, 농사를 경영하고 하인들을 관리하는 등 모든 집안일을 주관하였다. 연중 30회가 넘는 제사를 어김없이 지냈으며, 호서 지역 곳곳에 산재해 있는 농지에 종들을 보내 농사를 지었다. 농사의 진척 상황에 대해 세세하게 적었으며, 종들을 각 도에 보내 노비 신공身貢을 받아 오게 하고, 집안에 들어오고 나가는 물품을 빠짐없이 기록했다. 지금으로 보자면 거대한 회사를 경영하는 CEO의 역할을 당시에 60대의 그녀가 다 해내고 있었다. 자식을 다 잃고 남편은 적국에 억류되어 있는 처지에 슬픔과 불안 속에서도 집안을 지키고 이끄는 일은 빈틈없이 해내고 있었던 것을 보면 그녀의 강인함을 알 수 있다.

1638년 2월 15일

아침에 흐리다가 늦게야 개었다. 이안利安[20] 밭에 보리를 갈려고 소 두 마리와 사람 열 명이 보리씨 열여섯 말을 가지고 갔다.

1638년 2월 23일

맑았다. 새로 삼간三間 집을 세웠다. 충이가 경상도 공貢[21]을 받아 왔다.

1638년 2월 25일

망남이가 노루를 세 마리 잡았다. 집에 지붕을 이었다. 저녁에 비가 조금 왔다.

1638년 4월 20일

맑았다. 두 칸 되는 넓이에다가 평상처럼 나무를 깔고 바자[22]를 깔아 놓으니 웬만큼 시원하다. 거리실[23] 논에 가래를 따러 사람 셋이 갔다. 효신이의 어미에게 전에 쌀 한 말을 보내었더니 소주 아홉 복자[24]와 오리알 열 개를 가지고 왔다. 창증脹症[25]으로 밥을 못 먹으니 조금씩 마시면 퍽 낫고 시골이

---

20 이안(利安): 지금의 충청북도 충주시 대소원면 본리 지역.
21 공(貢): 노비 신공(身貢)을 말함. 노비가 국가나 주인에게 신역(身役)을 바치지 않는 대신에 부담하는 물품.
22 바자: 대, 갈대, 수수깡, 싸리 따위로 발처럼 엮거나 결어서 만든 물건.
23 거리실: 충청북도 충주시 대소원면 완오리에 있는 지명.
24 복자: 기름을 되는 데 쓰는 그릇. 모양이 접시와 비슷하고 한쪽에 귀때가 붙어 있음.
25 창증(脹症): 여러 가지 원인으로 배 속이 그득하고 배가 부풀어 오르는 증상.

라도 손님이 이따금 이어서 오시니 대접하느라고 그렇게 한 것이다.

1638년 4월 25일

돌샘골 논을 다섯이 김매러 갔다. 두 번째 스물네 명이 들어서 매었다. 이 생원댁에서 떡과 조기 한 뭇을 보내셨다. 오늘 거리실 닷말지기를 진만이가 매러 갔다. 집의 종 아홉과 정수 부부, 모두 열한 명이 갔다.

1638년 5월 4~5일

오늘은 명절(단오)이라 시골 사람들이 다 집에 들어 쉰다. 일봉이와 애남이가 온다고 하기에 단오제나 지내고 올 사람들인데 하고 마음이 놀라와서 바삐 물어보라고 하였더니 영감께서 강을 건너셨다고 하면서, 편지를 가지고 왔다. 즐겁고 시원함에 어찌할 바를 몰라 몸이 공중에 오른 듯 날 듯 싶으니 어찌 다 기록하리오? 연양군부인의 편지와 배오개 별실別室[26]의 편지, 남진사의 편지도 다 보았다. 진사는 장릉의 참봉을 하여 사은하고 능으로 가노라고 하였으니 그런 기쁜 일이 없다. 광주의 종순이 메조를 애남이가 가져왔는데 다섯 말 반이었다. 급료로 받은 콩 네 말도 가져왔다. 연안의 검동의 집 하인을 만났는데 벼 열다섯 섬, 품삯으로 쌀 두 섬, 품삯 아닌 것으로 한 섬, 그리고 선물차로 받은 쌀 세 말 반 가운데에서 다섯 되는 초관이 받은 것이라서 초관 댁에 드렸다고 한다.

---

26   별실(別室): 첩(妾)의 다른 말. 측실(側室)이라고도 함.

1638년 5월 25일

맑았다. 흙당 논에 집의 종 여섯이 김매러 갔다. 그 논에 보비삶이[27]는 김매기가 미처 두 벌을 가지 못했고 올벼는 세 벌, 다른 곳은 다 두 벌씩 매었다.

기록에서 보듯이 농사일은 있었던 사실 위주의 간략한 기록으로 남겼는데, 1년 7개월여의 타지 생활이 끝나고 서울로 돌아간 뒤로는 농사일에 대한 기록보다는 손님 접대라든가 제사 등 집안 행사와 남편의 관직 생활 등에 관한 짧은 기록들이 많다. 아마 서울로 돌아간 뒤로는 농사일은 직접 모든 것을 챙기기보다는 어느 정도는 아랫사람들에게 맡기고, 귀국한 남편의 내조와 집안의 대소사를 주관하는 데에 좀 더 힘썼을 것이다.

1638년 7월 19일

증조모 기제사忌祭祀를 지냈다. 남두성이 와서 제사에 참례하였다. 개령의 내생이가 종이 두 권을 선물로 가져왔다. 이참의가 어제 왔다고 사람을 보내셨다. 일봉이가 영월에 다녀왔다. 병환이 차도가 없어서 중하더라고 한다. 중소의 혼인을 다음 달 초이틀로 날을 정하였는데 갑자기 혼례가 늦어지는 것이 아닌가 한다.

---

27 보비삶이: 보비(補肥)를 하고 삶는 것. 보비는 농작물에 첫 번 거름을 준 뒤 밑거름을 보충하기 위하여 더 주는 비료.

1639년 10월 15일

맑았다. 대궐에 문안 후 오셨다. 채별좌가 집에서 식사하였다. 저녁때에 조생원이 와서 집에서 저녁을 먹은 후에 갔다. 이흘李忔의 집 경사스러운 잔치에 가셨다. 어제 심도사 댁의 혼인에 가셔서 축하하고 오셨다. 이날이 일진이 좋지 않은 날이니 아무튼 혼인한 일을 두고 볼 일이다. 어둡게야 들어오시니 술기운도 계시고 기운이 서러우신 듯 잠도 들지 못하고 계시는데 이경 삼점[28]에 분발分撥[29]이 왔다. 임금님의 병환이 저녁 사이에 기운이 올라 나아지지를 않으신다고 하면서 약을 잡수신다고 들어오라고 사람이 오니, 겨우 일어나 갑자기 궐하에 가시니 임금께도 망극하고 영감께서도 석 달째 밤낮으로 다니시니 기운이 옳으시랴.

1639년 12월 1일

맑았다. 대기大朞[30]를 지냈다. 유석창이 와서 제사에 참례하였다. 오후에 연양군과 병조참판이 오셔서 술을 세 잔씩 잡수셨다.

1640년 1월 11일

아침에 흐리다가 늦게 눈이 왔다. 천남이 어미가 오시(오전 11시~오후 1시)에

---

28 이경(二更) 삼점(三點): 대략 밤 10시 무렵이 되면 인정(人定)이라고 하여 28번 종을 치고 통행을 금지하였음.

29 분발(分撥): 조선시대에 조보(朝報)에 중요한 사항이 있을 때, 조보를 발행하기 전에 먼저 베껴서 초안을 만들어 회람하는 일.

30 대기(大朞): 죽은 뒤에 두 돌 만에 지내는 제사. 대상이라고도 함.

1부 전란의 소용돌이 속에서

아들을 낳았다. 영감 마음이 우쭐우쭐하시다. 나는 어찌 된 팔자가 딸 하나와 아들 넷을 낳았으나 종적도 없어졌는가. 나이도 많고 병이 드니 더욱 설워한다. 며느리가 가니 더욱 마음이 울적하다. 모레 지낼 증조부 기제사의 제물을 유생원 댁으로 차려 보냈다.

한편 이러한 사실의 기록이라는 틀을 넘어서 그녀는 내면의 생생한 목소리를 표출하기도 했다. 이처럼 한글 산문의 표현 방법이 적극적으로 개척됨으로써 일기문학의 질적 전환이 이끌어지기도 했다. 이 내면의 목소리는 먼저 세상을 떠난 아들들을 향한 그리움과 상실감으로 표현된다.

1637년 10월 3일
별좌의 제사를 지내니 나의 설움이야 끝이 없다. 어찌 말로 다 할 수 있으랴. 제사를 지낼 사람도 없어서 남진사와 조창하가 제사에 참례하였다. 신주神主를 보니 숨이 막히는 듯하고 정신이 아득하기만 하다. 세월이라 흘러가지만 어느 때 어느 날에나 잊을까. 어여쁘던 얼굴이 생생하고 그리운 일만 생각하면 간담이 쪼개지는 듯, 베어지는 듯. 아이고, 꿈에나 나타나 보이려무나. 경계하고 눈물을 흘리며 지내나 꿈에도 한번 분명히 보이지를 않으니 제 잘못이로다. 저인들 정령이 있으면 늙은 어미를 생각하지 않으랴마는 유명幽明이 달라서 그런가 더욱 설워한다. 장차 벌써 오 년이 다 되어 가니 흐르는 세월을 누구를 위하여 머무르랴.

1638년 2월 15일

꿈에 영감도 뵈옵고 죽은 아이들도 보았으나 어릴 때같이 보여 천계[31]인지 두상인지 분간할 수가 없었다. 머리를 빗겨 땋아 보이며 반가워하다가 깨니 저희의 정령이 없지 아니하여 나에게 보이되 어른 얼굴은 뵈지 아니하니 서러운 정을 다 말하랴. 불쌍하도다 내 자식들, 아깝도다 내 자식들. 시절이 이러하다고 하나하나라도 있으면 내 몸이 이다지 외롭고 서러우랴. 매양 간담을 베어 내는 듯 숨이 막히는 듯 답답하며, 생각하고 서러워하면서도 어찌할 수가 없으니 내 마음을 스스로 위로하며 이리 헤아리고 저리 헤아린다. 나쁘다. 내 자식이라면 나를 묻고 죽으련마는 스물다섯 해 나를 빌려 남다른 모자(母子) 되었더니 슬피 이별하니 상사람(평민)들이 하는 말로 전생의 죄로 이러한가. 이승에서는 그리 사나운 일을 하지 않으려고 하는 것이 내 마음이었건만 어찌 하늘이 나쁘게 보셔서 무지한 상사람들도 자식이 많은데 나에게는 이렇게 하시는가? 갑갑할 때에는 공평하신 하늘을 원망하다가도 반드시 내 죄던가 하니, 한시에 헤아리는 내 생각을 수레엔들 다 실으랴.

1638년 4월 5일

천계의 기일(忌日)이라 제사를 지내고 나니 새삼스러이 마음이 그지없다. 어찌 내 자식들은 사람 일을 알 만하여 죽으니 더욱 섧다. 어려서 죽은 아이

---

31 천계는 남평 조씨의 첫째 아들로서, 13세에 죽음. 『남씨대동보』에 따르면 장남으로, 이름은 두량(斗亮)임. 두상은 둘째 아들로 후사 없이 25세에 죽음.

들은 생각도 아니 한다고 하겠지만, 두 아들은 십삼 년씩, 이십오 년씩 나를 빌려 모자母子 되어 살뜰히 사랑하며 살다가 다 죽어지니 알지 못할 일이로다. 나를 무슨 죄 때문에 이렇게 간장을 태우게 하시는가? 어느 날, 어느 때에나 마음이 누그러져 풀릴까? 내가 인간 세상을 버린 후에나 잊을까 한다.

대갓집의 큰마나님으로 제사와 접빈객과 집안 경영 등 어느 한 군데 빈틈없던 그녀의 내면은 이렇게 다 커서 죽은 자식에 대한 그리움과 회한으로 가득 차 있었다. 하늘을 원망하다가 전생의 죄를 의심하다 보면 숨이 막히고 가슴이 아득하다. 세월이 흘러도 자식 잃은 어미의 슬픔은 조금도 누그러지지 않아, 자신이 죽은 후에야 잊을 수 있을 것이라고 비탄에 빠진 말들을 쏟아낸다. 이러한 상실감은 아들의 죽음뿐만이 아니라 연이은 주변 인물들의 죽음을 통해서도 나타난다.

1639년 2월 9일

대기를 지냈다. 유생원이 와서 제사에 참례하였다. 영감께서는 석전제를 지내시고 새벽에 나오셨다. 어두워질 무렵에 덕산 김서방댁 부음이 오니 그런 놀라운 일이 없다. 이달 초 육일 부음이 오니 젊은 사람들은 어디로 가는가. 내 마음을 접어 두고 삼등댁 아우님 생각하며 그지없이 서러워하노라. 오래도록 못 잊어 하시더니 내 마음이나 그 동생님이시나 그지없으나 그 동생님은 여섯 아드님이 있으니 나와 같으시겠는가.

1639년 2월 12일

김서방 댁 성복도사와 참봉이 와서 여기서 지낸다. 젊은 사람들은 어찌 죽었는가. 제 사촌들이나 만나 보는가. 슬프기 그지없다. 어디로 가서 영혼들이 어버이를 그리워하는가. 새로이 서러워하노라.

1637년 11월 9일

여주댁[32] 기제사 날이라 새삼스러이 생각나게 하니 슬픔이 그지없다. 남진사가 와서 제사를 지냈다. 어찌 젊은 사람들이 일찍 인간 세상을 떠났으며 자식도 하나 없어서 제사 지낼 사람도 없는가. 어떤 일에 부닥쳐도 서럽지 않은 일이 없으니 참고 지내기는 하지마는 나의 간담이 얼마나 썩겠는가?

1638년 1월 11일

어두울 무렵 남원 가는 사람 편에 목강릉睦江陵[33]의 부음을 들으니 놀랍다. 초이렛날 상이 났다고 하니 그날 밤 내 꿈에 청배 형님이 보이고 슬퍼하시더니 그 일가 상사喪事가 나려고 그랬던가 싶다. 젊었을 때부터 같이 공부한 벗님이시고 간절하시기가 동생님 같으셨던 분이시니 더욱 잊지 못하겠다. 목수찬睦修撰[34] 처지를 생각하니 더욱 그지없다. 누가 초상 구완[35]이

---

32 여주댁: 25세에 후사 없이 죽은 아들 두상의 아내. 두상은 현감(縣監) 신조우(申祖禹)의 딸과 결혼하였으며, 첫째 부인이 죽은 이후 부사(府使) 이성남(李成男)의 딸을 후처로 맞이하였음. 남평 조씨는 이들 두 며느리를 '여주 며느리'와 '창골 며느리'로 부름.

33 목강릉(睦江陵): 강원도 강릉부사(江陵府使)를 지낸 목대흠(睦大欽)을 가리킴.

34 목수찬(睦修撰): 수찬(修撰) 벼슬을 지내고 있던 목행선(睦行善)을 가리킴. 목행선은 목대흠의 아들임.

1부 전란의 소용돌이 속에서

나 하시는가? 잊지 못하겠다.

1638년 11월 13일

홍판사의 상사가 났다고 새벽에 부음이 오니 그런 놀라운 일이 없다. 벗님 이시라고 다 같을 수 있으랴. 홍판사는 우리 일가와 정이 지극하셨으니 더욱 마음이 그지없다. 날이 채 밝기도 전에 영감께서 나가셨다.

첫 번째 기록에서 덕산 김서방댁의 죽음에 대해 이야기하고 있다. 덕산 김서방댁은 작가에게 아랫동서가 되는 삼등댁의 딸로 시댁 조카인 셈이다. 작가는 딸을 잃은 삼등댁의 처지를 자식 잃은 어머니의 동병상련의 심정으로 안타까워하고 있다. 그러면서 삼등댁은 아들을 여섯이나 두었으니 그나마 의지할 곳이 있지만, 자신은 자식 하나 없는 신세임을 한탄한다. 이어지는 두 번째 기록에서는 시댁 질녀의 죽음을 슬퍼하면서 자신의 죽은 아들을 떠올린다. 사촌인 질녀와 자신의 아들딸들이 죽어서 저승에서 서로 만나는지, 죽은 자식들이 어디를 떠돌며 어버이를 그리워하는 것은 아닌지를 묻고 염려하는 작가의 표현에는 안타까움과 그리움이 짙게 묻어난다. 아마도 남평 조씨가 일기를 쓰게 된 가장 중요한 계기는 이러한 주변 인물들의 죽음과 부재였을 것이다.

그녀가 죽은 이들과의 시간을 회상하면, 현실의 시간이 아닌 내면

35   구완: 아픈 사람이나 해산한 사람을 간호함. '구원'의 옛말.

의 시간이 펼쳐진다. 과거로 되돌아가 자신의 처지와 삶을 대상화하여 들여다보는 것이다. 아들과 며느리, 친척과 노비의 죽음을 바라보며 작가는 일기 쓰기라는 행위를 통해 내면의 시간 여행을 떠난다. 죽은 아들과 며느리의 생전 모습을 떠올리기도 하고, 아들이 죽은 이후의 슬프고 고통스러웠던 시간을 회상하기도 하고, 앞으로 다가올 자신의 죽음을 예감하기도 한다. 이러한 '죽음과 그로 인한 부재'는 일기의 주요한 동인이다. 작가는 죽음이라는 인간의 한계 상황에 직면하여 자신을 되돌아보고 성찰하는 것이다.

"가슴 속의 회포는 늘 불이 붙다"(1637년 3월 17일), "이 가슴 한 조각에 걸린 것은 언제나 풀어질까?"(1637년 7월 13일) 등에서처럼 내면적 정감과 고뇌의 토로가 곳곳에서 발견된다. 친아들의 죽음부터 가족, 친척, 이웃, 노비 등에 이르기까지 작가는 인간의 죽음과 그 부재에서 오는 충격과 상실감을 지속적으로, 그리고 강렬하게 표현하였다. 또한 앞으로 얼마 남지 않은 자신의 삶을 관조하며 인생의 부질없음과 허망함을 토로하기도 한다. 작품 후반부로 갈수록 그녀의 상실감과 공허함은 한층 더 강해진다.

1637년 7월 29일

여주 며느리 생일의 차례를 지냈다. 젊은 사람들은 먼저 죽어서 나로 하여금 이런 일을 보게 하는가. 이 늙은 몸이 서러워하게 만드는고. 영감을 집에 뫼시고 있을 적에는 슬픈 기색을 지니지 않고 지냈는데 이런 시절을 만나 만 리 이역으로 들여보내옵고 이 늙고 병든 몸이 외로이 있어 밤낮

남평 조씨, 『병자일기』(국립공주박물관)

으로 간담을 태우며 실낱같은 인생이 견디며 지내니, 천남이를 심양으로 보내면 그 뒤로는 더욱이 어찌 견딜꼬.

1639년 11월 8일

오늘이 별좌의 생일이라 차례를 지내니 무엇을 흠향하였는가. 기유년 (1669)에 낳아서 경사롭던 일이 하나의 꿈이 될 줄 알았으리오? 어찌 이십오 년을 내 자식으로 빌려 있어 모자의 은정恩情을 하루아침에 없이 만드는가. 아이고 아이고 하늘아 하늘아 할 따름이로다. 슬프다. 나 곧 죽은 후면 정성으로 그 누가 잔이나 부어 놓을까. 강진사 모부인母夫人 상사가 났는데 아들을 두고 돌아가시니 오죽이나 좋은 팔자인가.

'이런 시절'을 만나 '이 늙고 병든 몸'인 작가는 60대 중반이라는 노년의 나이에 자신의 처지를 되돌아본다. "자식도 없는 처지에 시절은 어수선하다"고 하면서 "어서 죽기가 소원"이라고 하였다. 아들, 며느리도 없는 처지에 나날이 노쇠해 가는 자신이 만나게 될 죽음을 인식하고 있는 것이다.

일기는 자기 고백의 문학이다. 그래서 남에게는 토로할 수 없는 내면의 감정을 독백이란 형식으로 이야기하기도 한다. '아이고 아이고 하늘아 하늘아'라는 혼잣말은 경험 자아와 서술 자아의 대화를 의미한다. 즉 작가가 곧 화자이며 주인공이자 독자로, 자기에게 말 걸기, 즉 일종의 자기 고백적 성격을 갖고 있다.

경험 자아는 고통을 겪으며, 서술 자아는 고통을 겪는 자신을 관찰하고 서술한다. 글을 쓰는 과정에는 고통을 겪는 자신과 그러한 자신을 바라보는 또 다른 자신이 존재하는 것이다. 경험 자아와 서술 자아는 끊임없이 서로를 바라보고 이해하면서 서로를 일체화시켜 나간다. 이를 통해 작가는 자기의 아픔과 슬픔을 치유하고 위로받는다. 남평 조씨는 자식과 며느리를 잃은 어머니, 60대 중반이라는 노년 여성으로서의 자기 정체성을 기반으로 자신을 바라보며 표현한다. 그래서 이 『병자일기』는 자기의 존재를 확인하고 표현하는 한글 산문의 표현 방법을 발전시켰다는 점에서 중요한 의의를 지닌다.

그리운 이들을 만나 보고지고

세자를 따라 심양으로 끌려가 언제 돌아올지 모르는 남편을 기다리며 느끼는 불안과 안타까움, 그리움 역시 남평 조씨의 글 전체를 관통하고 있는 정서이다.

1637년 11월 17일

저물어서 이참의李參議가 고국으로 나오신다는 기별이 오니 시원함이 그지없다. 우리 뜻이 이러한데 그 집안에서야 오죽할손가. 우리는 언제나 이 말을 듣고 즐길꼬. 이참의까지 나오고 나면 영감께서 혼자 남으시게 되니 그 심회가 더욱 어떠하실까 하고 헤아려 보니 숨이 막힐 듯 가슴이 답답하기만 하다. 어느 약으로 이 답답함을 고치랴. 영감께서 나오신다는 기별만 있으면 반드시 시원해지리라. 이리 헤아리고 저리 헤아리니 정신이 얼음장 같아서 산이나 하늘만 바라고 지내나, 누운들 잠이 오며 비록 음식이 있다 한들 먹을 마음이 있으리오?

1637년 11월 22일

이해[今年]도 거의 다하여 가니 심양 행차는 어느 날에나 기대할까. 아침이면 해님을 우러러 빌고 달 밝을 때면 달님에게 빌며 천지일월성신께 절하여 빈다. 그러나 정성이 부족한가. 하늘께서 감동을 아니 하시는가. 평생에 하느님을 원망하는 말을 입에 내지 아니하고 평생에 사나운 일을 아니 하려고 하였는데도 한 자식도 없고 이렇게 매양 가슴을 썩이며 지내니 하늘이시여 높으시나 높으시나 살펴보소서.

1638년 3월 25일

오늘은 영감께서 어디쯤에서 지내시는고 하고 생각하니 마음 아프기 그지없다. 무슨 일을 당하여도 잊을 때가 없다.

삼전도의 굴욕적 항복 이후 조선은 세자를 청나라에 인질로 보내게 된다. 그 수행 대신으로 남평 조씨의 남편은 심양으로 갔다. 언제 돌아오게 될지 기약도 없고, 심양에서의 삶은 과연 얼마나 힘들지 알 수도 없다. 답답하고 안타까워 정신은 얼음장 같고 잠은 안 오고 식욕도 없다. 그저 하늘에 빌고 땅에 빌면서 기다리고 또 기다릴 뿐이다.

같이 갔던 사람 중 먼저 돌아온 사람을 보면 부러우면서도 혼자 남을 남편이 걱정되어 가슴이 숯처럼 타들어 간다. '무슨 일을 당해도 잊을 때가 없다'는 말에 그녀가 남편을 걱정하고 기다리는 마음이 잘 드러난다. 홀로 등불을 마주하는 밤, 걱정과 기다림으로 잠을 이루지 못하는 그녀가 일기를 쓰는 모습이 떠올려지는 대목이다.

잠 못 이루며 일기를 쓰던 밤들이 지나고 아침이 밝아 오면, 1년에 30회가 넘는 온갖 제사와 농사의 경영 등 집안을 이끌어 가는 무거운 책무가 그녀를 기다리고 있다. 그러나 어쩌면 그러한 무거운 책무야말로 자식을 잃고 남편마저 곁에 없어 외롭고 힘든 그녀가 내면의 고통을 잠시나마 잊고 하루하루를 열심히 살아갈 수 있는 원동력이었는지도 모른다. 그런 나날의 생활 속에서 그녀는 꿈을 자주 꾸었다. 그녀는 그러한 꿈을 일기에 기록을 하곤 했는데, 불안과 고통을 누르며 난리 통에 큰 살림을 이끌고 책임져야 했던 그녀 내면의 무거움이 꿈이란 무의식의 시공간에 나타난 것으로 보인다.

1637년 9월 16일

바람이 불고 흐렸다. 꿈에 영감을 뵈옵고 이야기하다가 문득 하늘을 치어다보니 하늘문이 마치 남대문같이 크게 뜬 곳에 그 좌우에 기이한 대궐 같은 집에서 풍류기구風流器具를 웅장하게 갖추고 선관仙官 같은 사람들 서너 명이 앉아서 무슨 약 같은 것을 웃으면서 내려 주기에 받아 보니 그 뭉갠 것이 크기가 방미자만큼 되거늘 이상하게 생각하면서 내가 절하고 받아서 영감께 바쳐 보이니 이것은 기특한 길상조吉祥兆일 것이다. 영감이 동궁을 모시고 본국으로 쉽게 돌아오시게 될 것인가 한다. 이 꿈을 꾼 후로는 더욱 천지일월성신께 축원을 올리지 않는 날이 없고 아침해 돋을 때와 달 떠오를 때에 빌어서 어느 날도 무심히 지내는 날이 없다. 꿈이 기이하니 마음 든든하게 여기며 지낸다.

1637년 10월 4일

꿈에 영감을 보았다. 또 신선 같은 한 노옹老翁이 즐겁게 웃으며 나에게 말하기를 '무슨 일을 근심하느냐? 염려 말아라' 하여 보이시니 반드시 귀한 사람이었다. 꿈을 깨고 나서도 마음이 든든하고 기쁘다. 아마도 동궁전하를 모시고 영감이 쉽게 나오시는가 생각한다. 예사롭지 않은 꿈이니 기쁨이 많다. 이제는 정신이 없어서 꿈을 꾸어도 잘 생각이 나지 않지만 이런 꿈은 조금도 잊히지 않는다. 기특한 얼굴이 하도 분명하고 완연하며 말씀도 잊히지를 않는다.

1637년 11월 8일

꿈에 죽은 동생님네도 보았고 사곡社谷 어머님[36]도 뵈옵고 영감도 뵈었다. 기특한 학 같은 짐승이 춤추는 듯 넘노는 듯하다가 영감이 손수 그 짐승을 씻기시니 부리와 발이 검던 것이 붉어지며 몸이 희어지고 붉은 광채가 갓 칠한 듯하여 그 짐승이 기뻐하며 춤추고 말을 하는데 그 말은 알아들을 수가 없었다. 상서로운 일이 있어서 이런가? 기특한 일이다. [남편이] 쉽게 나오시게 되는가 싶다.

1637년 11월 12일

맑고 따뜻하였다. 꿈에 사곡 어머님을 뵈옵고 죽은 동생님네도 다 보니 반갑다. 여러 해가 되었지마는 꿈에도 분명히 못 보았더니 창골 며느리[37]를 보았다. 얼굴이 완연하고 성적成赤[38]하여 내 앞에 앉아 있어 보였다. 아깝고 불쌍할사 내 자식들, 서러울사, 아이고. 어디로들 가서 형영形影도 없어졌는가. 본디부터 자식이 없었던 사람이야 이렇게까지 서러울손가. 꿈속에서도 반갑고 다시 반갑고 슬픈 정이 그지없으나 평상시 같이 보인다. 잠을 깨니 흐뭇하나 어찌 늙은 나는 이렇게 살아서 가지 많은 시절까지 보는가.

---

36 사곡(社谷) 어머님: 남평 조씨의 시어머니. 사곡은 서울 서부(西部) 인달방(仁達坊)에 속한 지명임. 이곳은 남평 조씨의 남편 남이웅이 태어난 곳임.

37 창골 며느리: 25세에 후사 없이 죽은 아들 두상의 둘째 아내.

38 성적(成赤): 혼인날 신부가 얼굴에 분을 바르고 연지는 찍는 일.

1부 전란의 소용돌이 속에서

아이고, 할 뿐이로다. 영감도 뵈오니 나오시는가 한다.

1637년 11월 13일

꿈에 여주 며느리를 보았다. 불쌍하도다 다들 어디로 갔는고. 신주神主들만 보면 창자가 끊어지는 듯하다. 이틀 꿈에 계속하여 두 며느리를 보니 영감께서 쉽게 나오시게 되니까 정령들이 도와서 기쁜 일이 있음인가 한다. 묵적골 정동지 부자가 배고프다고 하여 뵈시니 슬프다.

1638년 8월 15일

꿈의 하늘 신선 같은 사람이 배 같은 것을 타고 남녀와 그 사람들이 신선 그린 것 같더라. 배에 오르라 하여 남자분이 계시다 하니 그 사람이 배 가운데 장막을 치고 오르라 하여 올라 이야기를 나누었다. 그 여자는 머리를 틀어 올려 비녀는 꽂고 옷을 입고 관 같은 것을 쓰고, 남자는 누런 장삼 같은 것을 입고 굴건 같은 것을 흔드는 듯하며 서 있거늘 물었더니, 그 여자가 대답하기를 저 사람은 자기의 남편이라고 말했다. 내가 말하기를 직녀는 비단을 많이 짠다고 하는데 옳으냐고 하였더니, 짜려 하면 하루 한 필도 넘게 짜되 자주 짜지를 않는다고 하였다. 내가 물으니 자기는 '설운'이라고 하였다. 시절흥망時節興亡이나 사람 목숨의 길고 짧음을 물으려고 하는 참에 잠이 깨었다.

　자주 꿈을 꾸는 조씨는 꿈속에서 많은 사람을 만난다. 먼저 이승을 떠난 친정어머니와 아들들과 며느리들, 시부모를 만나고 심양에 있는 남편도 만난다. 가장 꿈에 많이 보이는 사람은 남편으로, 남편의 꿈을 꿀 때마다 그녀는 남편이 곧 돌아올 것이라는 희망을 말한다. 슬픔과 고통 속에서도 희망과 좋은 일을 바라고 믿는 그녀의 낙천성과 강인함이 보이는 대목이다. 멀리 떠나간 사람과 작가 사이의 단절을 이어 주는 꿈속에서 그녀는 죽은 이들을 만나고 떨어져 있는 남편을 만날 수 있었다. 그러면 그리운 이들이 마치 옆에 있는 듯 든든하여, 꿈이 깨어서도 좋은 일이 있을 듯, 다시 만날 수 있을 듯한 마음으로 재회를 기원할 힘을 얻는 것이다.

이렇듯 『병자일기』는 남성 한문 일기 쓰기의 전통인 '사실 기록의 충실성'이란 틀을 넘어서 자신의 내면, 존재성을 들여다보고 표현하는 일기문학의 질적인 전환을 이루는 작품이다. 이후 한글 일기문학을 선도하였다는 점에서 문학사적 의의도 크다. 자식들을 앞세우고 전란으로 남편과 떨어져 홀로 꿋꿋이 집안을 지키고 일구었던 조선시대 노년의 한 여성. 그녀의 일상과 내면이 오롯이 잘 드러나 있는 이 일기에서 우리는 현실의 힘겨움과 내면의 고통을 넘어서는 '일기 쓰기'의 힘을 느낄 수 있다.

2장

하루를 내내 굶으니: 하급 병사

1728년 조선 영조 때 이인좌의 난이 일어났다. 노론이 지지한 영조가 즉위한 이후 소론은 정치적 위협을 느끼게 되었다. 이에 소론 강경파들이 난을 일으켰는데, 무신년에 일어나서 무신란이라고도 한다. 이때 이인좌의 난을 진압하려고 참전했던 훈련도감 소속의 한 마병馬兵이 한글 일기 『난리가』를 남겼다. 『난리가』는 1728년 3월 17일부터 4월 19일까지 약 30일 동안 이인좌의 난을 진압하는 과정에서 체험했던 사건을 기록한 일기다. '난리가'라는 제목만 놓고 보면 시가 작품이라 생각할 수 있다. '일상의 구어를 활용하여 병졸의 생활을 다룬 가사', '이인좌의 난 때 쓰인 작자 미상의 가사'라고 말해지기도 하지만, 사실은 산문으로 기록한 한글 일기이다.

『난리가』 작가와 훈련도감 병사

전근대시대에 전해지는 한글 일기는 많지 않다. 『난리가』는 지배층인 양반 사대부에 의해 작성된 것이 아니라 하급 계층인 한 병사에 의해 쓰였다는 점에서 더욱 중요하게 다루어져야 한다. 일기에서는 난의 전개와 전투에 관한 것뿐 아니라 무능한 지휘관에 대한 야유와 풍자, 무고한 백성들의 희생에 대한 안타까운 심정의 표출, 고단하고 힘겨운 군영 생활에 대한 실감 나는 묘사 속에서 하층민의 입장과 처지가 잘 드러난다. 하층민의 기록한 자신들의 이야기라는 데서 그 희소성이 매우 높다.

그런데 이 『난리가』의 작가가 정확히 누구인지는 알기 어렵다. 다만 작품 내 몇몇 단서를 통해 훈련도감 소속 마병으로, 가족과 함께 한양에 거주했던 인물로 추정될 뿐이다.

이인좌의 난이 일어났을 당시 훈련도감에서는 마병 357명이 출정하였다. 원래 훈련도감의 마병은 6초(711명) 규모였는데, 국왕의 호위와 도성의 수비를 위해 마병의 절반은 남겨 두고 그 나머지 절반을 반란 진압에 동원하였던 것으로 보인다. 그렇다면 작가는 어떤 지위와 신분의 사람이었을까.

1728년 3월 18일

금천에서 유숙하고 십팔일 새벽에 행군하여 과천을 지날 때 여염집이 다

1부 전란의 소용돌이 속에서

비고 행인이 없었다. 퉁노구에 밥을 지으니 그 쌀이 질기도 질었다. 한 덩이씩 손에 쥐었는데, 나무젓가락도 얻지 못하니 쇠숟가락을 생각하겠으며, 소금조차 얻지 못하니 장김치를 생각하겠는가. 손에 쥔 밥덩이를 먹을 때에 돌과 뉘는 어찌 이리도 워석버석하는가.[39]

퉁노구[40]에 지은 질디진 맨밥을 손에 쥐고 먹었고, 그 밥조차 돌과 뉘[41]가 섞여 있어 매우 조악한 수준이었다. '워석버석'은 얇고 뻣뻣한 물건이 부스러지거나 서로 스치는 소리를 뜻

조선말기의 퉁노구(북한 출토)

하는 말이다. 밥을 먹을 때마다 돌이나 벼 알갱이를 씹는 소리가 났다. 이 기록을 통해 일기의 작가가 지휘부의 높은 사람이 아니라 하급 병사였음을 짐작할 수 있다.

대체로 훈련도감 소속 군졸은 양인이거나 천인이었으며, 그들의 생활은 가난하고 열악하였다. 미천한 신분의 사람들이 대다수였기에 국왕에 대한 충성심으로 군역에 임했다기보다는 생계 수단으로 군역에 근무하고 있었다. 훈련도감 군사들은 조선 전기와는 달리 수도 한

---

39 하급 병사가 쓴 『난리가』는 고전소설과 문헌학 연구자인 유탁일 교수에 의해 처음 알려졌다. 유탁일, 「미발표작품 '날리가'에 대하여」, 『국어국문학』 61, 국어국문학회, 1973.
40 퉁노구: 병사들이 출정 시 갖고 다니며 밥을 짓던 구리 솥의 일종.
41 뉘: 껍질이 벗겨지지 않은 채로 섞인 벼 알갱이.

양에서 상시 근무하는 일종의 직업군인이었으며, 급료 이외에 군역 근무에 대한 보상을 간절히 바랐다.

이러한 가난한 하급 마병 중에서 『난리가』의 작가는 문서 실무를 담당했던 서자적書字的일 가능성이 있다. 서자적은 조선시대 각 군영에서 문서의 작성과 기록을 맡아 하던 하급 군졸이었다. 실제로 훈련 도감에는 마병 1초마다 서자적이 1명씩 배치되어 있었다. 작가가 마병 중에서 서자적일 가능성을 제기하는 이유는 작품 속에 임금의 전지, 반란군의 격문, 지휘관의 훈시 등을 충실하게 수록했으며, 이인좌의 난에 참여했던 다수 인물의 지위와 성명, 난이 끝난 후에 임명되거나 봉훈된 지위 등이 정확하게 쓰여 있기 때문이다.

『난리가』를 쓴 시기는 언제쯤일까? 아마도 이인좌의 난이 진압된 1728년 12월 무렵에 완성되었을 것으로 추정된다. 난의 진압에 참여했던 관군의 지휘관 가운데 공신으로 녹훈錄勳되거나 관직에 임명된 사례를 함께 기록해 두었기 때문이다.

① 권희학은 화원군의 곤양 군수
② 전양군 전라병사는 그 무슨 공인가
③ 용하구나 운봉현감 손명대는 본현 군사를 거느리고 길목을 지 키어 도적의 동정을 자세히 알아 보고하니

권희학權喜學은 금위영 교련관으로 참전했으며, 이후 그 공을 인정받아 화원군花原君에 봉해지고 곤양군 군수를 제수받았다. 이익필李益馝은 금위우별장으로 참전했다가 전양군全陽君에 봉해졌으며 전라도 병마절도사로 임명되어 영조를 친견하였다. 손명대孫命大는 운봉현감으로 재직하다가 난 이후 경상좌도 수군절도사에 임명되었다.

『분무원종공신녹권(奮武原從功臣錄券)』 (국립고궁박물관). 이인좌의 난을 평정한 이후 공신으로 녹훈된 이들을 기록한 녹권.

또한 『난리가』가 수록되어 있는 필사본 책자의 마지막에 무신년(1728) 12월에 완산후인完山後人이 집에서 썼다고 기록되어 있다. 이런 것을 볼 때 작가는 이인좌의 난이 끝난 이후인 1728년 12월 무렵에 일기를 완성한 것으로 보인다.

그렇다면 이름 없는 하급 병사가 쓴 이 『난리가』에는 어떤 내용이 나오는가 살펴보도록 하자.

전투의 현장과 병사들의 활약상

『난리가』에는 참전한 병사로서 전투의 현장과 전개 과정, 그리고 병사들의 활약상이 나타나 있다. 이들의 진군과 전투의 전개와 상황, 결과를 날짜별로 간단히 정리하면 아래와 같다.

3월 17일
어머니에게 하직 인사를 하고 길을 떠남. 노량진을 건널 때에 영조가 박문수朴文秀를 보내 도적으로 소탕하고 오라는 명을 내림. 대궐을 향해 절하고 한강을 건넘.

3월 18일
새벽에 행군하여 과천을 지나는데 집들이 비어 있고 행인이 없었음. 통노구에 품질이 나쁜 밥을 지어 먹음.

3월 20일
병조판서 오명항吳命恒을 도순무사都巡撫使로 임명하여 금위영 장수와 병사를 거느리고 내려가게 함. 미륵당 주막에서 적의 정찰 한 명을 잡아 목을 벰.

3월 21일
경기도 진위로 가서 고을 앞에 진을 침. 밤중에 적이 자객을 보내 도무사都撫使를 해치려고 했지만, 적 이십여 명을 잡아 목을 벰.

3월 22~23일
새벽에 수상한 소금장수 네 명을 잡아 와 문초함. 이인좌가 안성에서 기병하여 청주를 습격하여 병사와 영장營將을 죽이고 군량과 군기軍器를 탈취하고 진천으로 가서 좌수座首를 죽였다는 것, 안성과 수원을 점령하고 한양을 치러 간다는 계획을 자백받음. 밤중에 안성에 가서 진을 침. 적이 청룡산을 떠나 안성을 공격하려고 했다가 관군을 만나 그날 밤 청룡산으로 후퇴함.

3월 24일

새벽에 마병 백 명과 보병 삼백 명이 청룡산에 도착하니 산 위에 적이 진을 치고 있음. 일시에 공격해 적장 박종원朴宗元을 죽이고 적을 물리침. 승전가를 울리며 돌아옴. 박종원의 머리는 한양으로 보냄.

3월 25일

죽산으로 가는 도중 이인좌의 격서檄書를 지닌 적을 체포함. 죽산 앞 넓은 들에서 적군 수만 명을 만나 전투를 벌임. 마병의 활약으로 적군을 물리치고 적장 네 명 -이인좌, 정세윤, 권세봉, 이종복- 을 생포함. 도무사의 명령으로 모두 목을 베어 한양으로 보냄. 한양에서 훈련도감 군사들이 옴. 도무사는 피란한 백성들을 살리고자 하였지만, 적에게 협조했다는 죄목으로 백성 천여 명을 죽임.

3월 27일

청주 병영으로 들어가 도무사가 의병장 박민웅에게 상을 주고, 적을 잡아 죽이고 그 가족도 죽임.

3월 29일

청주를 떠나 문의로 향함.

3월 30일

새벽에 옥천으로 향함. 날이 더워 갑옷을 못 벗어 군사들이 말에서 떨어지기도 함. 도무사가 병든 군사를 각 읍에서 치료해 주고 나으면 한양으로 올려보내라고 함.

4월 1일

영동으로 향함. 황간 수령이 적에게 항복했다고 하여 체포하려고 했지만, 다른 병사가 먼저 잡아 아쉬워함. 도무사가 병사를 일일이 위로함. 큰비를 만나 옷이 젖고 고생이 심했는데 도무사가 마을 근처에 진을 치고 의복과 군장을 말리고 몸을 조리하라고 함.

4월 2일

추풍역驛[42]을 지나 김산으로 들어올 때 산천이 험악함.

4월 3일

지례에 도착했는데, 지례 수령이 적에게 패하고 달아났고 적이 양식과 군기를 다 가져갔음. 도무사가 앞 고을의 양식을 가져다가 병사들에게 밥을

---

42   역(驛): 역참.

지어 먹으라고 했지만, 굶주림이 심해 매우 힘들었음.

4월 5일

지례를 지나 거창으로 향할 때 우도치 고개에 적병 수만 명이 진을 쳤다고 들음. 선산부사 박필건과 성주목사 이보혁이 적병에게 '한양에서 철기 수만 명이 내려와 너희를 칠 테니 어육魚肉이 되기 전에 항복하고 적장을 잡아 오면 상을 주리라. 그렇지 않으면 너희 부모와 처자식을 모두 다 죽이리라' 하며 위협하고 달래는 지략으로 적병 스스로 패망하게 함. 이에 반해 상주 영장은 군마 일만 명을 거느렸지만 비겁하게 가만히 있다가 적을 물리친 후에 왔음.

4월 6일

우도치 고개에 다다르니 산세가 험함.

4월 7일

거창을 떠나 안음현에 들어가니 적에게 패한 곳이라 군량이 전혀 없어서 병사가 모두 밥을 먹지 못함.

4월 8일

새벽에 출발해 함양에 들어가니 배고픔을 참지 못할 지경임. 도무사가 종사관을 보내 백성들을 안심시킴. 다행히 이 고을이 종사관의 연고가 있는 곳이어서 병사와 말에게 먹을 것을 넉넉히 마련해 주어 굶주림을 해결함.

4월 9일

함양을 떠나 운봉을 들어갈 때 산세가 험해 행군이 어려웠지만 풍경이 아름다워 감탄함.

4월 10일

운봉을 떠나 남원에 들어감. 태인현감 박필현이 적에게 합류해서 군기를 내주고 군량을 불 지르고 달아났다는 소식을 들음.

4월 11일

오수역을 지나 임실 고을에 들어가 적과 결탁한 나숭곤 삼형제를 붙잡아 한양으로 보냄. 사월이 되니 날이 더워져 행군에 지친 병사들이 피골이 상접한 채 고생하며 행군함.

4월 12일

새벽에 임실을 떠나 만막골에 다다르니 산세가 험함. 겨우 통과하여 전주 감영에 도착해 성 밖에 진을 침.

4월 13일

도무사가 전주를 떠나자 병사가 모두 서운해함. 큰비가 계속 와 전주에서 쉴 때 종사관이 하루 양식을 더 주며 배불리 먹으라고 함. 도무사와 종사관이 떠난 뒤 금위중군禁衛中軍은 하루 양식을 더 먹었다며 그날 양식을 주지 않음. 한양에 가서 급료로 갚을 테니 양식을 달라고 집단으로 빌었지만 양식을 주지 않았음. 온종일 굶게 되자 원망이 절로 나옴.

4월 14일

전주를 떠나 여산으로 들어오니 백성들이 음식을 해 옴. 어제 종일 굶어 급히 먹으려고 하자, 별장이 진위를 모르고는 먹지 말라고 해서 먹지 못함.

4월 18일

노량진으로 돌아오니 백성이 음식을 마련해 옴.

4월 19일

남대문 밖에서 기다릴 때 임금께서 문루에 앉아 병사를 위로하면서 할 말이 있으면 하라고 하였음. 하지만 장수를 잡는 일이 될까 염려해서 아무 말도 하지 않음. 성으로 들어오니 반가움이 그지없음. 돈화문 밖에서 밥을 먹은 후 집에 오니 부모와 처자식이 반김.

위의 전개를 보면 3월 17일 출전하여 3월 24일 청룡산 전투, 25일 죽산전투에서 승전을 하고 4월 19일 서울로 돌아왔으니, 약 한 달간의 출정이었다. 그리고 그 출정은 적의 장수를 다 베어 난을 진압한 성공적인 것이었다. 이 중 도무사를 죽이려고 적이 밤중에 습격하였던 일, 승리를 거둔 청룡산 전투와 죽산 전투의 모습을 살펴보자.

1728년 3월 21일

동남쪽에서 불 소리가 일어나며 함성이 크게 울려 요란하니 병사가 처음 본 것이었다. 깊은 밤에 적이 진지에 이르렀으니 어찌할 바를 모르고 활 만 쏘았다. 말은 저절로 풀어져 이리 달리고 저리 달릴 때 천막이 무너지 고 더욱 놀라서 서로 발로 짓밟고 혼백이 몸에 붙어 있지 않았다. 이러할 때 도사와 소졸을 다 죽이고 또 자객 육칠 명이 중군에 달려들어 도무사 를 해치려고 하니, 이 역시 불의지변不意之變이었다. 군병이 힘을 다하여 겨 우 두 놈을 잡아 베었다.

위태롭구나, 선전관의 머리여. 손을 들어 칼을 받아 목숨을 보전하였으나 손길이 간데없어졌다. 희미한 달빛에 도망하는 사람은 그 누구인가 비추 니, 바로 이배李培였다. 그놈들이 용맹한지라 대깃발 위로 나는 듯이 달아 나니 여기도 용맹한 사람이 많았다.

이인좌의 반군이 습격대를 조직하여 오명항의 진지에 쳐들어 왔을 때의 위급한 상황이다. 불의의 습격을 당한 관군들이 당황하는 장면 묘사가 인상적이다. 이인좌는 이배에게 50명 정예병을 보내 관군을 습격하도록 했다. 그 습격대의 주임무는 관군의 총사령관 오명항을 죽이는 것이다. 관군은 조직이 채 정비되기도 전이었고, 강행군 끝에 진위에 도착한 터였으므로 갑작스러운 습격에 제대로 대처하지 못했 다. 극도의 혼란 속에 관군들은 허둥거릴 뿐이었다. 놀란 말들이 이 리저리 달리고 천막은 무너지고 서로 밟히고 밟는 혼란 속에 '혼백이 몸에 붙어 있지 않은' 지경에 이르렀다.

더구나 반란군 이배가 이끄는 자객들이 오명항이 있는 중앙 진지의 막사까지 쳐들어왔다. 도무사를 해치려고 하는 자객들을 군병들이 온 힘을 다해 막았지만 자객의 칼은 선전관의 목숨까지 위협하였다. 선전관은 자신의 머리를 베려는 적의 칼을 손으로 간신히 막아 목숨을 지켰지만 손이 잘리고 만다. 사태가 여의치 않자 자객들이 도망가는데 희미한 달빛에 비추이는 얼굴은 이배이다. 그는 이인좌 반군의 중군으로 선봉이 되었으며, 관군이 진위에 이르렀을 때 무리와 함께 습격에 나섰다가 체포되었던 인물이다. 군병들이 힘을 합쳐 도무사를 구하고 달아나던 자객 이십 명을 잡아 베어 죽인 급박한 상황을 생생하게 묘사하였다.

1728년 3월 24일

새벽에 마병 일백 명과 보병 삼백 명이 청룡산에 다다르니 적병이 진을 산 높은 곳에 쳐서 산이 휘황한데 일산 네 개가 벌여 서 있고 오방 깃발과 표미기豹尾旗에 숙정패肅靜牌와 사명기司命旗를 세웠다. 흰옷을 입은 장군이 흰옷을 입은 병사를 거느리고 중앙에 서 있고 도적놈 박종원은 여러 장수를 거느리고 황신기黃神旗를 두르고 병사를 지휘하였다. 관군이 진중에서 포를 쏘며 나팔을 부니 마병과 보병이 일시에 달려들어 좌우에서 협공하여 적을 잡아 죽이며 적장도 베며 적병을 몰아대니 시체가 산골짜기에 가득하고 피가 흘러 내가 되었다.

그러던 중 놀란 도적이 쥐 숨듯 달아나고 병사가 승전곡을 울리고 본진으로 돌아오니 모든 장졸이 즐겨 치하하는 소리가 천지에 진동하였다. 군기와 마필을 얻은 것이 그 수를 헤아리지 못할 정도였다. 붉은 칠을 한 궤 하나를 얻어서 열어 보니 나무로 새긴 도장 열여덟 개와 장부 셋이 들어 있어서 박종원의 머리와 도장, 장부를 다 한양으로 보냈다.

3월 24일 청룡산에 진을 치고 있는 반란군의 진영에 쳐들어가 대승을 거두는 장면이다. 적장 박종원의 목을 베어 죽이고 산골짜기에 시체가 가득 쌓일 정도로 적병들을 쳐부수고, 인장과 장부 등의 전리품도 얻어 적장의 목과 함께 서울로 보내었다. 깃발을 세우고 산꼭대기에 포진한 적병을 향해 돌진하는 마병과 보병의 전투 모습이 그려지는 장면이다. 이들은 승리의 여세를 몰아 그다음 날 죽산에서도 승리를 거둔다.

1728년 3월 25일

하늘이 도우시고 나라의 큰 복으로 때없는 서북풍이 나무를 쓰러뜨리고 모래와 돌을 몰아다가 적지를 덮어 버리니 싸움을 아니 하겠는가. 못 보던 갑옷과 투구를 한 군사가 저희 눈에 어찌 보였는지 적장이 기를 휘둘러 군사를 호령하였지만 호응하는 자가 전혀 없었다. 죽산 앞 넓은 들에 마군 삼백 명이 일시에 칼을 빼어 들고 고함을 크게 지르며 적진으로 달려드니, 그 군사는 오합지졸이라 어찌 대적하리오? 사면으로 몰아치니 병사가 승승장구하여 적장을 생포하고 좌충우돌하여 적병을 무찌르니 주검이 산 같고 피가 흘러 시내가 되었다.

군기를 버린 군사가 산과 들에 가득하였고 적장 넷을 잡아 오니, 적의 대원수 이인좌와 우장군 겸 죽산부사 정세윤과 좌장군 겸 진천군수 권세봉과 삼도 대원수 이종복을 잡았다. 도무사가 전령하여 '내어 베라' 하니, 포를 한 번 쏘며 다른 도적 서넛을 내어 베고, 이인좌의 죄목을 패에 써서 원문 밖에 달았다. 이인좌의 목을 겹포장으로 싸서 종사관 조현명으로 하여금 군사 오십 명과 함께 한양으로 보냈다. 이렇게 하는 것은 뭇사람의 눈을 속이는 것이다. 이인좌가 살았다고 하면 길에서 행여 도적놈들이 이인좌를 구해 빼어내 갈까 염려한 일이었다.

청룡산 전투의 승리에 이어 죽산 전투에서 관군은 이인좌의 본진을 쳐 이인좌와 그의 장수들을 생포한 후 목을 베어 죽이고, 그 목을 한양으로 보냈다. 이인좌를 살려 둘 경우 그의 잔당들이 그를 구하러 올 것을 염려한 탓이었다. 여기서 작가는 마병부대의 활약상에 초점을 맞추어 전투 상황을 묘사했다. '못 보던 갑옷과 투구를 한 군사'는 바로 마병부대를 가리킨다.

당시 훈련도감 소속 마병은 철갑鐵甲, 보병은 피갑皮甲을 각각 착용하였다. 갑옷의 길이도 마병은 짧고 보병은 길었다. 마병은 활을 주무기로 하며, 환도와 편곤을 보조무기로 휴대하였다. 철갑을 두르고 선봉에 서서 돌격하는 마병의 힘찬 위세에 적들이 위축되어 제대로 싸워 보지도 못하고 도망쳤다. 철갑을 두르고 손에 활과 칼을 든 채 날쌘 말을 타고 적진을 향해 돌진하는 마병들의 모습이 생생하다. 돌진하는 관군의 기세에 눌려 반란군은 쥐들이 달아나듯 도망치고 그들이 버리고 간 군기와 말들의 수를 헤아리지 못할 정도로 대승을 거둔다.

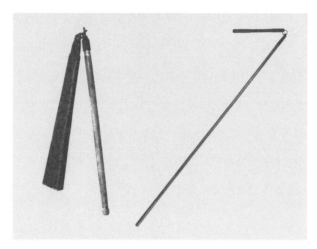

서로 길이가 다른
두 편곤(국립민속박
물관)

　이러한 전장에서의 경험은 작가가 마병 300명을 자신과 동일시하
고 그들을 대변하는 목소리를 강하게 내도록 했다. 실제로 이인좌의
난에 동원된 군사를 보면 마병이 700여 명, 보병이 1,500여 명으로 마
병의 비중이 상당히 높았다. 이 같은 마병 중심의 군사 편제는 반란
군을 신속하게 토벌하기 위함이었다. 기동성 면에서는 마병이 제일
이었을 터이다. 이인좌의 군대는 제대로 훈련을 받지 못한 오합지졸
로 정식의 훈련을 받고 군장을 제대로 갖춘 관군의 위세에 눌려서 우
왕좌왕하다가 도망을 간 것이다.

　청룡산과 죽산에서의 대승이 있었지만 이 병사들은 이인좌의 잔당
을 소탕하는 마무리 일 때문에 바로 한양으로 올라오지 못하였다. 실
제로 그들은 출병한 지 약 한 달이 지나서야 한양으로 올라와 가족을
만날 수 있었다. 생사가 오가는 격렬한 전투 이외에도 그 한 달의 기
간은 이들 출병 군사들에게는 힘들고 괴로운 시간이었다.

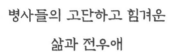

병사들의 고단하고 힘겨운
삶과 전우애

『난리가』에는 병사들의 용감하고 희생적인 활약상과 함께 고단하고 힘겨운 생활상이 생생하게 묘사되어 있다. 특히 한 달이 넘는 기간 동안 감내해야 했던 힘들고 고단한 군영 생활의 모습들을 작품 곳곳에서 실감 나게 증언한다. 굶주림, 더위와 싸우며 군영 생활을 했던 병사들의 고단한 삶을 다룬 작품은 흔치 않다. 작가가 하급 병사의 하나였기 때문에 생생하게 표현할 수 있었을 것이다.

앞에서 병사들이 통노구로 지은 조악한 수준의 맨밥을 손으로 먹었다는 대목을 인용하였다. 하급 병사의 군영 생활은 긴 행군의 고됨뿐 아니라 생존의 첫 번째 조건인 '먹는 것'부터가 부족하여 늘 배고픔에 시달려야 하는 열악한 것이었다.

1728년 4월 3일

새벽에 지례로 출발해 도착했더니, 지례 수령이 적에게 패하여 달아났고 적이 곡식과 군기를 모두 다 가져갔다. 많은 병사가 무엇을 먹으며 길을 갈 것인가. 도무사가 명하여 '앞 고을의 양식을 실어다가 밥을 지어 먹어라' 하니, 사람과 말이 굶주린 일이야 어찌 다 기록하리오?

1728년 4월 8일

군량미가 전혀 없어서 모든 장수와 군졸이 밥을 굶고 밤을 겨우 새워 초 팔일 새벽에 행군하여 함양 오십 리를 들어가니 그 배고픔을 견디지 못할 지경이었다.

군영 생활의 고통 중 가장 큰 것은 굶주림이었다. 군량미의 공급이 원활하지 못해 병사들뿐만 아니라 군마 또한 배고픔을 견뎌야 했다. 이들은 심지어 군량을 하루치 더 먹었다는 것에 대한 징벌로 하루를 꼼짝없이 굶어야 했던 적도 있었다.

1728년 4월 13일

애초에 수원에서 종사관이 병사들을 걱정하여 하루 양식을 더 주면서 배 불리 먹으라고 하여 병사들이 이렇게 될 줄을 모르고 다 먹어 버렸다. 이 제 도무사와 종사관이 계시지 않고, 금위중군이 군병을 다 총괄하게 되었 다. 금위중군은 그날 양식을 주지 않으면서 이르기를, "하루 양식을 더 탔 으니 그것으로 먹어라" 하였다. 먼 길에 한 달을 함께 다니던 군사였기 때 문에 매우 절박하여 일시에 달려들어 울며 말하기를, "서울에 올라가서 급 료를 타서 오늘 먹은 양식을 갚을 것이오니, 은혜를 입고자 합니다"라고 하면서 삼백 명 마병이 울며 보채었다. 하지만 끝까지 고집하고 밥을 주지 아니하니, 천 리에 출정 나온 병사들이 어디에 가서 밥을 얻어먹으리오? 온종일 굶으니 그 서러움을 어찌 다 이르겠는가.

슬프다! 우리 삼백 명 마병이 비록 하루 양식을 더 먹었지만, 도처에서 선봉이 되어 여러 적을 물리쳤으니, 그 공을 생각한다면 그토록 박절하겠는가. 옛날 오기吳起는 병사의 종기를 빨아 주었다고 하던데, 그 일과 이 일을 비교한다면 어느 쪽이 낫다고 하겠는가.

반란군을 진압하고 돌아올 때 전주에서 일어났던 사건이다. 하루치 양식을 미리 타서 먹었다는 이유로 금위중군 박찬신朴纘新은 병졸들에게 양식을 주지 않았다. 하루를 꼬박 굶게 된 마병 삼백 명은 서울로 올라가 급료로 갚을 테니 하루치 양식을 달라고 집단으로 청원을 하였지만, 끝내 거절당하였다. 이로 인해 마병 삼백 명은 온종일 굶을 수밖에 없었다.

작가는 자신을 포함해 마병 삼백 명이 '도처에서 선봉이 되어서 여러 적을 물리친' 공을 세웠다고 생각하지만, 그들의 공은 제대로 인정받지도 못했고 조정에서 합당한 대우를 받지도 못했다. 목숨을 걸고 싸워 전공을 세웠으니 합당한 대가를 받기를 기대했지만, 하루치 양식을 미리 먹었다는 이유를 내세워 그들을 굶게 하는 것이 눈앞의 엄연한 현실이었다. 추후에 급료로 갚을 것이라고 약속함에도 그들의 요청은 묵살되었다. 작품 마지막 부분에서도 이 억울한 사연을 다시 언급하고 있는데, 당시 병졸들의 분노가 얼마나 큰가를 짐작할 수 있다.

1728년 4월 19일

임금께서 문루에 나오셔서 군졸을 위로하고 큰 공을 기리시며 무슨 소회가 있으면 아뢰거라 하시니, 어찌 소회가 없으리오? 하지만 아뢰면 장수를 잡는 일이 되는 것이므로 비록 그냥 돌아왔지만, 전주에서 굶었던 일이야 어떤 병사가 잊겠는가.

난을 평정하고 수도 한양으로 돌아왔을 때의 장면이다. 국왕 영조가 친히 나와서 군사들의 노고를 위로하면서 하고 싶은 말을 해 보라고 하였다. 그 자리에 있던 병사들은 전주에서 겪었던 불만과 분노를 마음껏 토로하고 싶었지만, 끝내 그렇게 하지 못했다. '아뢰면 장수를 잡는 일이 되는 것'이었기 때문이다. 일개 하급 병사가 지휘관에 대한 불만을 말하면 그것이 받아들여질 것인지, 만에 하나 받아들여진다고 하더라도 내부 고발자에 대한 후환이 없을 것인지를 생각해 보면 절대 말할 수 없는 처지이다. 분하고 억울할 따름이다. 비겁하고 가혹한 지휘관을 응징할 수도 없고 불만조차 입 밖으로 낼 수 없는 것이 하급 병사의 현실이었다.

하급 병사의 고생은 굶주림에 국한되지 않았다. 더운 날 무거운 갑옷을 입고 가는 힘든 행군도 이들에게는 커다란 고충이었다.

1728년 3월 30일
새벽에 병사를 독려하여 옥천으로 향할 때 날이 더운데 연일 갑옷을 벗지 못하여 군사들이 병에 걸려 말에서 떨어지는 것이 삼십여 명이었다.

1728년 4월 1일
행군하여 갈 때 뒤웅신을 신은 듯하여 걸어가기 어렵더라. [...] 그날 황간

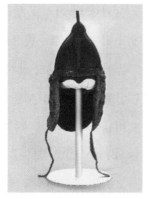

철갑 전복(국립중앙박물관) 조선 병사들이 쓰던 투구(국립중앙박
물관)

을 지날 때 큰비가 퍼붓듯이 와서 인하여 김산 추풍역에 들어가니 의복
군장이 젖지 않은 것이 없었다.

1728년 4월 11일

이렇게 벌써 사월 보름이 되니 봄에 입은 병사가 더위를 차마 견디지 못
하고 말이 따라서 길을 가는데 피골이 상접하여 백 번 채찍질하면 한 걸
음 가니 갈 길은 천 리 길이었다.

병사들은 무거운 갑옷을 입고 전투에 참여하고 군영 생활을 해야
하기 때문에 음력 3월 중순부터 4월 중순까지 더운 날씨와도 싸워야
했다. 특히 무거운 철갑을 입은 마병의 고통은 더하였으며, 행군을
하다가 말에서 떨어지는 병사가 속출하였다.

비가 주룩주룩 내리는 중에도 무거운 갑주와 신발을 신고 온몸이 젖은 채로 먼 거리를 행군하는 것도 힘들었을 것이다. 두 번째 기록에서 뒤웅신은 뒤웅박으로 만든 신을 말한다. 뒤웅박은 박에다 구멍을 뚫어 속을 파내고 말린 것인데, 이것을 신처럼 신으면 제대로 걸을 수가 없다. 따라서 '뒤웅신을 신은 듯'하다고 하여 행군이 매우 고됨을 비유했다. 역적을 무찌른 공은 지휘관의 몫이었고 그들의 몫이 애초부터 아니었다. 목숨을 건 전투와 힘겨운 행군을 알아주는 것은 같은 고초를 겪은 전우들뿐이었다.

1728년 3월 17일

삼월 십칠일 파루罷漏[43] 후에 군대가 출발할 때 나도 역시 병사로서 어머님께 하직 인사를 하고 깃을 차고 길을 나섰다. 울음소리를 삼키며 흐느끼고 한 번 걸어갈 때마다 열 번 돌아보며 떠나는 이 모습이야 어찌 나 혼자뿐이겠는가.

1728년 3월 30일

도무사가 각 읍에 분부를 내려 병든 군사를 각별히 치료하여 나으면 한양으로 올려보내라고 했다. 그러나 천 리 타향에서 동고동락하는 형제인데 병든 사람을 두고 가니 떠나고 머묾의 슬픔을 어찌 견디겠는가.

첫 번째 기록은 가족과 헤어져 출정할 때의 장면이다. '한 번 걸어

---

43   파루(罷漏): 통행금지 해제.

갈 때마다 열 번 돌아보며 떠나는 이 모습이야 어찌 나 혼자뿐이겠는 가'라는 표현 속에는 자신이 출정을 떠나는 많은 군사의 일원임을 강조하는 작가의 목소리가 담겨 있다. '우리 마군'이라든가 '천 리 타향에서 동고동락하는 형제'로서의 동료애를 표현하는 것 또한 이러한 맥락이다.

두 번째 기록에서 작가는 부상당한 병사들을 각 읍에 머물게 하여 치료한 후에 한양으로 올려보내라는 명을 받자 '병든 사람을 두고 가니 떠나고 머묾의 슬픔을 어찌 견디겠는가'라고 탄식하였다. 형제 같은 우애와 집단적 동료의식을 보여 주는 대목이다. 훈련을 하며 언제나 동고동락했고 목숨을 내놓은 위험한 전투에 임하면서 더욱 굳어진 전우애라고 할 수 있다. 그래서 작가는 개인 감정에 갇히지 않고, 함께 출정했던 동료 군사들의 처지와 입장을 적극적으로 대변한다. 또한 그들의 활약상을 실감 나게 묘사하며 자신이 그들 중의 하나라는 사실에 대한 긍지를 보인다.

1728년 3월 25일

장하도다! 마병 별장別將. 호령을 엄하게 하여 만군을 재촉하여 앞의 고개를 올라가니

1728년 4월 1일

적군을 만나면 양옆에 날개가 돋친 듯하여 생기가 드러나니 저마다 용맹스러운 장수이다. 천만 군인들 어찌 당하겠는가. 장수는 비룡 같고 군사는

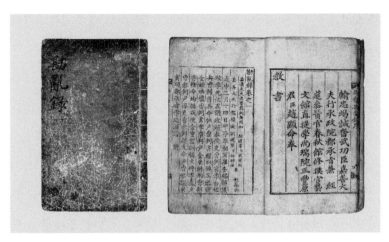
이인좌의 난의 전말을 담은 역사서 『감란록(勘亂錄)』(국립중앙박물관)

맹호 같으니 압록강을 건너도 돌아서지 않을 것이다.

첫 번째 기록에서 마병 별장은 이수량李遂良을 가리킨다. 그는 청룡산에서 박종원의 목을 베고 죽산에서 이인좌를 사로잡는 데에 공을 세웠다. 마병의 직속 상관이었던 마병 별장에 대해 비룡 같다고 비유하였고, 병사는 맹호 같다고 비유하여 마병 부대의 활약을 돋보이게 서술하였다. 맹호 같은 용맹으로 적병을 무찔렀다는 표현에서 마병으로서의 긍지가 보인다. 그런데 용맹스럽게 역적을 무찔러 큰 공을 세웠건만 제대로 보상받지 못했다는 원망이 생겼을 터이고, 이것은 지휘관의 행태에 대한 날카로운 비판을 불러일으킨다.

덕망 있는 지휘관,
무능하고 비겁한 지휘관

전투에서 지휘관의 존재는 매우 중요하다. 지휘관의 능력과 인성, 전술 등은 전투의 승패뿐만 아니라 병사들의 군영 생활 하나하나에 영향을 끼치기 때문이다. 『난리가』를 쓴 이 하급 병사는 지배층 ―지휘관, 지방 수령, 양반들― 의 행동에 대해 자신의 감정을 적극적으로 표출하고 있다. 덕망 높고 능력 있는 지휘관에 대해서는 한없는 애정을 보이며 칭송했지만, 무능하고 비겁한 지휘관의 행태에 대해서는 야유와 조롱을 퍼부었다.

1728년 3월 25일
착하도다, 종사관 박문수여. 지략과 의기가 좋을시고. 마병과 보병을 자식같이 사랑하여 아침저녁으로 친히 물어보니 자기 병사의 등창을 빨던 오기인들 이보다 더하겠는가.

1728년 4월 1일
슬프다! 우리 도무사도 걱정스럽게 일어나서 군대 안을 두루 다니면서 병사

박문수 초상(천안박물관)

의 손을 잡고 임금의 말을 이르면서 나라의 충신이 되라 하고, 나이 많은 사람을 형으로 하고 나이 젊은 사람으로 자식 삼자고 하며 하룻밤에 두세 번씩 물으니 병사를 일깨움이 이와 같았다. 모든 군사가 감격해 죽기를 아끼지 않고 은혜 갚기를 바랐다.

그에게 있어 유능한 지휘관은 병사들을 자식같이 대하는 사람이다. 종사관으로 참전했던 박문수에 대해서는 '마병과 보병을 자식같이 사랑'한 인물로 칭송하면서, 중국 전국시대에 병법가로 유명한 오기 장군의 고사에 견주었다. 중산국을 공격할 때에 악성 종기로 괴로워하는 군졸이 있었는데, 오기가 그 종기를 입으로 빨아 고름을 제거해 주었다고

오명항 초상(경기도박물관)

한다. 사마천의 『사기』에 "오기는 장군임에도 불구하고 진을 치고 싸우는 병졸과 함께 똑같이 입고 먹었으며, 잠을 잘 때도 똑같이 변변치 못한 자리를 깔았고, 행군을 할 때에는 함께 걸었다"고 하였다. 병졸과 동고동락하는 장수야말로 가장 신망이 높은 장수일 것이다.

진중을 매일 돌며 병사들을 위무하고

오명항 선생 토적송공비(경기도 안성시)

자식처럼 대한 도무사 오명항에 대해서도 깊은 애정과 존경으로 칭송하고 있다. 반란을 진압한 후 도무사가 먼저 떠나자 병사들이 '부모를 떠나는 듯하여 서로 붙들고 울지 않는 사람이 없었다'고 말하는 것으로 보아 이들 유능하고 자애로운 지휘관에 대한 일반 병사들의 애정을 짐작할 수 있다.

이에 반해 무능하고 비겁하며 병사 알기를 우습게 알고 제 한 몸의 안전과 영달만을 꾀하는 지휘관에 대해서는 신랄하게 비판한다.

1728년 3월 25일

도집사都執事 백시철아! 군법이 어떠하건대 어디로 도망을 하였느냐? 채응관採鷹官 권희학아! 화원군에 곤양군수 너인들 부끄럽지 않겠느냐? 가련하다 안성군수, 자기 군사 거느리고 우천봉에 올라갔다. 지략 많은 금위중군, 선봉은 하지 않고 좌천봉에 올랐다. 우습다 별초의 별장은 어디 있길래 오지 않는가. 전양군 전라병사라니 그 무슨 공이겠는가.

1728년 4월 5일

용렬하구나! 상주 영장營將 한속韓瑛이여. 분개하는 것도 없을시고. 상주의 군마 일만 병을 수하에 거느리고 군량만 허비한 채 부질없이 앉았다가 도적을 물리친 후에 무엇을 하려고 여기에 왔는가. 너의 죄상을 헤아리자면 목을 베어 높이 매달아 놓을 죄이지만 도무사의 은덕으로 곤장 열다섯 대를 치니, 너인들 어찌 부끄럽지 않겠는가.

도집사 백시철은 비겁하게 도망했고, 상주 영장인 한속은 군마 일만 병을 거느렸음에도 꼼짝 않고 앉았다가 역적들이 잡히고 난이 평정된 뒤에야 나타났다. 그런데 지휘관으로서의 무능과 위선이 여지없이 폭로된 인물들 ―권희학, 박찬신, 이익필― 은 난이 평정되고 나서 오히려 양무원종공신揚武原從功臣으로 책록되어 관직 승진과 명예를 얻는 아이러니한 상황을 연출하였다.

작가는 지휘관들을 하나하나 부르면서 그들의 행적과 능력을 평가한다. '착하도다, 종사관 박문수여', '가련하다 안성군사', '지략 많은 금위중군', '우습다 별초의 별장', '용렬하구나 상주 영장 한속이여' 등 한 명 한 명을 부르며 그들에 대한 자신의 감정과 평가를 적극적으로 표현하면서 독자의 주의를 환기시킨다. 덕망 높은 인물에 대해서는 칭송과 찬미를 아끼지 않고, 무능하고 비겁한 지휘관에 대해서는 날카롭게 비판했다.

특히 작가가 문제 삼고 있는 것은 논공행상의 정당성이다. 난의 진압 과정에서 별다른 활약을 보이지 못했을 뿐만 아니라 도망을 다니기에 바빴던 인물들이 난의 진압 후에는 오히려 공신에 책봉되고 높은 벼슬을 하사받았다. 현실은 불합리하고 불공평했던 것이다. 실제로 난의 평정 후 권희학은 화원군에 책록되었고 그의 초상화를 궁궐뿐만 아니라 집안에서도 보관하게 하였다.

박찬신은 양무원종공신 2등에 책록되었다. 작가는 이 점에 대해 '지략 많은 금위중군'이 선봉에 서서 싸우는 대신 도리어 산봉우리로 도망간 덕택이라고 비꼬았다. 박찬신의 무능과 위선에 대해 거침없이 조롱과 야유를 퍼부은 것이다. 비겁한 박찬신을 '지략 많은'이라고 표현한 것에서 쓰디쓴 풍자와 야유가 전해진다. 그 속에 들어 있는 감정은 물론 분노다. 지휘관의 명령에 따라 죽음을 무릅쓰고 싸우는 하급 병사로서, 비겁한 행태를 보이고도 정치력을 이용해 자신의 공을 포장하고 과장하여 승승장구하는 현실에 대해 분노할 수밖에 없었으리라.

1728년 4월 13일

함은군咸恩君의 부대는 적진을 마주하여 선봉을 하지 않고 보병 오초五哨를 거느리고 높은 산에 오른 공이구나. 군대 행진을 돌아보니 대취타大吹打는 옳지만, 군중軍中에서 권마성勸馬聲은 무슨 일인가. 취타하는 저 군사야. 천리 길을 불면서 오느라고 너의 입술이 쇠입술이라도 견디지 못할 것이다. 여보시오 군병들아! 행여 이다음에 출전하거든 이 중군中軍으로 들어가세나. 군병을 사랑하니 사냥을 마친 뒤에 사냥개를 삶는 일과 어찌 다르겠는가.

함은군과 금위중군은 모두 박찬신을 이른다. 박찬신은 이인좌의 난 때에 금위중군으로 참전하였고, 난을 진압한 공을 인정받아 함은군으로 봉해졌다. 앞에서도 '지략 많은' 인물이라고 비꼬았는데, 여기서는 '군병을 사랑하는' 사람, '높은 산에 오른 공', '훗날 출전할 때에도 금위중군에게 가자' 등의 말로 마음껏 그를 조롱한다. 겉으로는 모르는 척, 박찬신에 대해 군병을 사랑하고 공을 세우고 훗날 함께 출전하고 싶은 사람이라고 한껏 추켜세웠다. 하지만 실제로 그는 전장에서 벗어나 산으로 도망간 지휘관이며 병사들을 조금도 생각하지 않는 무능하고 위선적인 사람이었다.

이는 취타수에 대한 언급에서 여지없이 폭로된다. 참전하여 온갖 고생을 함께 견뎌 낸 일반 하급 병사들의 처지를 취타수의 예를 통해 재치 있게 표현했다. 취타란 입으로 부는 취악기와 손으로 치는 타악기를 함께 연주하는 데서 나온 말이다. 취타수는 군대가 행진할 때 연주를 하는 일을 맡는다. 그런데 '군중에서 권마성이 무슨 일인가'라는 말에서 보듯이, 지휘관의 자기 과시를 위한 성화로 취타수는 쉬지 않고 연주하느라 입술이 다 부르틀 정도였다. 권마성은 임금이나 고관이 행차할 때 대열 앞에서 가늘고 높은 음으로 길게 부르는 소리를 말한다. 이에 취타수가 악기를 부느라고 온갖 고생을 한 점에 대해 작가는 쇠붙이로 만든 입술로도 감당하지 못할 정도라고 표현하였다. '사냥을 마친 뒤에 사냥개를 삶는 일'은 토끼를 잡으면 사냥하던 개가 쓸모가 없게 되어 삶아 먹힌다는 토사구팽兎死狗烹을 말한다. 이 말은 앞서 살펴본, 금위중군 박찬신이 병사들의 양식 제공 요청을 거절하는 바람에 병사들이 온종일 굶었던 일을 가리킨다.

하급 병사가 기록한 『난리가』는 자기 과시에만 힘쓰는 비겁하고 위선적인 지휘관을 온갖 희생과 고통을 감내하는 하급 병사와 대조시키며 고발하였다. 그러나 한문으로 기록된 각종 사료 속에서 박찬신은 다르게 묘사된다. 『영조실록』의 한 부분을 보도록 하자.

1728년 3월 23일

정오가 채 되지 않아 말을 달려 승전보를 알려 왔고, 포시(오후 3시~5시)에 박찬신이 고각을 울리며 깃대에다 적의 머리 여러 개를 매달고 오니, 군중에서 승전곡을 울리고 군사와 말이 기뻐 날뛰었다. 승전 보고문을 써서 박종원 등의 머리를 함에 담아 군관 신만에게 주어 서울로 말을 달려 급히 보고하였다. 이때 조정에서 상하가 밤낮으로 초조하게 걱정하며 승전보를 기다리고 있다가, 이날 동북풍이 일어나는 것을 보고는 모두 말하기를, '왕의 군대에 이롭다'고 했는데, 과연 크게 이겼던 것이다.

박찬신이 반란군 진압에서 공을 세우고 승전보를 전달한 것에 대해 기록했다. 이러한 실록을 비롯해 양반 사대부들에 기록된 다수의 한문 기록들에서는 『난리가』에서 보이는 지배층 인물에 대한 신랄한 풍자와 조롱은 발견되지 않는다. 오히려 그들은 공신으로 높은 등급을 받았고 토지와 노비를 하사받았으며 승진의 혜택을 누렸다. 입이 부르트도록 악기를 불었던 취타수나 식은 밥덩이를 먹고 때로 굶기도 하면서 전선의 앞줄에서 죽음과 맞섰던 마병과 보병은 이름도 없이 잊혔다.

무능한 지휘관에 대한 풍자와 조롱, 덕망 있는 지휘관에 대한 칭송, 반란군과 그 협조자들에 대한 분노, 무고한 백성의 희생과 참전 병사들의 고된 생활에 대한 안타까운 시선 등은 전란에 참전했던 하급 병사의 집단적 정서와 의식을 반영하였다.

훈련도감 소속 병사는 수도 도성의 하층민으로 생활하였던 도시

김홍도, 〈북일영도(北一營圖)〉(고려대학교박물관). 훈련도감의 여러 군영 중 하나인 북일영으로, 사직단 근처에 있었다.

서민이었다. 그들은 농민의 신분으로 일정 기간 수도에 올라와 군역을 마치고 다시 고향에 내려갔던 일반 병사들과는 처지가 달랐다.

훈련도감 병사들은 군인 각자에게 무기와 군장, 마필 등의 조달을 부담시키던 조선 전기와는 달리 국가로부터 무기, 군장, 마필 등을 받고 정해진 급료를 받았던 일종의 직업군인이었다. 그들은 가족과 함께 도성에서 생활하였는데, 국가는 보병보다는 마병의 양성과 유지에 더 큰 비용을 들였다. 말을 지급하고, 철갑을 보급해 주고 말을 관리할 비용을 주었다. 국왕의 호위와 도성 수비를 담당했던 훈련도감 병사들은 직업군인이면서 국가 상비군이었다. 이 점은 『난리가』에 투영된 작가의 의식과 정서를 파악하는 데 중요한 단서를 제공해 준다.

피지배계층으로서의 자기 정체성은 일반 백성에 대한 공감으로 이어진다.

> 1728년 3월 26일
>
> 잔인하도다. 그 천여 명의 백성이 그 도적의 편이라 여겨졌는데, 애매한 피란하던 백성이 남녀 없이 살아 보려고 산에 올랐다가 노소 없이 다 죽임을 당하니 그 잔인함을 어찌 다 측량하겠는가.

난의 진압 과정에서 관군에 의해 무고한 백성이 무려 천여 명이나 희생을 당하였는데, 이에 대해 작가는 그들의 죽음을 안타까워하는 동시에 그들을 죽음으로 내몬 지배층의 잔인함을 지적하였다. 일반 백성에 대한 이러한 연민은 하급 병사의 사회적 지위와 사는 처지가 그들과 다를 바 없었기 때문이었을 것이다. 일종의 직업군인이었지만 급료만으로 한양에서 생활하기가 쉽지 않았다. 급료만으로 생활이 여의치 않아 군인들은 군역 근무 이외의 시간을 이용하여 장사를 하는 등 돈벌이를 해야만 했다. 이처럼 그들의 사회경제적 처지는 일반 백성과 별반 다르지 않았다. 이러한 공통된 기반 위에서 작가는 반군 진압 과정에서 억울하게 희생당한 백성들의 죽음을 동정하였고, 다른 한편으로 관군의 잔인한 진압 행위를 비판하였던 것이다.

『난리가』의 의의

『난리가』는 훈련도감 소속 마병에 의해 한글로 기록된 일기문학이라는 점에서 주목된다. 하급 병사에 의해 창작된 일기 작품이라는 점에서 유사한 것으로는 16세기 말 임진왜란 때 한 병졸이 쓴 한글 일기가 있다.

한 군졸이 공의 절의에 깊이 감복하여, 전쟁을 치르는 틈틈이 한글로 일기를 썼다. 배를 출항하던 4월초부터 9월에 탄환을 맞던 날까지 군중에서 일어난 사실을 하나도 빠짐없이 자세히 기록했다. 우산牛山 안선생安先生[44]이 그 한글 기록을 가지고 한문으로 엮어 내고, '부산기사釜山記事'라고 이름 지었다.

일찍이 고흥에서 오씨 성을 가진 사람을 만났다. 그는 전란이 일어난 초기 때부터 수군에 참전하여 시종일관 공을 세운 사람이었는데, 언문으로 일기를 매우 상세하게 썼다. 주엽朱曄이 그 기록에 의거해 한문으로 옮겨 나에게 보여 주었다. 내가 번잡한 것들을 깎아 내고 소략한 것들을 보완해서 '부산기사'라고 이름 붙였다.

44　조선 중기의 학자 안방준(安邦俊, 1573~1654)을 가리킴.

위의 기록은 16세기 말엽에 한 수군 병졸에 의해 한글 일기가 쓰였음을 알려 준다. 안타깝게도 한글 일기 원본은 전하지 않고, 안방준이 그것을 한문으로 번역한 것만이 전해진다. 그 뒤를 이어 유성룡의 아들 유진이 쓴 『임진록』과 『임자록』이 있고, 남평 조씨의 『병자일기』가 나온다. 이러한 한글 일기의 전통을 계승한 작품이 『난리가』라 할 수 있다. 현존하는 한글 일기가 많다는 점에서, 그리고 무엇보다도 이인좌의 난 진압에 직접 참전한 하급 병사의 손에 의해 창작되었다는 데서 더욱 의의가 있다.

　『난리가』를 쓴 작가의 신분과 지위를 구체적으로 판단하기는 어렵지만, 훈련도감 소속 하급 병사라는 점에서 당시 한양의 도시 하층민으로 추정된다. 현존하는 한글 일기가 대부분 양반층에 의해 쓰이고 향유되었던 점을 생각하면 이 『난리가』의 중요성을 알 수 있다.

　무능한 지휘관의 부정적 행태를 신랄하게 풍자하고 비판한 점, 하급 병사들의 고단하고 힘겨운 군영 생활의 단면을 부각시킨 점, 그들의 전투 상황과 활약상을 생생하게 표현한 점, 친근한 일상 구어를 적절하게 사용한 점 등은 이 작품이 보여 주는 독특한 면모이다.

3장

병인양요의 기억:
나주 임씨

1866년 프랑스는 조선 정부의 프랑스인 신부 처형 사건을 빌미로 통상과 개국을 요구하며, 이를 거부하는 조선과 전쟁을 일으켰다. 이를 병인양요丙寅洋擾라고 하는데, 서구 세력과의 첫 무력 충돌이었다는 점에서 근대사의 중요한 사건이다. 비록 전쟁의 범위는 강화도에 국한되기는 하였지만, 당시 조선 정부와 백성들이 받은 충격은 컸다.

『병인양란록丙寅洋亂錄』의 작가 나주 임씨羅州林氏(1818~1879)는 강화도에 대대로 거주하였던 여흥 민씨 집안으로 시집와 결혼 생활을 하다가 1866년 49세의 나이로 병인양요를 겪게 된다. 전쟁으로 인한 혼란상과 피란 생활을 직접 체험하여 기록한 이 한글 일기는 자신이 체험한 것뿐만 아니라 주변으로부터 들은 이야기를 적절하게 활용하여 기록하였다. 병인양요 동안 자신을 포함해 강화도민이 겪어야 했던 고통과 수난의 실상을 생동감 있게 표현하였다.

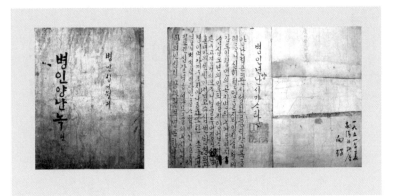

『병인양란록』(이주홍문학관)

한편 『병인양란록』은 병인양요의 역사적 실상을 살피는 데에 역사
사료로서도 중요한 가치가 있다. 현재 병인양요와 관련하여 전하는
국내 문헌들은 대부분 한문으로 기록된 공적 기록이기 때문이다. 상
소문, 격문, 전교, 공문서들이 기존 기록의 대부분을 차지하기에, 『병
인양란록』은 전쟁의 직접적 피해를 입은 강화도민의 고통과 수난의
실상을 생생하게 보여 주는 흔치 않은 자료이다. 강화도 사투리를 구
사하고 있어 19세기 후반 한글 고어 및 강화도 지역 방언 연구에도
유용한 자료이다.

그동안 일기 표지에 '경주김씨소저야'라고 연필로 쓰여 있어 작가
가 경주 김씨로도 알려져 있었지만, 작품 내용과 족보 등을 종합적으
로 검토해 본 결과 경주 김씨가 아니라 나주 임씨임이 밝혀졌다.

그렇다면 작가 나주 임씨는 어떤 사람이었을까. 나주 임씨는 1818년
아버지 임필진과 전주 이씨 사이에서 태어나, 1832년 15세의 나이로

여흥 민씨 청백리공파 민치승閔致昇(1820~1887)과 혼인했다. 나주 임씨의 시아버지 민창연은 형제 간 우애가 지극하여 다섯 형제가 분가하지 않고 함께 살았다. 남편 민치승은 족보에 관직이 기록되지 않은 것으로 보아 벼슬을 하지 못한 것으로 보인다. 나주 임씨는 남편과의 사이에 1남 4녀를 두었다. 아들 민관호와 둘째 딸, 셋째 딸이 모두 23세에 요절하여 생전에 세 자식을 잃는 슬픔을 겪어야 했다. 나주 임씨는 시부모와 함께 강화도 인정면 의곡 마을에서 생활하다가 나이 49세에 병인양요를 맞게 되었다. 결혼 후 35년이 지났을 때였다. 그녀는 사태가 악화되자 시부모과 식솔들을 데리고 강화도 주변 피란처를 전전하다가 황해도 평산으로 갔다. 평산은 여흥 민씨 집안 사람들이 대대로 거주해 온 곳으로, 그곳에서 피란 생활을 하다가 프랑스 군대가 물러간 후에 다시 강화도로 돌아왔다.

나주 임씨가 『병인양란록』을 저술한 것은 대략 1866년 12월로 추정된다. 일기를 저술한 후 나주 임씨의 행적은 달리 발견되지 않았으며, 1879년 62세의 나이로 죽음을 맞이하였다. 일기의 내용을 따라가면서 병인양요 당시로 시간 여행을 떠나 본다.

전쟁의 발발과 전개

1866년, 쇄국정책을 펴며 천주교도를 탄압하던 대원군은 몰래 국

내에 들어와 선교하던 프랑스 신부 12명을 찾아내 그중 9명을 조선인 천주교도 8천 명과 함께 죽여 버렸다. 이를 알게 된 프랑스는 이를 빌미로 통상과 개국을 요구하였다. 9월 18일 리델 신부와 한국인 신도 3명의 안내로 로즈 제독이 인솔하던 프랑스 군함 3척이 인천 앞바다를 거쳐 양화나루를 통과하고 서울 근교 서강까지 이르렀다. 프랑스 함대는 9월 25일 강물의 흐름을 측량하고 중국으로 물러갔다.

뜻밖에 나라의 운세가 불행하여 병인년(1866) 칠월 구일에 서양 함정 한 척이 와서 닿으니, 이 고장 월곶月串이었다. 온 마을이 놀라고 군영軍營이 크게 놀라서 나라에 급히 알렸다. 임금님이 크게 놀라시어 통사관通事官을 내려보내어 곡절을 묻고 이야기를 나누었다. 양인洋人이 대답하기를 "경성에 가서 임금을 보고 남종삼南鍾三을 죽인 까닭을 묻고, 나라의 무역을 우리 여러 사람이 하려고 하노라"라고 하였다. "다른 나라 사람이 어찌 그렇게 하려고 하느냐?"고 막으니, 대답하기를 "우리나라나 당신네 나라나 백

성은 같다"고 하였다.[45]

강화에서는 군사를 뽑아서 길목을 지키니 집집마다 곡소리가 낭자하고 포와 총을 쏘는 소리와 대완구大碗口[46] 소리는 산천이 무너지는 듯 들리니 정신이 아득하고 갈팡질팡하였다. 서양 함정이 벌써 가서 서울 가문돌[47]에서 멈추니, 임금이 크게 놀라셔서 불문곡직不問曲直하고 오군문五軍門 군사를 기병하여 공격하려고 하였다. 그러나 군사가 하나도 용맹이 없어서 한 번도 공격하지 못하고 헛총만 쏘아 졸렬함만을 보였다.

위의 기록은 프랑스 함대의 1차 침입(1866.9.18.~10.3.) 때의 상황이다. 프랑스 군함이 한강 수로를 타고 서강 일대까지 올라오자 도성 안은 삽시간에 두려움과 공포에 휩싸였고 피란길이 줄을 이었다. 하지만 이에 대해 조선 관군의 대응은 무기력하기만 하였다. '용맹이 없어 한 번도 공격하지 못하고 헛총만 쏘아 졸렬함만을 보'이는 한심한 상황이었다.

그해 10월 2차 침입(1866.10.11.~11.21.) 때에 프랑스의 로즈 제독은 함대 7척과 600명의 해병대를 이끌고 부평부 물치도(작약도)에 나타났

---

45 나주 임씨가 쓴 『병인양란록』은 소설가 이주홍에 의해 처음 세상에 알려졌다. 이주홍의 『뒷골목의 낙서』(을유문화사, 1966)에 소개되어 있다. 현재 이 책은 부산에 있는 이주홍 문학관에 소장되어 있다. 작품의 인용은 이주홍의 책을 참고하고 이주홍문학관의 원본 에 의거하였다.

46 대완구(大碗口): 대형 화포.

47 가문돌: 지금의 서울시 마포구 현석동.

다. 프랑스 군대가 강화도를 점령하는 과정에서 조선 관군은 맞서 싸우지도 못한 채 도망가기에 바빴다. 관복을 평복으로 갈아입고 백성들과 섞여 도망가는 강화부 유수의 모습을 통해 지배층의 무능함과 비겁함을 볼 수 있다. 백성을 지키고 보호하기는커녕 도망가기에 급급했던 관군의 행태로 인해 프랑스군의 약탈과 방화는 더욱 심했고, 강화도민의 고통과 수난은 더욱 클 수밖에 없었는데 아래에 그 상황이 잘 나타나 있다.

> 서양 함정 여섯 척이 다시 그곳으로 올라와 터진개 앞에 덮여 올라오는데, 강화도의 군사와 군영이 아무 할 줄을 몰랐다. 이윽고 갑곶甲串으로 가서 배에서 내려 한 곳에 모이니 위세가 늠름하였다. 본관이 삼영을 침략하니 당하지 못할 줄 알고 평복을 입고 백성과 같이 섞여 동정을 살피다가 인印을 들고 통곡하며 빠져 도망하고 삼관三官이 모두 그렇게 되니 서양인이 더욱 거칠 것이 없게 되었다.

그러던 중 병사들의 기습 공격과 의병의 항전 등으로 전세는 차차 역전되어 간다. 10월 26일 프랑스군은 약 120명의 병사를 보내 문수산성을 정찰하려다가 미리 잠복하고 대기 중이던 한성근韓聖根 (1833~1905) 소속 소부대에게 27명이 사상되는 등 처음으로 막대한 인명 손실을 입었다. 또한 11월 7일 올리비에 대령이 이끄는 프랑스 해병 160명은 정족산성을 공략하려다가 잠복하고 있던 500여 명의 조선군 사수들에게 일제히 사격을 받아 큰 손실을 입고 간신히 갑곶으

정족산성 전투,
Henri Zuber의 일러스
트(1866)

로 패주하였다. 정족산성 전투의 참패는 프랑스군의 사기를 저하시
켰고, 결국 로즈 제독은 철수를 결정하였다. 작가는 이 정족산성 전
투를 이끈 양헌수梁憲洙(1816~1888) 장군을 높게 평가하며 자신이 들은
내용을 바탕으로 아래와 같이 묘사하였다.

이때 전등사(정족산성에 있는 절)로 향해 가니 전등사는 높은 산 위에서 매복
하였다가 일시에 북과 나팔을 크게 불며 좌우에서 총에 화약을 재여 놓고
쏘니 장수가 말 위에서 떨어지고 서양인 십여 명이 죽으니 대패하여 쫓
겨 왔다. 총을 쏘며 쫓으니 자신의 전우 시체를 옆에 끼고 급히 본진으로
도망을 할 때에 우리가 살던 집에 달려들어 가마를 가지고 가 시체를 담
아 마주 메고 도망하였다. 벼를 베던 일꾼 한 명이 거기에 있다가 미처 피
하지 못하고 있더니, 그것을 보고 두 팔을 흔들면서 어서 도망하라고 일렀
다. 자신의 본진으로 어수선하게 가서 시체를 화장하여 궤에 각각 담고 성
명을 제각각 써서 붙여 놓았고, 십이진十二鎭 군기軍器와 도감都監 군기와 호

랑고보古寶(호랑이 털가죽으로 만든 자리) 등 강화도 재물을 모두 탈취하여 모두 쌓아 놓았다가 시월 오일 자기네 배에 싣고 다 도망하여 나갔다.

프랑스 군대와의 전투 장면, 격퇴당한 프랑스군이 죽은 전우의 시체를 업고서 가마에 태워 도망가는 장면, 벼를 베던 일꾼을 만났을 때 두 팔을 흔들며 도망하라고 하는 장면, 시신을 화장하여 관에 넣고 성명을 쓴 다음 돌아가는 장면, 강화도의 재물을 약탈하여 싣고 도망가는 장면 등에서 작가의 서술이 매우 현장감 있게 사실적으로 묘사되어 있음을 알 수 있다.

양헌수는 군사 120명을 이끌고 정족산성으로 들어가 프랑스 군대를 맞이하였다. 프랑스 군대가 성 가까이 접근해 왔을 때에 일제히 사격을 하였다. 프랑스 군대는 전사자 6명, 부상자 35명이 생기는 피해를 입고 후퇴했으며, 로즈 제독은 강화도에서 철군할 것을 명하였다. 양헌수의 승전은 근대식 무기로 장비한 프랑스 군대를 격퇴한 것이었으며, 이로써 프랑스 군대는 강화도에서 철수하였다.

양헌수가 서양 장수와 십여 명 서양인을 죽이고 내친 길에 적진까지 쫓아가 마구 공격하려고 하였지만 화약이 없었다. 분함을 견디지 못하여 본진에 기별을 할 때 미처 적어 줄 사이가 없어서 말[言語]로 알렸다. 도원수는 끝내 다른 의심만 하고 나라에 먼저 아뢰어 화약을 들여보내 달라고 주문하였다. 양헌수가 기다리다가 인하여 다시 기병하지 못하고 분함을 견디지 못하였다.

양헌수는 정족산성 전투에서 승전의 성과를 올렸고, 그 기세를 이어 적진까지 공격을 계속하고자 하였다. 그런데 안타깝게도 화약이 떨어져 본진에 보고를 하였지만, 도원수는 의심만 가득한 채 화약을 공급해 주지 않았다. 결국 양헌수는 승기를 이어 가지 못한 채 분노를 삼켜야 했다. 관군의 무능함과 시기심은 승전의 기세를 이어 가려는 양헌수에게 화약을 제공하지 않는 데서도 드러난다.

양헌수 승전비(인천시 강화군)

11월 11일 프랑스군은 1개월 동안 점거한 강화성에서 철수하면서, 장녕전에 불을 지르고 외규장각에 소장된 왕실 관련 서적 등을 약탈하여 중국으로 떠났다. 병인양요 이후 세계 정세에 어두웠던 대원군은 척화비를 만드는 등 쇄국양이 정책을 더욱 굳히고, 천주교 박해에도 박차를 가하였다.

척화비(국립중앙박물관)

급박했던 피란 중의 고생담

프랑스 함대가 한강 수로를 따라 서울로 들어오자 도성 안은 전쟁이 일어난다는 소문으로 민심이 흉흉하고 피란길로 일대 혼란을 이루었다. 다음 기록은 1차 침입 때 서울 도성 안의 혼란된 모습이다. 이때 한양에는 작가의 딸과 둘째 시숙이 살고 있었다.

경성에서는 어느덧 모두 피란을 가느라고 성문 닫기 전에 급히 나섰다. 가난한 집안 부인은 종도 없이 가마꾼 군만 맡아 가지고 나가는데 가마가 몹시 밀렸다. 급히 나와서 제각각 쉬다가 바꾸어 메고 가는 사람이 무수하였고, 재상가와 민가에서는 모두 가산을 두고 도망하였다. 이때 딸의 시집인 김참판 집에서는 용인으로 가니 자식을 다시 못 볼 듯하여 슬픈 심회를 금하지 못하였다. 둘째 시숙은 벼슬에 매여서 성중에 계시니 이런 난을 당하여 사생도모死生圖謀를 하지 못하고 나라에 매이어 계시니 두 분 노친네가 매우 슬퍼하시니 절로 슬프고 두렵더라.

1차 침입 후 프랑스는 2차로 원정을 오게 된다. 1806년 양력 10월 11일 중국을 떠난 7척의 프랑스 함대는 1,400여 명의 병력을 이끌고 이틀 뒤인 13일 전진기지인 물치도에 도착한다. 그곳에서 병사들을 훈련시키고 14일에 염하해협을 거쳐 강화도와 수도 서울의 도선장인 갑곶진을 점령하였다. 그리고 16일에는 강화읍으로 진격하여 강화부성을 점령하고 약탈하였다.

읍내 수만 금 부자의 재물을 골라서 빼앗아 가고, 집에도 불을 놓고 도망하는 사람이 부지기수였다. 남동 이참판의 손자 이철주도 거기서 사는데, 비록 가난하지만 좋은 집에 세간 치장이 찬란하더니 급한 처지에 다 버리고 부인네는 총각으로 남장하고 손목을 맞잡고 도망하니 그 집도 불 놓고 세간은 다 부수었다.

목숨 붙어 있는 것이 우환이지만 다만 후진들을 생각하고 노녀의 노친네들을 생각하니 앞이 막히는 중에 급한 환란을 면하고자 하였다. 앞의 남산 솔밭에 삼 일 동안 낮이면 숨고 밤이면 집에서 지냈다. 점점 급한 환란이 시각을 다투어 다가오니 모책謀策이 막막하였는데, 한 가지 계책을 내어서 후원後園 산 밑에 굴을 파고 삼 일을 그 속에 있으니 이때 정경을 어디다가 비하겠는가.

전란의 소용돌이 속에서 읍내 부잣집의 재물을 빼앗아 가고, 집에 불을 지르기도 하는 등 혼란한 상황이 계속 이어졌다. 무자비한 약탈을 피해 부인네는 남장을 하고 급히 도망치게 된다. 프랑스 군대는 백성들의 집에 불을 지르고 세간을 부수었다. 작가의 경우 전란의 초

강화도에 도착한 프랑스군의 행진, Henri Zuber의 일러스트(1866)

기에는 급한 위기 상황을 피하고자 낮에는 앞산 솔밭에 숨고 밤에 집에 돌아가 자다가 그것도 불안해 산 밑에 굴을 파고 3일을 거기서 지내게 된다.

이러한 임시 대피로는 프랑스군의 약탈과 만행을 당할 수 없다 생각하여 작가는 본격적으로 피란을 떠나기로 한다. 9월 11일에 시부모와 일가 사람, 노비 등 육십여 명은 어렵게 배를 구해 강화도 인근에 있는 섬을 전전하며 갖가지 고생을 겪게 된다.

다음 날은 십이일이라 석양에 배를 타려고 하였다. 떠들썩하게 피란민으로 들끓는 소리가 천지를 뒤덮고 넓은 포구에 가득한 사람이 제각각 살기를 구하여 어디를 가면 사느냐 하는 소리가 넘치고 배의 돛대가 강변에 별이 하늘에 걸려 있듯 하였더라.

연일 좋던 날씨가 하룻저녁 사이에 변하여 풍랑이 일어나며 끝없는 바다의 파도는 천지를 뒤덮고 검은 구름은 하늘을 가리니 천지가 막막하여 동서를 분간하지 못하는 중에 간간이 비가 떨어졌다. 풍랑이 점점 크게 일어나려고 하자 사공이 아무것도 할 줄을 모른 채 어수선하게 겁을 내니, 끝없는 바다 중의 일을 어찌 하겠는가. 다만 하늘을 우러러 탄식할 뿐이다. 모두 죽은 사람처럼 숨도 크게 못 쉬고 서로 바라보면서 죄목이 있고 없음을 생각할 따름이더니

사공이 길이 서툴고 저녁빛이 점점 나니 어서어서 올 마음을 두어 미처

물이 미지 못한 때 노를 젓다가 풀에 걸리니 배가 반이나 기울어졌다. 사공이 기겁하는 소리가 진동하고 선상 사람은 모두 숨이 멎으며 물에 빠지는 듯 파리 목숨 같아서 죽기를 대령하였더니

작가 일행은 프랑스 함대가 없는 서해 쪽 포구로 가서 배를 기다리는데, 포구에는 피란을 가려고 나온 백성들의 소리가 가득하고 탈출의 상황이 긴박하게 묘사된다. 강화도를 탈출하려는 피란 행렬로 바닷가 포구는 떠들썩하였다. '피란민으로 들끓는 소리가 천지를 뒤덮고' 있었으며, 떠나려는 배들은 하늘에 걸려 있는 별과 같았다. 죽을 고비를 넘겨 겨우 배를 타고 바다로 나왔지만, 이번에는 험한 파도의 위험이 기다리고 있었다. 거친 파도와 풍랑에 목숨이 풍전등화처럼 위험할 때도 있었고, 노가 풀에 걸려 배가 기울어지는 위급한 상황도 만났다. '파리 목숨 같아서 죽기를 대령하였더니', '숨도 크게 못 쉬고 […] 죄목이 있고 없음을 생각할 따름' 등의 표현 속에서 죽음을 목전에 둔 일행들의 긴박함을 알 수 있다.

이들의 탈출기는 황해도 평산의 여흥 민씨 집성촌에 도착하며 일단 마무리된다. 거리가 먼 관계로 평상시 교류가 없던 터라 여러모로 불편했겠지만, 어디로도 갈 곳이 없고 의지할 사람이 없던 일반 백성에 비해서는 형편이 좋았다고 볼 수 있겠다.

전란 속 백성들의 상황

병인양요는 구질서와 신질서, 조선왕조 체제의 전통과 서구 자본주의의 근대가 무력으로 충돌하는 일대 사건이었다. 『병인양란록』은 그 전란의 한가운데 있었던 한 양반가 여성의 눈을 통해 전쟁이라는 극한적 위기 상황 속에 자신을 포함해 강화도민이 겪어야 했던 고통과 참상을 생생하게 증언하였다. 작가는 같은 여성의 입장에서 전쟁 속 여성의 수난을 부각시켰다.

촌으로 떼 지어 다니며 여인을 욕보이고 살림살이를 탈취하되 남자의 옷과 쇠붙이며 돈이며 양식이며 소와 닭 잡기는 더 좋아하였다. 집을 잠그고 간 집은 다 부수며 혹 불도 놓고, 주인이 있어 대접하고 닭 잡아 주는 사람은 칭찬하고 그렇게 하면 그 집 것은 가져가는 것이 없더라. 제각각 살기를 구하여 몹시 놀라고 겁을 내니, 어느 누가 나라에 충성하여 보답할 자 있으리오?

슬프다 윤리와 기강은 모두 무너지고 도리에 어긋난 백성들은 노략하기를 서양인과 같이 다니더라. 서양인이 노략한 짐을 닿는 대로 붙잡아서 지라고 하니, 잘 져다가 주면 삯전을 후하게 주고 상 차려 주어 배불리 먹여 보내니 삯짐 지기를 자원하는 자가 무수하였다. 서양인이 여인을 보는 족족 욕을 보이니 다친 집은 얼마인지 수를 모르지만, 사대부 황이천 집 부인과 동리 양반 심선달 부인들이 욕을 보았다고 하니 사생死生이 시각에

강화도의 풍경, Henri Zuber의 일러스트(1866). 민가를 향해 대포를 설치한 프랑스군의 모습이 보인다.

달렸더라.

나주 임씨는 전쟁으로 인한 혼란과 무질서의 실상을 구체적으로 묘사하였다. 재물을 탈취하고 여인을 욕보이고 불을 지르는 등 온갖 불법과 폭력을 자행하였음을 증언하였다. 이러한 상황에서 백성들은 저마다 목숨을 부지한 채 살아남으려고 분투를 하였다. 프랑스 군인에게 대접을 잘해 주어 자신에게 닥칠 피해와 위험을 모면하고자 하는 사람도 있었고, 프랑스 군인이 노략한 물건을 옮겨 주고 품삯을 받으려고 자원하는 사람도 무수하였다. 작가는 이 같은 혼돈의 시대를 전통적 윤리와 기강이 무너진 때라고 보았다.

전쟁이란 극한 상황 속에서 남성과 여성이 모두 피해를 입었지만, 특히 약자인 여성들은 더 큰 고통과 수난을 견뎌야 했다. 프랑스 군대의 약탈과 방화의 현장 속에서 여성이란 사회적 약자들은 그 누구로부터도 보호를 받지 못한 채 점령국 남성에 의해 착취당해야 했다. 작가는 성폭력의 현장을 증언하면서 양반가 여성의 신원을 구체적으로 밝히기도 했다. 같은 여성의 입장에서 당시 강화도 여성들이 마주했던 수난을 가감 없이 드러내 보여 주고자 했을 것이다.

또한 이러한 상황 속에서 민심의 이반도 보인다. 프랑스군에게 협조하여 자신의 목숨과 재물을 보전하는 사람도 있고, 프랑스군이 약탈한 짐을 져다 주고 삯을 받는 사람도 있고, 전시의 혼란한 상황을 틈타 노략질을 하는 백성도 나타났다. 작가는 그들의 불충과 윤리기강의 상실에 분노하지만, 당시 백성들 틈에 섞여 도망가기 바빠 정작 자신들의 책무인 백성을 보호하고 지키는 일은 돌아보지도 않았던 지도층의 모습에 민심은 진작에 떠났을 것이다. 목숨이 경각에 달린 상황 속에 나라가 아무것도 해 주지 못하자 제각각 자신의 살길을 찾느라 나라를 지키고 항전하겠다는 마음은 사라지고 말았을지도 모른다. 이러한 나라에 대한 불신은 아래에도 잘 드러난다.

그 동네 소임所任 하나가 밖에 와서 보고하되 나라에서 강화도 백성이 모두 서양나라에 붙었다 함을 들으시고 크게 진노하여 군사를 일으켜 강화도 백성들부터 모두 죽이라고 전교를 내리셨다고 하였다. 이날 밤에 이 말을 듣고 정신이 아득하고 일신이 떨려서 통곡소리가 낭자하고 허둥지둥 어찌할 줄을 모르는 가운데 의논이 분분하여 아무쪼록 강화도 밖으로 나가기를 원하지만 난리 중에 어디를 향하여 배를 타리오?

헛소문이기는 하였지만 강화도 백성이 프랑스군에 부역했으니 그 죄를 물어 모두 없애 버리라는 임금의 명령이 있었다는 말에 백성들은 통곡한다. 그만큼 나라에 대한 믿음이 사라진, 조선 말기의 일반 백성의 민심이 읽히는 대목이다. 전쟁터의 소문은 사람들의 불신을 조장하고 그들에게 불안과 공포를 증폭시킨다. 프랑스 군인의 약탈과 방화로 인해 고통받고 있을 백성들을 구원하기보다 오히려 그들을 처단하라는 명령을 내린 조정의 처분에 당시 강화도 백성들은 일대 혼란을 겪고 충격을 받아야 했다. '정신이 아득하고 일신이 떨려서 통곡소리가 낭자'하다는 작가의 발언이 전혀 과장으로 느껴지지 않는다.

또한 작가는 전쟁의 혼란한 상황 속에서 구질서의 붕괴를 체험하게 된다.

살섬[矢島] 인심이 괴이하고 도리에 어긋난 백성들이 흉측한 뜻을 품고 수십여 명이 나와 홍생원 부자에게 모욕을 주고 결박을 하고 모두 탈취하려고 하더니 어찌 생각하고 저렇게만 빼앗아 갔다. 홍생원의 말이 전쟁이 끝나면 값을 달라고 하면서 빼앗아 갔다고 하였다. 이러한 거동을 눈으로 보니 놀라움을 이기지 못하였다.

다시 들어가 농사 지은 것이나 찾아서 먹겠다고 하고 죽기로 기를 쓰고 강화도로 돌아가니, 생사를 서로 모르고 주인과 종이 이별하였다. 배 위에서 하직하는 소리 목이 메어 가니 비창한 심사를 이기지 못하여 산머리마다 바라보니 잘새는 날아들고, 바다에서 들리는 것은 물소리니 노복의 슬퍼함과 같아서 슬픈 마음을 돕더라.

첫 번째 기록은 피란 일행이 강화도를 탈출하여 살섬로 왔을 때의 일을 다루었다. 섬에 사는 백성들이 양반 부자를 모욕하고 재물을 탈취하는 것을 목도하였다. 공고했던 신분질서가 무너지는 현장을 직접 보게 된 것이다.

두 번째 기록에서는 작가를 따라 나왔던 몇몇 노비들이 죽기를 무릅쓰고 강화로 돌아가는 장면이 나온다. 피란 생활이 고통스럽기는 노비가 훨씬 심했을 것이다. 부족한 식량과 질병 속에서도 주인을 먼저 챙겨야 했을 것이고, 굶주린 채 추위에 떨었을 것이다. 먹지도 못한 채 주인의 가마를 메야 했고 주인의 잠자리를 만들어 주고는 기진맥진해 한데서 잠을 자야 했을 것이다. 그러한 극한 상황 속에서 몇몇 노비들은 죽더라도 양식이 남아 있을 강화로 돌아가겠다고 한 것이다. 차마 막지는 못했지만 주인을 버리고 떠나는 노비에게 서운해하는 마음이 전해진다.

작가의 시각으로는 신분질서를 무시하고 윤리기강을 버린 채 제 살길만 찾는 '괘씸한 상것들'일지는 모르나, 백성들은 자식들을 군사로 빼앗기고 도적을 맞고 절체절명의 상황 속에 살고 있었다. '군사 뽑혀 간 백성의 집에서 우는 소리가 낭자하고 도둑떼를 당한 사람도 많고 산골짜기로 피란한 자가 무수하더라'는 일기의 한 대목에서 당시 백성들의 고통과 수난을 짐작할 수 있다.

한편 무능하고 비겁한 관군 지도부와 대조적으로 나라에 대한 충절을 죽음으로 보여 준 양반 사대부도 있었다.

이판서의 이름은 이시원李是遠이라. 충효가 남들을 능가하고 정직한 군자로서 일세에 뛰어나 이름이 널리 알려진 사람이다. 다만 그 가솔과 후진을 구하려고 우리 집에 부탁하여 어느 섬으로 피란을 보내고, 자신은 스스로 외삼촌 집에 떨어져 있다가 자결할 마음을 두었니 그 뜻을 누가 알겠는가. 그 아들 이상학李象學이 전혀 모르고 우리와 함께 왔다.

작가의 시댁은 평소 이시원(1790~1866) 집안과 친분을 맺고 있었다. 나주 임씨 일행이 강화를 떠나 평산으로 피란을 갈 때 이시원 집안 사람들과 함께 동행하였다. 이때 이시원은 미리 자결할 생각을 하고 준비를 하였다. 이시원은 1815년 문과에 급제한 후 벼슬이 이조판서, 홍문관제학에 이르렀다. 1866년 강화도가 함락되자 동생 이지원李止遠과 함께 유서를 남기고 음독 자살하였다. 작가는 이시원이 남긴 유언의 말을 직접 옮겨 놓음으로써 충절을 향한 그의 비장한 각오와 죽음에 임하는 의연한 태도를 전하였다.

2부

멀고 낯선
땅에서

1장

나처럼 기구한 운명이 또 있을까:
분성군부인 허씨

인조의 맏아들이었던 소현세자昭顯世子(1612~1645)는 조선왕조의 역사 속에서 비극적으로 죽음을 맞이했던 세자 중의 한 사람이었다. 소현세자가 갑작스럽게 생을 마감한 이후 그의 가족들과 후손들 또한 비극적인 삶을 살아갔다. 소현세자의 빈嬪 강빈姜嬪은 인조를 독살하려고 했다는 누명을 쓰고 사약을 받아야 했다. 소현세자가 세상을 뜬 이후 그의 맏아들인 석철石鐵이 세자의 뒤를 이어야 했지만, 인조는 봉림대군을 세자로 책봉했다. 소현세자의 세 아들은 어린 나이에 제주도로 유배를 가야 했다. 당시 세 아들의 나이가 각각 12세, 8세, 4세에 불과했다. 첫째 아들과 둘째 아들은 유배지 제주도에서 짧은 생애를 마감해야 했으며, 셋째 아들(훗날 경안군)만이 겨우 살아남을 수 있었다.

분성군부인盆城郡夫人 허씨許氏(1645~1722)는 소현세자의 며느리이며,

『건거지』(국사편찬위원회)

경안군慶安君(1644~1665)의 부인이다. 경안군은 소현세자의 유일한 혈육이었다. 분성군부인은 경안군과 혼인을 한 후 두 아들을 낳았는데, 남편 경안군이 22살의 젊은 나이로 세상을 뜨고 말았다. 두 아들에 의지하며 생활하던 중 분성군부인의 두 아들이 역모에 연루되는 바람에 제주도로 유배를 가게 된다. 분성군부인은 두 아들과 함께 유배 길에 올랐다. 왕실 여성의 신분으로 유배지에서 생활한 것은 매우 특별한 체험일 것이다. 분성군부인은 자신의 기구한 삶을 한 편의 자전적 글 속에 담아냈다.

『건거지巾車志』는 소현세자의 며느리이자 경안군의 부인이었던 분성군부인 허씨에 의해 18세기 초에 창작된 한글 일기이다. 내용은 왕실 여성이었던 분성군부인 허씨가 제주도로 유배를 가게 된 두 아들을 따라가 같이 유배 생활을 하다가 유배가 풀려 서울로 돌아오기까지의 이야기로, 만 70세의 나이에 회상록의 형태로 서술한 작품이다. 『건거지』는 한글본과 함께 한문 번역본이 동시에 존재하는데, 원본은 소재지가 확인되지 않고 있으며 현재 국사편찬위원회에 다시 필사한

영회원(강빈의 묘, 경기도 광명시)

이본이 소장되어 있다.

　분성군부인 허씨가 한글로 『건거지』를 쓰기 시작한 것은 1715년이며 최종적으로 완성한 것은 1718년이다. 역모 사건에 연루되어 1679년 유배를 가게 된 두 아들을 따라가 6년 동안 유배지에서 생활하였던 체험이 중심 소재이며, 1685년 4월에 둘째 아들 임성군任城君이 혼인을 올리는 것으로 끝난다. 유배 생활 후 30여 년의 오랜 시간이 지나 고희를 맞이한 작가가 지난 인생사에서 가장 극적이고 고통스러웠던 기억을 떠올리며 썼다. 저자는 한글 작품을 쓰고 나서 박사수朴師洙(1686~1739)로 하여금 한문으로 번역하게 했는데, 이는 한문을 주로 읽고 쓰는 남성 사대부 계층들도 자신이 쓴 작품을 널리 읽을 수 있도록 하기 위함이었던 것으로 보인다. 한글 작품의 마지막 부분에 일종의 발문이 덧붙여져 있는데, 억울하게 강빈이 죽은 지 70여 년이 지나 민회빈愍懷嬪으로 봉해지며 신원이 된 1718년에 작성된 것이다. 소현세자의 유일한 혈육이었던 경안군과 그 자손들이 비로소 명예를 회복한 때이므로 작가로서는 남다른 감회를 적지 않을 수 없었을 것이다.

『건거지』는 작품 분량이 꽤 방대하다. 본문의 수록 글자수를 계산해 보면 대략 25,000자로, 200자 원고지 기준 125장에 달할 만큼 풍부하다. 한문 번역본에서는 사건이 어떻게 전개되었는지 대강의 내용을 전달하는 데 중점을 두어서 구체적인 대화 내용이나 감정 표현, 세부 묘사 등은 상당 부분 축약하여 옮겼다.

무엇이 70세의 노인으로 하여금 이렇게 방대한 회고록을 쓰게 하였을까. 분성군부인 허씨의 삶을 살펴보면, 굽이굽이 풀어내도 다 말하지 못할 고통과 회한에 찬 세월이 있어 이러한 글을 쓰게 했음을 미루어 짐작할 수 있다.

분성군부인 허씨의 삶

분성군부인 허씨는 소현세자의 며느리로서, 그의 생애를 정리하면 다음과 같다. 분성군부인 허씨는 본관이 김해로, 사헌부 장령을 지냈던 허확과 전주 최씨 사이에서 1645년 태어나 1661년 17세의 나이로 소현세자의 아들이었던 경안군 이회李檜와 혼인을 하였다. 남편 경안군은 그의 나이 두 살 때에 아버지 소현세자가 갑자기 세상을 떠나면서부터 굴곡진 삶을 살아가야 했다. 겨우 두 살의 어린 나이에 아버

순천 송광사 목조관음보살좌상 복장유물. 궁중 나인이었던 노예성(盧禮成)이 경안군의 장수를 기원하며 조성한 것으로, 저고리에 싸인 발원문에는 경안군과 분성군부인 허씨의 이름이 적혀 있다.

지가 갑자기 세상을 떠났고, 세자의 자리는 숙부인 봉림대군에게 돌아갔다. 소현세자가 갑자기 세상을 떠나자 조정에서는 원손이 대를 이을 것인가, 차남이 뒤를 이을 것인가 찬반이 분분했는데, 인조의 강력한 주장으로 원손 대신 차남인 봉림대군이 왕위를 잇게 되었다. 이후 소현세자의 유일한 적장자였던 경안군과 그 후손은 왕통의 자리에서 밀려났으며, 역모에 연루되어 불행한 죽음을 맞는 등 비극적인 가족사를 겪게 되었다.

1646년 3살 때에는 어머니 강빈마저 왕실 저주 사건에 연루되어 사사되었다. 게다가 경안군은 강빈 옥사에 연루되어 두 형과 함께 제주도로 유배를 갔다. 큰형과 둘째 형은 제주도 유배지에서 일찍 세상을 떴으니, 경안군은 성인이 될 때까지 생존한, 소현세자의 유일한 적장자였다. 1656년에 10년의 긴 유배 생활에서 풀려났고, 1661년 허씨와 혼인하였다.

분성군부인은 1663년 큰아들 임창군臨昌君 이혼李焜(1663~1724)을, 1665년 둘째 아들 임성군臨城君 이엽李熀(1665~1690)을 낳았지만, 평소 병약했던 경안군은 둘째 아들이 태어나던 1665년 22세의 젊은 나이로 죽었다. 경안군은 네 살의 어린 나이에 유배지를 떠돌며 생활하느라고 자주 병을 앓았으며, 화를 당한 나머지 척추에 장애를 입어 일찍 죽었다고 기록되어 있다.

『선원계보기략(璿源系譜紀略)』에 기록된 경안군과 임창군(일본 오사카 부립 나카노시마도서관)

분성군부인은 병약한 남편을 간호하고 자식을 키우며 생활하다가 남편이 죽자 어린 두 아들을 키우는 데 온 힘을 쏟았다. 그나마 의지가 되던 사람은 시누이 되는 경녕군주慶寧郡主(1642~1682)와 경순군주慶順郡主(1643~1697), 그리고 그들의 남편인 금창부위 박태정朴泰定(1640~1688)과 황창부위 변광보邊光輔(1644~1662) 등이었다. 소현세자는 강빈과의 사이에 3남 3녀를 두었는데, 경안군이 세상을 뜰 때 남은 사람은 경녕군주와 경순군주 두 딸뿐이었던 것이다. 경안군이 죽었을 때 집안이 가난하여 제대로 상례조차 치르기 힘들었다는 것으로 보아 유배에서 풀려난 후에도 현종으로부터 제대로 대접을 받지 못한 채 가난하고 힘들게 산 것으로 보인다.

남편을 여의고 두 아들을 의지하며 생활하던 분성군부인에게는 다시금 비극적인 운명이 기다리고 있었다. 소현세자의 세 아들 가운데 유일하게 후손을 남긴 경안군은 인조의 혈통을 잇는 적장자인 셈이었는데, 1679년 3월 강화도에서 누군가가 "소현세자의 손자 임창군은 경안군의 아들로, 이 분이 진짜 성인이며 나라의 종통이다"라는 격문을 붙인 사건이 발생했다. 소현세자의 적통을 이은 임창군을 왕으로 옹립해야 한다는 흉서凶書 사건이 일어난 것이다.

분성군부인의 두 아들은 역모의 혐의를 쓰고 의금부에 체포되었다. 역모에 몰려 죽을 위기를 맞았지만, 직접 가담한 정황이 없었기 때문에 숙종은 이들을 제주도로 귀양 보내라는 명을 내렸다. 당시 분성군부인은 35세, 임창군은 17세, 임성군은 15세였다. 분성군부인은 두 아들마저 잃을지도 모르는 급박한 상황 속에서 당시 현종의 비로서 숙종의 모후母后였던 대비 명성왕후明聖王后에게 두 아들과 함께 유배지에 동행하겠다는 청원의 글을 올려 허락을 받았다. 또한 두 아들을 제주도의 제주목과 대정현으로 각각 달리 유배 보낸다는 소식에 분성군부인은 다시 대비께 글을 올려 두 아들이 같은 장소로 유배 보내지도록 청원했고, 동행해도 좋다는 허락을 받아 내었다.

마침내 분성군부인은 두 아들과 함께 유배의 길을 떠나게 되었는데, 왕실 여성의 신분으로 유배지에 동행한 사례는 흔치 않은 일이었다. 분성군부인을 비롯하여 두 아들과 큰며느리 응천군부인凝川君夫人 박씨 등 네 식구가 함께 1679년 3월 제주로 향했다. 1682년에는 전라남도 해남으로 유배지가 변경되었으며, 1683년 2월에는 강원도 삼척으로 다시 옮겨졌다. 그 후 1684년 12월 초순에 유배에서 풀려 마침내 서울로 돌아왔다. 6년의 유배 기간 동안 분성군부인은 질병을 치료하기 위해, 그리고 명성왕후의 발인에 참여하기 위해 잠시 서울에 머문 기간을 제외하고는 두 아들, 며느리와 함께 유배지에서 동고동락했다.

6년의 유배가 마침내 풀려 서울로 돌아와서야 집안은 안정을 되찾았다. 1685년에는 둘째 아들 임성군이 혼례를 올렸으나 5년 후 26세의 젊은 나이로 생을 마감한 불행한 일이 있었다. 그러나 다행스럽게도 첫째 아들인 임창군은 작위가 회복되어 중국 사신으로 청나라에 네 번이나 다녀오고 품계가 정1품에까지 오르는 등 왕실 종친으로서의 지위를 크게 회복하였다. 또한 큰며느리 응천군부인이 6남 5녀를 낳아 집안의 자손이 크게 번창하기도 하였다.

그리하여 만 70세가 되던 1715년 분성군부인은 30년 전의 아픈 기억을 떠올리며 한글 일기 『건거지』를 쓸 수 있었다. 1718년 억울하게 사사되었던 강빈이 신원되면서 이 집안의 명예가 모두 회복되었다. 부인은 1722년 6월 78세로 생을 마감하였는데, 당시 실록에는 분성군부인의 상을 경안군의 예에 따라 거행하라는 임금의 명이 기록되어 있다.

하지만 이 집안의 비극은 그 뒤에도 계속 이어졌다. 경안군의 손자이며 임창군의 장남 밀풍군密豊君(1698~1729)은 영조 때 반란을 일으킨 이인좌에 의해 임금으로 추대되었다가 난이 평정된 후 자결하였다. 이때 밀풍군을 왕위에 추대한 명분 또한 인조의 장남 소현세자의 적통을 이어받은 왕손이라는 것이었으니, 소현세자의 죽음 이후 이 집안의 비극은 계속되었다고 할 수 있다.

분성군부인은
왜 자기 삶을 기록했을까

분성군부인은 유배 생활에서 풀린 지 30년이 지난 후 『건거지』를 썼다. 그 동기는 과연 무엇이었을까? 저자가 쓴 글을 보면, '옛날의 몹시 힘들고 고생하며 죄를 입어 유배 갔던 일'을 기록하고, 아울러 '주상전하의 산 같은 은혜와 바다 같은 덕'을 기리기 위함이라고 하였다. 그러나 30여 년 전 임창군을 왕위로 세우려던 흉서 사건에 휘말려 제주도로 유배되었을 때의 수난과 고초를 되새겨 보는 것을 넘어서, 저자는 후손들에게 경계의 말을 전하고자 한 듯하다. 표면적으로는 유배에서 돌아오게 하고 가문의 위상을 회복시켜 준 왕, 숙종의 은혜에 감읍하여 그것을 기리려 한다고 말하지만, 사실은 소현세자의 적통이라는 가문의 특성상 언제든 역모에 휘말려 멸문당할 수 있다는 것을 후손들에게 알리고 싶었을 것이다. 그래서 유배의 과정과 힘들고 괴로웠던 생활을 그토록 자세하고 생생하게 표현하여 다시는 그러한 위험과 고초에 휘말리지 않도록 경계하라는 뜻을 담은 것이다. 물론 임금에 대한 고마움을 빼놓지는 않았다. 목숨을 살려 주고 가문을 회복시켜 준 숙종에 대한 고마움은 이렇게 나타나 있다.

주상전하의 산 같은 은혜와 바다 같은 덕이 몸에 사무치고 뼈에 박히어 죽어가는 목숨을 살리시고 또 구천의 원한을 씻게 하시니 뼈를 발라 갚기

를 도모할 따름이다.[48]

숙종은 소현세자의 빈이었던 강빈을 신원시키며 분성군부인의 가문의 명예를 회복시켜 주었다. 또한 유배 생활 중에도 어려움 없이 살게끔 양식과 의복을 제공해 주는 등 배려해 줌으로써 유배지에서 살아 돌아올 수 있었다.

노복이 마음대로 출입하고 바깥 사람도 또한 왕래하며 강진과 해남 두 고을에서 해마다 쌀 구십 석씩 주고, 해마다 명주 두 필과 무명 두 필씩 주었다. 화를 만나던 때를 생각하니 위태로운 기운이 몹시 급하였는데, 성스러운 덕을 드리워 죽을 땅에서 벗어나 목숨을 보전하게 하였다.

작품 곳곳에는 이렇게 고초를 견디게 해 준 숙종의 관대함과 가문을 회복시켜 준 은혜에 대한 감읍이 나타나 있다. 그러나 좀 더 깊이 추측해 보자면, 그 관대함과 은혜라는 왕의 절대 권력에는 그들을 언제든 파멸시킬 수 있는 힘이 있으니, 은혜를 칭송하며 가문을 보존해야 한다는 절박함이 있었을 것이다. 그래서 왕의 은혜에 감읍하며 왕실의 그늘 아래 충성하며 살겠다는 다짐을 보이려 했던 것은 아니었을까.

---

[48] 분성군부인이 쓴 『건거지』는 현재 국사편찬위원회에 소장되어 있다. 이하 인용은 국사편찬위원회 소장본에 의한다.

『건거지』를 창작하게 된 동기와 관련해 박사수가 한문으로 쓴 서문을 보자.

대개 즐거움에 처해 있을 때에는 화란禍亂을 잊어버리고, 편안함에 있을 때에는 우환을 소홀히 하는데, 이것은 인정과 이치의 측면에서 필연적인 것이다. 그런데 부인께서는 오히려 두려워하고 근심을 하면서 항상 스스로 자만하지 않았다. 또한 시대가 바뀌었다고 해서 유배되었을 때의 고초를 잊어버리고 후손들도 이를 알지 못하게 되지 않을까 두려워하여 마침내 손수 한글로 그 시말을 기록하고 나에게 말하시기를 '자네가 나를 위해 한문으로 번역해 줄 수 있겠네'라고 하셨다. 내가 그것을 받아 번역을 마치니, 떨리고 두려우며 근심하고 슬퍼하며, 놀랄 만하고 눈물 흘릴 만한 일들이 어느 하나도 쓰이지 않은 것이 없고 조금이라도 빠뜨린 것이 없었다. 임금의 은혜를 송축하고 나라에 감읍하는 뜻에 이르러서는 언어로 쓰여진 너머에 왕왕 읽는 사람으로 하여금 흐느끼고 탄식하기를 그치지 않게 한다.

여기서 눈여겨보아야 할 부분은 '유배되었을 때의 고초를 잊어버리고 후손들도 이를 알지 못하게 되지 않을까 두려워하여'『건거지』를 썼다는 부분이다. 유배에서 돌아 온 지 30년, 둘째 아들은 일찍 죽었지만 큰아들의 자손이 번창하고 시어머니인 강빈의 신원이 이뤄져 가문의 명예가 회복되었으며 편안하고 여유로운 생활을 누리고 있지만, 언제든 닥칠 수 있는 위험을 잊지 말고 항상 조심 또 조심하라는 뜻이다. 여유롭고 아무 문제 없을 때 오히려 두려워하고 자만에 빠지지 않아야 한다는 것이다. 그런 점에서 가문이 번창하게 된 지금이야말로 과거의 고통스럽고 불운하고 위태롭던 시간들을 찬찬히 되돌아보며 조심해야 할 때라고 생각한 것으로 보인다.

작가의 이 같은 경계에는 소현세자 가문의 불행한 역사가 녹아 있다. 소현세자의 유일한 적통을 이은 왕실 가문이었지만 왕권으로부터 멀리 벗어나 있을 뿐만 아니라 언제든 역모에 연루되어 집안이 멸족당할 수 있는 불안한 위치에 있었기에, 분성군부인으로서는 후손들에게 경계의 글을 주고자 했을 것으로 보인다. 일기의 제목 『건거지』 역시 중국 한나라 때 풍이馮夷의 고사에서 나오는 '건거巾車'라는 말에서 왔는데, 얽힌 고사는 다음과 같다.

한나라 광무제가 건거향巾車鄕에 주둔했을 때 한나라에 저항하던 풍이가 한나라 병사들에게 잡혀 왔다. 광무제는 풍이를 풀어 주고 벼슬을 내렸으며, 그 이후 풍이는 후한을 세우는 데 큰 공을 세우고 창업공신이 되었다. 풍이가 광무제에게 말하기를 "황상께서는 하북에 있었을 때의 어려움을 잊지 마소서. 소신도 감히 건거에서 살려 주신 은혜를 잊지 않겠습니다"라고 하였다.

'건거'는 자신의 성공에 자만하다가 파멸하는 경우가 많으니, 그러지 않으려면 어렵고 힘들던 시절을 항상 잊지 않고 되새겨야 한다는 점을 강조한 말이다. 분성군부인 또한 이러한 점에 공감하였기에 제

2부 멀고 낯선 땅에서

목을 『건거지』로 붙였을 것이다.

이 점을 본다면 분성군부인이 이 작품을 쓰게 된 가장 큰 이유는 현재에 자만하여 과거의 고통을 잊으면 안 된다는 것, 과거의 힘들고 고통스러운 시간을 잘 견뎌 냈기에 오늘의 복이 있을 수 있다는 점을 후손들에 알리고자 한 것이다.

유배길에 오르다

남편 경안군이 죽고 17세, 15세의 두 아들을 데리고 어렵게 살아가던 분성군부인에게 뜻하지 않은 변고가 일어난다. 인조의 적통자인 경안군의 후손이 왕이 되어야 한다는 내용의 흉서가 붙은 사건이다. 조정에서는 이를 역모로 인정, 경안군의 후손을 처단하라는 상소가 연이어 올라왔다.

기미년(1679) 봄에 떠도는 소문이 크게 일어나 인정이 위태롭고 두려워 다 변란이 조만간 일어난다고 이르더니 3월 13일에 계집종이 밖에서 들어와 이르되, "밖은 극히 흉흉하여 도성내 사람들이 피란하는 이가 많다고 하거늘 홀로 우리 궁은 이리 고요히 있으니 밖에 나가 계시면 좋을까" 하거늘, 내가 이르되 "우리 집은 나라에 목숨이 달렸으니 만일 변란이 있으면 나라와 더불어 존망을 한가지로 할 것이니, 어찌 먼저 스스로 피란하라는 말을 이르리오?" 하되, 이씨 이르되 "떠도는 소문에 반드시 변란이 있고 또한 혹 헛말을 지어 스스로 죽기를 취하는 자도 있으니 어찌 자세히 아는 이 있으리오?" 하더니

작품의 첫 서두이다. 역모가 일어났다는 소문으로 한양 인심이 흉흉해지는 데에서 작품은 시작하였다. 불길한 전조를 알리는 소문은 점차 그 실체를 드러내면서 작가와 그 집안을 불행의 소용돌이 속으로 몰아간다. 처음 그 소문을 접하게 된 분성군부인은 불행이 머지않아 닥칠 것 같은 불안한 마음을 감춘 채 주변 사람의 경거망동을 경계하면서 평정심 속에 차분하게 대처한다. 흉서 사건이 일어나자 나라에서는 분성군부인 집안의 동태를 감시하기에 이른다.

날이 늦은 후에 종친부 서리 최승주가 와서 이르되, "두 공자(임창군과 임성군)가 바야흐로 산소에 가 계시다고 하니 계신가 보려고 왔노라" 하거늘 임창군이 즉시 대답하되, "우리가 어디를 갔으리오? 임성군은 바야흐로 병이 들어 안에 있으니 마땅히 한가지로 보게 하리라" 하였다. 최승주가 말하기를 "다만 계신 줄만 알면 뵈어 무엇하리까?" 임창군이 묻되, "누가 너로 하여금 가서 보라 하던가?" 답하되, "영상이 소인을 불러 계신지 아니 계신지 알아 오라고 하시더이다" 하고 인하여 하직하고 갔다.

[…] 임성군은 나이가 더욱 어린지라 겁을 내며 울기를 그치지 않았다. 임창군이 이르되, "이 아이로 인하여 반드시 큰일이 날 것이로다. 너무 겁먹지 말라. 우리가 무슨 죄로 죽겠는가?" 말씨가 태연하니 이것은 비록 나를

위로하는 일이지만 또한 나에게 도움이 될 줄 알 것이다.

위의 기록에서는 뜻하지 않게 역모에 휘말려 위기에 빠졌음을 알게 된 후 임창군의 대응이 흥미롭다. 17세의 나이임에도 위험한 사태임을 파악하자 바로 어머니를 위로하고 사태의 추이를 지켜보자고 하는 것으로 보아 매우 어른스럽고 침착한 성격임을 알 수 있다. 이에 비해 15세인 임성군은 무서워 계속 울었다는 것으로 보아 형에 비해 심약했던 것으로 보인다. 또한 임창군의 말 중, "어머님이 평소에 죽기를 쉽게 여기는지라 우리가 설사 미루어 헤아릴 수 없는 땅에 빠질지라도 나중을 보아 결단하고 가볍게 과도한 행동을 마십시오"라는 부분에서, 이때의 분성군부인이 이어지는 집안의 흉사와 생활의 고통에 심약해져 있었음을 짐작할 수 있다. 역모에 휘말려 감시를 당하자 사태가 악화될 것을 감지한 분성군부인은 '마음이 떨어지는 듯해' 시누이인 경녕군주와 경순군주에게 가서 '서로 대하여 울 뿐'이라며 크게 놀라고 낙심하는 모습을 보인다. 이후 지나가는 서리들이 이들이 서울에 있지 못할 것이라고 이야기한 것을 듣고 전하는 계집종의 말에서 이들이 역모 사건으로 인해 무사하지 못할 것임을 이야기한다.

16일 아침에 계집종이 들어와 말하되, 어떤 서리 두 사람이 우리 궁을 지나면서 이르되 "슬프고 가히 가련하다. 나이가 어리니 어찌 알겠는가" 하니, 한 사람이 누구인가 묻되 그 사람이 답하지 아니하고 입으로 우리 궁을 가리키며 말하되 "반드시 서울에 있지 못할 것이다" 하였다 하더라.

한낱 서리조차 이들 가족이 역모 사건에서 무사하지 못하리라는 것을 알고 있었으니, 당사자인 분성군부인과 아들들은 어떠한 마음이었겠는가. 집안에 닥쳐오는 위기의 징후에 불안하고 두려워 경황 없어하는 모습이 다음 기록에 잘 나타나 있다.

내가 들어가 방에 앉으니 저녁밥을 내어 왔다. 내가 말하되 "군주 곁에서 이미 먹고 왔으니 아서라" 한데, 모든 종이 말하되 "대부인이 돌아오시기를 기다리다가 지금까지 진지를 내오지 않았다" 하였다. 내가 생각하되 '사태가 심히 급하여 오늘밤을 면하기 어려운지라 어찌 아이들로 하여금 밥을 굶기리오?' 하고 "밥을 가져오라" 하였다. 장차 억지로 밥을 먹으려고 하지만 차마 목을 넘기지 못하여 거짓으로 숟가락을 뜨면 저희들도 숟가락을 뜨고 내가 혹 숟가락을 멈추면 저희도 숟가락을 멈추었다. 내가 이를 보자 더욱 차마 먹지 못하여 거짓으로 성을 내어 이르기를 "나는 이미 먹은 밥을 너희를 위하여 먹으려고 하니 차마 먹지 못하겠다" 하고 드디어 상을 물리라고 하니 저희들도 먹지 아니하였다.
내가 다시 할 일이 없어 드디어 미음을 쑤어서 대령하라고 하고 반을 든 후에 아이들을 자게 하려고 내가 먼저 눕되 옷을 풀지 아니하니 저희도 옷을 풀지 않았다. 내가 즉시 옷을 벗고 자리에 가서 자는 척하고 누웠더니 아이들이 처음에는 뒤치락거리다가 이윽고 잠이 깊이 들었다. 나는 졸음이 없어 밤이 다하도록 저희를 어루만지며 말똥말똥 잠을 이루지 못하였다.

가족은 다가올 불행을 예감하고 불안과 공포에 떨었다. 그러면서 애써 태연한 모습을 유지하려고 하였다. 밥을 제대로 먹지도 못하고 전전반측 잠을 이루지도 못하는 모습에서 앞날에 펼쳐질 고난에 무기력하게 휘둘릴 수밖에 없는 이들이 느꼈을 두려움이 보인다. 불행 중 다행으로 임창군과 임성군이 직접 역모에 가담한 정황이 없어 조정은 이들을 유배 보내기로 결정한다. 이에 분성군부인은 대비께 아들의 유배길에 동행하도록 허락해 달라는 청을 글로 올리고, 또 두 아들의 배소가 다른 곳으로 정해진다는 소식에 다시 같은 곳으로 유배 가게 해 달라는 청원의 글을 올려 허락을 받게 된다.

오후에 비로소 제주로 정배한다는 말을 들었으되 임성은 대정으로 다 각각 배소를 정한다고 하였다. 내가 죽기를 무릅써 자전慈殿[49]께 글을 올려 가로되, "두 자식으로 더불어 목숨을 의지하여 살아왔더니 이제 망극한 일을 만나 천리 절도絶島에 저희를 보내시게 되었사오니 피차의 생사를 서로 모르올지라. 자식을 따라 함께 가려고 하옵더니, 듣자오니 형제 배소를 각각 정하여 계시다 하오니 황난함이 아무렇지 못하리로소이다" 하였다. 자전께서 글을 내리시어 답하시되, "천만 뜻밖에 흉인이 위험한 말을 하지만 나라의 일로써 조금이나마 의심하리오마는…" 하여 계시니, 말씀과 뜻이 정성스러워서 사랑하는 어미가 어린 자식을 염려함 같고 은덕이 호탕하여 봄빛이 그윽한 골짜기에 퍼짐과 같으니 감격하여 목메고 축수를 이기

---

49   자전(慈殿): 임금의 어머니. 여기서는 숙종의 어머니인 명성왕후를 가리킴.

지 못하겠더라.

명성왕후가 이들의 처지를 가엾어하는 것에 호소하여 아들들의 유배길에 동행해도 좋다는 허락이 떨어지자, 분성군부인은 '봄빛이 그윽한 골짜기에 퍼짐과 같'다며 대비의 은혜에 감사하며, 최악의 상황에서 벗어난 것을 다행스러워한다. 그리하여 겨우 죽음을 면하고 제주 유배가 결정되었으나 막상 집을 떠날 때의 정경은 애처롭기만 하다.

부인(며느리)을 앞세우고 나갈 때 계단의 풀은 바야흐로 푸르렀고 꽃계단 위의 꽃떨기가 성하게 피었는데, 전후좌우의 이별하는 사람의 곡성은 천지가 무너지는 듯하였다. 만물을 돌아 살피니 꽃가지와 나뭇잎이 다 우는 듯하여 눈이 닿는 곳마다 슬프지 아니한 곳이 없었다. 심신이 황홀하고 넋이 사라지니 겨우 붙들려 가마에 오르는데 내인 늙은이 젊은이 모두 머리를 동이고 앞다투어 강변을 향하니 밧줄을 두른 가마를 붙들고 울며 따라와 가니 경색이 참담하더라.
가마 안에서 들으니 의금부에서 죄인을 고문하는 소리가 바람결에 들리는지라 심혼心魂이 더욱 몸에 붙지 아니하더라. 겨우 성 밖 나루에 이르러 가마를 부릴 때 아이들과 도사 등이 탈 배가 나루에 닿으니 물색이 다 슬픔을 돕는 듯 모래와 물거품이 어지럽고 따라오는 제비가 지저귀고 있었다.

유배길을 떠나며 집을 돌아보니 집안의 풀들도 꽃들도 나무들도

다 우는 듯하고 눈길이 닿는 곳마다 슬픔이 일어난다. 언제 다시 돌아올지 기약할 수 없는 유배길에 나서는 이들을 배웅하는 이들도 안타까움과 슬픔에 가마를 붙들고 울며 따라온다. 나졸들에 둘러싸여 죄인의 모습으로 다가오는 두 아들의 모습에 애간장이 끊어질 듯 슬프지만, 일단은 죽음을 면하고 서울을 떠난다는 것을 다행스러워하며 유배길에 오르게 된다. 한양을 출발한 일행은 제주도로 향하는 배에 오르게 되었다. 그런데 유배 죄인을 호송하는 의금부 도사는 두 아이와 다른 배를 타야 하며 하인들 중 일부만 태울 수 있다고 하였다. 부인은 여러 차례 의금부 도사에게 간청을 하였지만 의금부 도사는 양보를 하지 않았다. 집안의 하인들은 죽기로 이들을 따라가려 하여 분성군부인은 이들을 먼저 배로 가 숨어 있게 하는 계책을 내어 성공한다.

내가 마지 못하여 계책을 내어 하인들로 하여금 각각 걸어서 가만히 들어가 몸을 배 안에 감추라고 하니, 하인들이 뛸 듯이 신을 신고 행장을 수습하여 각각 다투어 먼저 갔다. 나는 짐짓 하인들이 먼저 오르기를 기다리려고 오히려 병을 핑계 대며 가마를 타지 않았다. 관인이 날이 늦었다고 여러 번 재촉하였지만, 내가 움직이지 아니하고 상대하기를 오래 하니, 도사가 민망하게 여겨서 도리어 또 속여 이르기를 "부인이 먼저 오르신 후에 우리 본관의 전송을 받은 후 반드시 배에 오른다면 날이 저물 것이니 급히 배에 오르라" 하였다. 내가 이 말을 듣고 방심하여 즉시 가마를 타고 천천히 갔다. 문득 도사가 뒤에서 따라오거늘, 내 종들이 배에 미처 오르지

못하였을까 걱정하여 길에서 심히 서둘
렀다. 배에 오르자 하인들을 선봉船蓬[50]
옆에서 차례로 마주 보니 피차 서로 기
뻐함이 경사 만난 듯하였다.

『여지도』의 제주목(서울대학교 규장각한
국학연구원/중앙도서관)

이렇게 유배지로 떠나는 과정에서
분성군부인은 심약한 왕실 여인에서
자식을 지키고자 하는 강한 어머니의
모습으로 차차 변모해 간다. 창황한
중에도 자식의 구명에 힘을 쏟고, 따라가려는 하인들을 배에 숨겨 데
리고 가는 계책을 실행하는 등 어떻게든 자식의 생명을 지키고 보호
하려고 애를 쓴다. 지극한 모성애가 그녀를 조금씩 강하게 만들어 가
고 있었던 것이다. 그러나 이들을 기다리고 있는 유배지의 생활은 결
코 녹록지 않았다.

가시밭길 같은 유배지 생활

겨우 죽음에서 벗어나기는 했지만, 유배지로 가는 길은 멀고도 험

---

50 선봉(船蓬): 배 위에 비바람을 막기 위해 띠 따위로 엮어 덮은 것.

했다. 바닷길의 고생과 숙식의 어려움 등 실제적인 고초뿐 아니라, 한시름 놓은 뒤 암담한 현실에 대한 자각에서 오는 절망과 낙심 또한 컸다. 다음의 정경을 보자.

내가 드디어 배 안에서 잘 때 임창군 형제는 옆에 누이고 나는 가운데 누워 밤이 다하도록 말똥말똥 잠을 통 자지 못하였다. 다만 우러러 하늘을 보니 서쪽 별은 선봉 틈으로 밝은 빛이 비추고 물 가운데 고기 노는 소리가 때때로 총총하여 사람의 마음을 흔들었다. 아이들을 돌아보니 각각 쓰러져 잠이 바야흐로 깊게 들었다. 저 어린 것들이 무슨 일로 이 땅에 이르러 나로 하여금 이렇듯 가련한 거동을 보이는가. 생각이 이에 이르자 간장이 마디마디 끊어져 탄식하고 길게 한숨을 쉬어 눈물이 얼굴에 덮히는 것을 깨닫지 못하였다. 하늘이 밝자 기운은 서늘한 것을 보내고 바람 물결은 때로 움직이니 사공이 일시에 소리하여 닻을 거두고 차례로 돛을 드니 소리가 극히 서글퍼서 비록 즐겨하는 사람이라도 슬픔을 머금더라.

유배지로 가는 배 안에서 웅크려 잠들어 있는 두 아들의 가여운 모습에 간장이 마디마디 끊어지는 듯하여 눈물을 흘리며 슬퍼하는 부인의 모습이 생생하게 떠오르는 장면이다. 이후 뱃멀미에 힘들어하고 모기와 벼룩에 시달리는 등 생전 겪어 보지 못한 유배길의 험난한 일상에 부인의 낙심은 더욱 커진다.

가만히 앞날을 헤아리니 더욱 아득하여 언덕에 오르지 못하고 바닷속에 빠져 죽느니 차라리 이 땅에서 먼저 죽어 서울 가까운 곳에 묻힘만 같지 못하다 하였다. 이렇듯이 생각하자 마디마디의 창자가 미어져 소리 내어 통곡하니 일행 중에 울지 않은 사람이 없었다. 또 내가 자결할까 염려하여 내가 차던 칼과 행중에 쓰던 비상砒霜[51]을 다 치우고 겨우 잠이 들었다. [...] 슬픈 회포 이에 이르러 더욱 간절하니 실성하여 통곡하기를 심하게 하니 기운은 점점 빠져 늘어지고 마음은 더욱 끊어지는 듯하니 죽기를 결단한 마음은 급하고 저희를 돌아볼 뜻은 가벼웠다. 아이들이 이를 보고 나를 붙들고 더욱 부르짖어 우니, 도사가 기별을 듣고 민망히 여겨서 서리로 하여금 말을 전하여 위로하여 일렀다.

유배길의 고초가 거듭되자, 애써 아이들을 지키고자 했던 분성군부인은 낙심하여 차라리 죽는 것이 낫다고 약한 모습을 보인다. 이러한 부인을 다독이고 구한 것은 어린 나이의 아이들, 그리고 같이 슬퍼하며 부인을 위해 칼과 독약을 숨기는 하인이었다. 부인의 하인들은 유배를 떠날 때부터 상전의 슬픈 운명을 안타까워하고 고초를 같이하고자 따라왔다. 옆에서 정성으로 모시며 부인이 행여 목숨을 버릴까 하여 살펴보고 챙기는 그들의 충심에서, 이들 가족과 하인들 간의 유대감을 알 수 있다.

또한 '이때 설움이 나라를 원망하며 조정을 한함이 아니라 다만 전

---

51 비상(砒霜): 비석을 승화시켜 만든 결정체. 약재로 쓰이나 독성이 강해 독약으로도 쓰였음.

생에 무슨 악업을 지어 이렇듯 고초를 받는가' 하는 다른 대목에서는
행여 이러한 고초의 묘사가 나라에 대한 원망으로 받아들여질까 봐
조심스러워하는 작가의 서술 태도가 보인다. 한끝만 잘못 써도 뜻하
지 않은 필화로 이어질 수 있는 자신의 처지를 잘 알고 있음을 엿볼
수 있다.

  몰락한 왕실 사람으로 서울에서도 그다지 호화롭거나 사치스러운
생활을 한 적은 없었으나 유배길은 멀고도 험했고, 유배지의 생활은
힘들고 고통스러웠다. 목숨이 달린 절박한 상황에서 일단 빠져나와 다
행스럽기는 하나 언제 죽을지 모르고 과연 돌아갈 수 있을지 앞날을
알 수 없는 캄캄한 상황에 이들의 서러움과 절망감은 차차 깊어졌다.

  배에서 내려 제주에 도착하는 순간 이들은 새삼 유배의 현실을 절
감하게 된다. 이에 서로 끌어안고 통곡할 따름이었다. 유배지에 도착
하니 상황은 더욱 좋지 않았다.

  그날 오후에 읍내로 옮겨 가서 아주 둘 곳을 얻으니, 풀을 엮어 집을 이고
  규모가 좁고 낮아 한 칸 방과 두 칸 마루밖에 더 용납할 땅이 없는지라. 밖
  은 돌담을 두르고 사시나무로 입혀 병사 다섯 사람이 화살을 들고 둘러서
  지키니, 보니까 문득 놀라고 두렵더라. 하인이 떨며 말하되, "올 때에 평민
  으로 대접하리라 들었더니 이제 가시로 담을 덮고 군사로 지키는 것은 어
  떤 뜻인가요?" 하였다. 내가 말하기를 "어찌 우리를 위하여 방비하는 것이
  리오? 향촌 도적을 막는 것에 불과하다. 너희들은 놀라지 말라" 하였다.
  음식 공급에 이르러 임금이 이미 고을에 공급하라고 하였지만, 관부에서

대접하는 뜻이 없고 들어오는 날 저녁도 밥 지어 주는 일이 없었다. 서리로 하여금 통하라 하니, 비로소 좁쌀과 닭과 미역을 보내고 솥과 물통과 물을 기를 관비 두 사람뿐이다. [...] 올 때에는 서울 떠나는 것을 다행스럽게 여겼더니 이제는 도리어 서울 생각하는 마음이 간절하여 밥 먹기를 임하니 상을 마주하여 눈물 흐르는 것을 깨닫지 못하였더라.

풀로 이은 좁디좁은 집에 밖에는 군졸들이 활을 들고 지키고 있다. 바깥출입을 할 수 없는 위리안치다. 관가에서는 먼 길에 굶주려 온 이들에게 저녁밥조차 제공할 생각이 없다. 역적을 잘 대접했다가는 낭패를 볼 수도 있는 일이기에 의도적으로 박대하는 모습에서 권력에 잘 보이려는 인심을 볼 수 있으니, 이들의 비참함을 더할 수 밖에 없는 상황이다.

본래 숙종으로부터 들었던 분부와는 달리 제주 관아로부터 박대를 받는 것에 대해 묻는 여종에게 작가는 '우리를 방비하려고 함이 아니라 향촌 도적을 막으려고 함이다'라고 말한다. 겉으로는 태연한 척 둘러대었지만 속으로는 두렵고 당황스러웠을 것이다. 앞으로의 고초를 예감하는 암울한 심리가 엿보이는 대목이다. 이런 유배길의 고생스러운 상황 속에서 아들들이 병을 얻기까지 하니 분성군부인의 마음은 어떠했겠는가. 걱정과 근심에 세상을 버리고 싶은 마음까지 들 정도로 고통스럽지만, 자신의 표정 하나에 일희일비하는 아들들과 하인들의 모습에 겉으로는 아무렇지 않은 척, 강한 척해야 하는 어머니로서의 모습이 아래의 기록에 잘 나타나 있다.

화변을 만나면서부터 이날까지 겨우 두어 달 되었는데, 그사이 험로에서 고생한 것을 차마 말하기 어렵더라. 초에 바다를 건널 때에 종일토록 뱃멀미로 죽을 뻔하다가 겨우 살아서 추자도에서 큰 안개를 쏘이고 계속해서 신음하다가 겨우 유배지에 온 지 또 며칠이 못 되어서 임성군의 병이 중하여 나로 하여금 애간장을 마디마디 끊어지게 하고 오래지 아니하여서 또 임창군의 병이 극히 위독하여 나의 정신과 혼백이 모두 사늘하여 나은 것이 없었다. 이러한 때를 만나서는 비록 서울 집에 평안히 앉아 있어도 심신이 심란하거늘 하물며 천 리 바다 밖에서 모진 목숨을 서로 의지하였다가 두 아이 병이 연이어 중하여 사생이 위급하니 내 마음이 어찌 황황망극하지 않겠는가? [...] 슬프다! 세상에 나같이 운명이 기구한 사람이 또 어찌 다시 있겠는가?

내가 가슴을 두드리고 소리를 질러 이르되, "나라가 저희를 보전하라 하시어 이 땅에 두시고 나를 따라오게 하였거늘 병이 이제 이렇듯 하되 방금防禁하기를 엄히 하여 고을 사람도 얻어 보지 못하여 병을 고칠 약방문도 묻지 못하고 열을 내릴 약재도 얻지 못하니 이제는 죽음이 의심 없는지라. 내가 홀로 살아 무엇하리오?" 하고 통곡하였다. 고을에서 듣고 비로소 홍유량이라는 자와 집 주인으로 하여금 보라 하니

임창군이 또 토혈하는 증세가 있어 흉복이 탱탱하고 한전寒戰[52]이 때때로

---

52   한전(寒戰): 오한으로 몸이 떨림.

일어나 피 토하기를 하루에도 여러 번 하니 많으면 되 정도 되고 적더라도 두서 홉보다 줄지 않았다. 이를 보자 놀란 마음이 능히 안정치 못하여 응당 이곳 물과 풍토에 상하여 그러한가 하되 서울이 멀어 의약 길이 막혔는지라.

첫 번째 기록에서는 유배지에 오자마자 임성군과 임창군이 연달아 중병에 걸려 황망해하는 부인의 모습이 보인다. 두 아이의 중병에 놀란 부인은 운명을 탓하며 슬퍼한다. "슬프다! 세상에 나같이 운명이 기구한 사람이 또 어찌 다시 있겠는가?"라는 탄식 속에 작가의 깊은 절망과 비애를 엿볼 수 있다.

두 번째 기록에서 부인은 임창군의 부기가 심해져 얼굴의 눈과 코를 구별 못하게 될 지경인데도 별다른 치료를 받지 못하자 분노해 소리를 지르며 통곡한다. 그때서야 관에서는 사람을 보내 주었다.

세 번째 기록에서 부인은 복통과 설사로 고생하는 와중에 임창군이 피를 토하는 증세를 보여 놀란다. 이를 통해 이들이 유배지에서 겪은 고생을 짐작할 수 있다. 자식들이 연이어 중병에 시달리니 작가의 절망감은 극에 달해 자살이라는 극단적 선택까지 떠올린다.

한문 번역본에는 이 부분을 완전히 생략하였는데 강렬한 감정 토로가 과하다고 여겼기 때문이 아닐까 한다. 고통은 자식들의 병 때문만이 아니었다. 잠을 잘 수 없을 정도로 사람을 물고 괴롭히는 모기 떼도 고통스러웠다.

여름을 당하여 문을 열면 모기가 무리 지어 들어와 방안에 가득하여 사람을 물고 쏘니 살이 헐고 어린아이는 더욱 견디지 못하는지라. 아이 난 후는 매양 밤이면 땅에 멍석을 깐 후에 여러 날 병풍을 치고 휘장을 덮고 방에 쑥을 피워 연기가 가득 한 후에야 보를 덮고 바람벽을 둘러 모기를 잡아다 없애면 들어가 자되 남은 모기가 오히려 틈에 있다가 사람을 물고 지네가 더욱 성하여 밤중에 어지러이 들어오니 다니는 소리가 섶에 이르는 듯하니 무서운 마음이 매양 있어 밤이라도 능히 등잔을 끄지 못하더라.

모기떼로 인해 제대로 잠도 못 자고 고생하니, 이들의 고생이 모기떼에 그치지는 않았을 것이다. 험한 잠자리에 조악한 식사, 병이 중해도 약이나 의원을 구할 수 없는 처지 등 매일의 일상이 고생의 연속이었을 것이다. 이런 중에 부인의 기색에 따라 일희일비하는 아들들과 일행들 때문에 부인은 슬픔조차 마음대로 드러내지 못하였을 것이다.

그래도 아들이 있어
고초를 감내하였더라

이렇듯 유배가 결정되기까지의 피를 말리는 불안과 두려움, 유배지까지의 험로에서 겪은 갖가지 고생, 두 아들의 연속된 병, 관아에서의 부당한 대접, 모기떼와 부실한 음식으로 인한 괴로움에 이르기까지 분성군부인은 왕실의 여성으로서 감내하기 힘든 육체적·정신적 고통을 겪었다.

자주 자살을 언급할 정도로 심신이 피폐해진 이 여인을 붙들어 힘을 내게 하고 유배 생활을 견디게 한 것은 바로 주변의 좋은 사람들이었다. 불안과 고통을 위로하며 함께 울어 주고 아파해 준 피붙이들, 효성스럽고 현명한 며느리, 친지들과 더불어 이들의 처지를 가엾게 여기어 음으로 양으로 도움을 준 이름 없는 백성들이 있었던 것이다.

이때에 큰형은 상중喪中이어서 여주에 있으시며 이미 서로 통하지 못하고 재동齋洞 누이는 평일에 나를 믿고 살아 자주 왕래하다가 이제 멀리 떠날 때를 당하여 감히 와 보지 못하고 또 정을 표할 길이 없어서 스스로 머리카락을 베고 글로써 나에게 말하되, "부인이 가는데 서로 가히 도울 것이 없고 또 다시 보지 못하고 이 이별을 하니 이것을 가져가 내 얼굴을 보는 듯이 보라"고 하였다. 그 말씀이 슬프고 간절하여 한 줄 글에 열 줄 눈물이 솟아나더라. 내 대답하되, "형의 집이 가난하여 옷이 없는지라 내 이제 옷으로써 보내니 생전의 일로 얼굴을 대하고 만일 불행할 때에는 이를 가히 몸에 붙여 형은 옷을 맡고 나는 머리털을 가져 생전에 다시 보지 못한다면 사후에 이로써 징험을 삼아 거의 서로 위로하리라" 하고 이렇게 대답하여 보내며 망극하더라.

유배지를 향할 때 분성군부인은 언니로부터 한 통의 편지와 머리

카락을 전해 받는다. 그 편지에는 자신의 얼굴을 보듯이 머리카락을 봐 달라는 말이 써 있었다. 그녀는 '그 말씀이 슬프고 간절하여 한 줄 글에 열 줄 눈물이 솟아나더라' 하여 언니의 마음씨에 위로받고 감동한다. 편지에 대한 답으로 부인은 언니에게 옷을 보내어 각자 머리카락과 옷을 지니며 서로를 생각하자고 하였다. 또한 함께 유배길에 나서서 동고동락했던 며느리는 더할 수 없이 믿고 의지할 수 있는 우군이었다.

다음 날 아침에 출발할 때에 이씨와 유모들이 통곡하며 하직하니 내가 또한 울면서 서로 보중함을 말하고 차마 떠나지 못하다가 겨우 손을 놓아 이별하니라. 이때 마침 비가 와서 쫓아온 비복들이 우구雨具[53] 없는 이는 각각 거적을 무릅쓰고 가더라. 부인(며느리)이 또 머리 빗은 지 오래 되었는지라 머리가 흐트러져 쑥 같았는데 날이 밝도록 가마 속에서 날을 새 조그만 몸에 낡은 옷이 젖었으니 보는 것이 참혹하며 가련함을 이기지 못하더라. 내가 소리를 치며 울며 말하되, "나는 종실 자식을 낳고 저 사람들은 종실의 몸이니 진실로 자기 죄이거니와 저 사람은 무슨 일로 원하지 않는 혼인을 하여 이런 재앙이 있는가" 말이 이에 미치니 더욱 슬픔이 더하였더라.

작가의 며느리 웅천군부인은 14세의 나이에 임창군과 혼인을 해 살다가, 남편이 역모에 휘말려 유배형을 받자 시어머니인 분성군부

---

53 우구(雨具): 비를 막는 기구. 우비.

인과 함께 남편의 유배길을 따라갔다. 위의 기록에서 작가는 머리도 빗지 못한 채 낡은 옷을 입고 비에 젖은 며느리의 모습에 애틋하고 미안한 마음을 감추지 못하고 있다.

부인(며느리)이 밤낮으로 곁을 떠나지 아니하여 일신을 주물러 잠을 자게 하고 내 몸을 편하도록 구호하여 효성이 지극하고 경신년(1680) 이월에 비로소 처음으로 잉태하니 내 매번 이르되, "종실에 아들이 귀하지 아니하니 딸을 낳아 내 괴로움을 위로하라" 했더니 십이월에 여아를 낳으니 이것은 정히 나의 소망에 맞은지라. 기쁨이 큰 경사를 본 듯하더라. 부인이 십사 세에 들어와 내 뜻에 조금도 어긴 일이 없으니 사랑하며 귀중함이 친딸을 넘었더니 마음대로 못할 자식 낳기도 또한 원하는 대로 하였는지라. 몸소 기르며 손 가운데 보물 같아서 설움과 괴로움을 적게 만드는 듯하니 효부라 하리로다.

늘 곁에서 말벗을 해 주고 병이 들었을 때엔 밤새 간호해 주던 효성스러운 며느리는 유배지에서 첫딸을 낳아 부인에게 큰 기쁨을 주었다. 며느리이지만 친딸보다 귀중하다는 말에서 부인의 며느리에 대한 사랑과 미안함을 느낄 수 있다.

이렇듯 마음으로 의지하고 힘을 주던 사람들이 있어 고통스러운 유배 생활을 근근이 버텨 가고 있었지만, 이들은 또 문득 작가의 곁을 영영 떠나 큰 슬픔을 주기도 하였다.

이때에 이군주 상사喪事가 갓 있는지라 서로 붙들고 울며 이별한 후 어안이 드물었음을 슬퍼하고 손을 꼽아 서로 다시 뵈옵기를 한때 바삐 여겼더니 만리 바다 밖에서 부음을 듣고 다시 돌아와 얼굴도 보지 못하니 화란의 서러운 말도 전할 곳이 없는지라. 다만 삼군주를 대하여 말없이 눈물을 흘릴 따름이라. 인하여 영연靈筵에 가서 곡배를 할 때에 소장素帳[54]은 바람에 나부끼고 문에 거미줄이 끼어 처량하고 슬픔이 만복에 가득하여 흐르는 눈물을 금하지 못하더라.

즉시 이씨의 죽음을 알리지 아니하였더니 [전라남도] 영암에 이르러 비로소 부음을 전하니 그 슬프고 참혹함을 어찌 다 말하리오? 슬프다. 이씨는 옛날 공자(경안군)를 모시고 바다를 건너 험한 곳에 가서 지성으로 보호하여 마침내 무사히 돌아오니 그 은혜와 공로를 어찌 가히 잊으리오? 저번에 과천에서 이별하던 것이 오히려 아득한지라. 뜻을 헤아리니 이번에 돌아오면 반드시 서로 보리라 하였더니 중도에서 이 기별을 들으니 마음에 놀라고 슬픔을 차마 어이 말하리오?

위의 두 기록은 그동안 믿고 의지해 왔던 두 여성의 죽음을 슬퍼하는 글이다. 첫 번째 기록은 시누이였던 경녕군주에 대한 것이며, 두 번째 기록은 남편 경안군을 오래 모셨던 궁녀 이씨의 죽음에 대한 것이다. 남편을 일찍 여읜 이후 같은 왕실 여성이자 친지로서 서로 의

---

54   소장(素帳): 장사 지내기 전에 궤연 앞에 치는 흰 포장.

지가 되었던 사람이 바로 소현세자의 딸이자 시누이였던 경녕군주와 경순군주였다. 흉서 사건이 일어났을 때에도 두 군주가 찾아와 위로도 하고 의논도 하는 등 서로에게 힘이 되어 주던 사이였다. 그런데 경녕군주가 갑자기 세상을 떠났다는 소식을 제주도에서 들은 작가는 후에 병환 치료차 서울로 잠시 올라온 길에 조문을 한 것이다. '문에 거미줄이 끼어' 있는 정경이 기울어 가는 이 집안의 형세를 보여 주는 듯하다.

궁녀 이씨는 남편 경안군이 4세의 어린 나이로 10여 년간 유배 생활을 할 때 늘 곁에서 시중을 들었던 궁녀였다. 분성군부인에게 궁궐 소식을 전해 주기도 하고 이런저런 조언을 해 주기도 했던 인연이 깊은 인물이었다. 과천에서 마지막 이별을 하던 장면을 떠올리며 자기 집안을 위해 한평생 헌신하고 희생을 아끼지 않던 궁녀의 죽음을 작가는 애달파하였다.

작가의 유배 생활의 고초를 견디게 한 사람들이 시누이와 며느리, 충성스러운 궁녀뿐만은 아니었다. 유배길에서 우연히 만난 사람, 유배지의 집주인, 유배지 마을의 사람들 등 일반 백성들은 억울한 누명을 쓰고 고초를 겪는 이들 왕실 사람들을 가엾게 여기어 따뜻한 인심을 나누어 주었다.

혹 저희가 제사를 지내면 문득 이르되, "이 댁이 어떤 지위인데 감히 퇴물을 보내리오?" 하고 제사 전에 먼저 담아 보내고 제철 과일을 또한 매번 갖다주니 삼사월에 익는 삼등이란 과일이 크기가 버찌만 하고 이윽고 바람이 고요해 무사히 시루섬[55]에 닿으니 이미 밤이 깊었는지라. 처음에 역풍을 당하니 실로 빠질까 근심이 있다가 평안히 건너 뭍에 내리니 다행이더라. 바야흐로 촌닭이 세 번 우는지라 마음에 시원한데 아이들을 섬 가운데 두었는지라 그로써 있기 어렵더라. 그 마을 할미가 대접하기를 극진히 하여 준치회와 낙지볶음으로써 내오니 그 맛이 극히 아름다우나 내가 생각하되 이 고기가 제주에 없어 아이들은 얻어 먹지 못한 바니 차마 젓가락을 대할 마음이 없어 앉았다. 주인 할미가 내 뜻을 알아보고 즉시 두 가지 산고기를 광주리에 담아 봉하여 나를 뵈며 이르되, "이로써 돌아가도 배로 부치면 가히 저녁에 제주에 미치리니 원컨대 마음을 편히 하여 드십시오" 하거늘 내 그 정성에 감격하여 드디어 먹고 이틀을 머물더니

십일월에 변아邊兒를 낳고 이듬해 이월에 삼척으로 옮기라 하시는 명이 뜻밖에 내리니 천은이 호탕하여 더욱 감격하시나 부인이 갓 해산하고 성치 못하며 어린 것도 병든지라 길이 근심하고 걱정이 놓이지 않았는데, 가는 길에 대접함이 귀양 가는 행차같이 아니하여 무사히 도착하니라. 부인이 본래 젖이 없어 해남에 있을 때에도 매번 관비를 빌려 아이를 먹이더니 정읍 촌사를 지날 때 젖이 없어 민망하여 하더니 그 마을 부녀자 서너 사람이 와 말로 위로하고 그중에 나이가 젊고 젖 있는 이가 밤에 와 젖을 먹여 주니 그 후한 뜻에 가히 감격하더라.

---

55 시루섬: 전라남도 앞바다의 섬을 가리킴.

위의 첫 번째 기록에서는 제사에 앞서 음식을 먼저 보내고 제철 과일을 챙겨 주는 마을 사람들이, 두 번째 기록에서는 아이들 생각에 음식을 차마 먹지 못하는 부인의 속마음을 헤아려 음식을 챙겨 주는 마을 노파의 모습이 보인다. 시간이 흐르면서 제주도 유배 생활에 조금씩 적응해 갔는데, 제주도의 풍속과 인심에도 호감을 갖게 되었다. 다른 대목에서는 제주도 사투리가 처음에는 매우 이상했지만 오래 듣고 보니 잘 알아 들을 수 있게 되었다는 이야기를 하기도 한다.

두 번째 기록에서 부인은 제주도에서 유배 생활을 하다가 지병을 고치기 위해 서울로 올라가는 길이었다. 제주에서 배를 타고 전남 앞바다 시루섬에 도착했다. 그곳 마을의 어느 노파가 부인을 극진히 대접하였다. 이들은 부인과 아들들의 억울한 처지를 가엾게 여기고 인정을 베풀어 혹독한 생활을 견디게 해 준 사람들이다.

세 번째 기록에서는 삼척으로 유배지를 옮겨 이동하는 도중 아기에게 먹일 젖이 부족한 며느리에게 젖까지 나누어 주는 마을 아낙네들이 나온다. 변아는 며느리 박씨가 제주 유배지에서 낳은 딸이다. 분성군부인에게는 둘째 손녀가 된다. 관가의 사람들이 행여 권력에 밉보일까 이들을 핍박하고 홀대했던 것과는 대조적으로 이름 없는 백성들은 오히려 이들을 따뜻하게 도왔다.

그러나 어쩌면 왕통을 빼앗긴 적통자의 억울한 고난에 대한 백성들의 이러한 연민이야말로 지금 왕권을 가진 세력들이 가장 두려워한 점은 아니었을까. 언제든 '억울하게 내어쫓긴 적법한 왕손'을 왕으로 내세울 수 있는 명분이야말로 권력자들이 가장 두려워하는 위험

경기도 고양시 덕양구에 위치한 경안군 및 임창군묘(© 김영섭). 가장 위부터 경안군, 임창군, 그 후손의 묘가 조성되어 있다.

이었을 것이다.

그 외에 기억에 남았던 일들

『건거지』는 흉서 사건에 뜻하지 않게 휘말려 유배를 가게 된 과정과 유배지에서 숱한 고난을 겪는 모습을 주로 다루었지만, 그 외에도 흥미로운 내용이 간간이 나온다. 예를 들어 서울로 물건들을 구하러 갔던 유길(하인의 이름) 일행이 풍랑을 만나 일본까지 표류했다 살아 돌아온 이야기도 꽤 많은 분량으로 썼다. 유길은 부인의 병을 치료할 약, 빈궁의 기일에 필요한 유청油淸을 구하기 위해 서울로 배를 타고

출발했다. 그런데 바다에서 표류하여 일본 일기도라는 섬까지 흘러
갔다.

또 이르되 "바람에 떠밀린 지 오륙 일에 비로소 일본국 일기도―岐島[56] 지역
에 닿으니 생명을 겨우 보전하되 정신은 흩어지고 모두 보는 사람의 의복
이 죄다 다르며 말을 서로 통하지 못하는지라. 입을 가리켜 목마르다 하니
비로소 물을 주고 저희를 데리고 뭍에 내려 관아 뜰에 이르니 묻는 말이
있으나 대답할 길이 없으되 다행히 제주 선비 김우천이라 하는 자가 함께
왔는지라. 문자로써 서로 통하니 인하여 절에 머물게 하고 양식을 많이 주
고 배에 오른 후에 상을 주니 이 옷과 부채와 호초와 남초 등이라."

서울로 갔던 종들이 시일이 지나도록 돌아오지 않자 마을 사람들
과 작가는 이들이 모두 죽었다고 생각하고 장례까지 치른다. 그런데
나중에 유길 일행은 무사히 제주도로 귀환하였는데 전후사정을 들어
보니 일본까지 표류했다가 돌아온 것이었다. 이들의 표류기를 작가
는 매우 길고 상세하게 묘사하였다. 1,400여 자에 달할 만큼 한 편의
단일한 작품이라고 해도 무방할 정도이다. 아마도 표류 이야기가 지
니는 흥미로움과 함께 분성군부인이 바깥 세상에 대해 많은 관심을
갖고 있어서였을 것이리라.

---

56 일기도(―岐島): 일본 나가사키현 이키시마의 옛 이름. 쓰시마섬과 일본 열도 사이에 있
    는 섬.

위의 기록의 마지막 부분에 보면 유길의 상전에 대한 충성심이 엿보인다. 풍파 속에서 배를 침몰하지 않게 물건을 바다로 던지라는 뱃사람에게 끝까지 저항하는 모습을 보였다. 아랫사람들이 분성군부인 가족에게 단지 의무감이 아닌 의리와 충성심까지 갖고 있음을 알 수 있다. 이러한 것은 유배를 떠날 때에 따라오며 울부짖던 모습과 어떻게든 유배길에 동행하려고 미리 배에 타 숨어 있던 모습이라든지, 위리안치된 상황에 분개하는 모습 등에 잘 나타나 있다. 분성군부인 가족이 유배지의 혹독한 환경 속에서 무사히 살아 돌아올 수 있었던 것은 친지나 가족뿐 아니라 이렇게 이들을 충성으로 보필하였던 아랫사람들 덕도 분명히 있었던 것이다. 일본 표류기 이외에도 유배지의 풍속이나 풍광 등도 때때로 언급되어 있다.

분성군부인은 『건거지』에서 자신의 심중에 자리한 극단적 절망감과 상실감을 여러 곳에서 표현했다. 남편이 죽고 난 이후 소현세자의 유일한 혈육으로 남아 있는 두 아들을 끝까지 지키면서 살고자 하는 자신의 모습도 인상적으로 묘사하였다.

또한 『건거지』는 과거 기억 속의 수많은 장면 가운데 중요하다고 여기지는 것들을 선별하여 이를 유기적 질서 속에 배치함으로써 과거 불행했던 시절의 자기 모습을 효과적으로 드러냈다. 남편인 경안군의 과거 시절 모습을 대과거 회상의 방식으로 표현함으로써 소현세자의 급작스러운 죽음과 강빈의 억울한 죽음, 경안군 형제의 유배와 요절, 소현세자의 유일한 혈손이었던 두 아들의 유배 등 3대에 걸쳐 지속된 왕실가문의 비극적 운명과 불행을 보여 주고자 하였다.

분성군부인이 남긴 글은 17세기 후반에서 18세기 초반을 살아갔던 한 왕실 여성이 쓴 한글 일기 작품이라는 데서 중요한 가치를 지닌다. 지난 시절의 고난과 시련이 있었기에 지금의 안온함이 있으니, 지나간 고난을 결코 잊지 말고 항상 마음속에 간직하고 현재를 살라는 작가의 창작 동기는, 지금 고난을 겪는 사람에게는 그것이 지나갈 것이라는 희망을, 지금 잘 살고 있는 사람에게는 자만하지 말고 항상 스스로를 돌아보라는 일깨움을 준다는 점에서 현재를 사는 모든 이들에게 시사하는 바가 크다고 할 수 있다.

2장

미치광이 같았다:
심노숭

심노숭이 남긴 자기 고백의 기록

아우구스티누스의 『고백록』에 기원을 둔 서구의 자서전 전통과 달리 동양문화권 내에서 자서전의 존재와 그 역사적 변화에 대해 새롭게 살펴볼 필요가 있다. 학계에서는 서구의 자서전 장르와 구별하기 위해 자전, 자기 서사 등의 용어를 사용하기도 한다.

양반 사대부들이 남긴 자기 서사가 양적으로 가장 많다. 이들 자료들 가운데 여기서는 자기 삶을 과장됨이 없이 진실 되고 풍부하게 기록한 양반 사대부들의 기록을 중점적으로 다루고자 한다. 조선시대 양반 사대부 가운데 18세기 후반에서 19세기 전반을 살았던 심노숭 沈魯崇(1762~1837)이라는 인물에 주목해 본다. 그는 자기의 삶을 스스로 기록하는 데에 매우 특별한 관심을 가졌다. 상세하게 자신의 삶을 기록하였을 뿐만 아니라, 여러 가지 글쓰기 방식을 활용함으로써 자전적 글쓰기의 실험을 모색하기도 했다. 유배일기 『남천일록南遷日錄』은 20책에 달하는 방대한 분량을 담고 있으며, 자서전 『자저기년自著紀年』 1책과 『자저실기自著實記』 2책을 별도로 남겼다. 자전적 글쓰기 방식에 있어서 심노숭은 일기 형식, 연보 형식 이외에도 주제별 분류 방식 등 다양한 형식을 통해 자기 삶의 총체적 모습을 여러 가지 측면에서 보여 주고자 했다.

더 나아가 심노숭은 자신이 겪은 사건과 행적을 평범하게 나열하는 방식에서 벗어나 자신의 내면과 심리를 솔직하게 표현하고자 했으며, 남들에게 숨기고 싶은 비밀이나 감추고 싶은 단점까지도 낱낱이 드러냈다. 그가 남긴 자기 서사의 글쓰기를 정리하면 다음과 같다.

저술 이름	형식	저술 연대	주요 내용
남천일록	일기	1801~1806	경상남도 기장현에 유배되었을 때에 쓴 일기
자저기년	연보	1811~1832	편년체의 형태로 자기 삶을 지속적으로 기록한 연보
자저실기	필기	1829~1830	얼굴, 성격, 문학 예술, 견문 등의 항목으로 나누어 자기 삶을 서술한 기록
경사일록	일기	1830	사복시 근무 시기 및 유배지에서의 일기
성교일록	일기	1832	경기도 파주에 거처할 때에 쓴 일기

심노숭은 자기 삶을 기록하는 데에 기본적으로 어떠한 태도를 지녔는가? 이에 대해 다음과 같이 말한 바 있다.

비록 자손과 후인들이 기록할지라도 사사로움에 얽매이고 사실과는 멀어져 실상을 잃어버리게 되니, 차라리 죽기 전에 자기 스스로 기록하는 것이 낫다. 초상화를 그려 두어 죽으면 그것을 사당에 보관하여 제사를 지내는데, 구구하게 그림을 빌려서 얼굴이 비슷하기를 애써 구한들 7할도 얻기 어렵다. 이것을 가지고 그 사람을 후세에 전하고자 하는 것은 지엽적인 방법이다. 차라리 연보로써 사실과 언행을 기록하여 자손과 후인들로 하여금 읽게 하는 것이 더 낫다. 그렇게 하면 얼굴을 보는 듯 말을 듣는 듯한 데에 그칠 뿐이겠는가?

내편內篇은 본 것을 수록하고 외편外篇은 들은 것을 수록하였으니, 요컨대 모두 실제 마음으로 실제 행적을 서술하였다. 사실에 맞지 않는 것이 조금이라도 있으면 농부가 잡초를 뽑아 버리듯 다 제거하였다.

심노숭이 자기 삶을 스스로 글로써 기록하고자 하는 기본 자세와 태도를 잘 보여 주는 글이다. 다른 사람의 손을 빌려 그림을 그리거나 글로 쓰게 되면, 실제보다 과장되고 부풀려져서 자기의 본 모습과 어긋나게 된다고 보았다. 실상과 맞지 않기 때문에 자기 스스로 직접 글로써 기록하는 것이 무엇보다도 중요하다고 보았다. 사실에 어긋나는 부분을 농부가 잡초를 뽑듯이 스스로 제거해야 비로소 자기의 본래 모습이 제대로 드러날 수 있다고 한 것이다.

심노숭은 초상화와 자기 서사의 글쓰기를 비교함으로써 자전문학의 장점을 부각했다. 심노숭은 타인의 손을 빌리지 않고 자신이 직접 자기 삶을 서술함으로써 진실성을 담보할 수 있다고 보았다. 앞서 언급한 것처럼 심노숭은 숨기고 싶은 비밀이나 자신의 결점과 단점까지도 스스럼없이 토로하였다. 그리고 남에게 드러내 보이고 싶지 않은 내밀한 자기 모습을 공개적으로 노출하는 점 또한 중요한 의미를 지닌다. 그는 자기를 미화하거나 과장하지 않고 정직하게 기술하고자 하였으며, 더 나아가 숨기고 싶은 비밀과 부끄러운 과거, 자신의 결점과 단점까지도 과감하게 기록했다. 자기 묘사의 정직함, 내밀한 감정과 욕망을 숨김없이 고백하는 자세가 심노숭의 자전적 글쓰기의 기본적인 태도였다.

터럭 하나라도 비슷하지 않으면 곧 그 사람이 아니다. 그림도 그러하거늘, 기문記文이 어찌 다 그릴 수 있겠는가? 그렇지만 그림이 이르지 못하는 것을 기문이 표현할 수 있다. [...] 나는 어려서부터 초상화를 좋아해서 화공을 만나면 그에게 그려 줄 것을 부탁을 했다. 여러 사람을 거쳐 초상화 수십 점을 그렸지만 하나도 비슷하지 않아서 끝내 싫증을 내고 중단했다. 그림으로 다하지 못하니 부득불 기문으로 기록하지 않을 수 없다. 기문은 남에게 의지해서는 안 되니, 자기 스스로 후인들로 하여금 믿게 하는 것이 더 낫다. 소동파가 초상화에 대해 논하면서 그 의사가 있는 곳을 얻으며, 그 나머지는 더하고 빼서 비슷함을 취한다고 했다. 그림은 혹 비슷함을 취하지만, 기문은 다만 사실에 의거하니, 기문이 그림보다 나음이 있음이 분명하다.

초상화는 털 하나라도 비슷하게 그려야 하는 법이다. 자기 서사의 글쓰기도 그처럼 얼굴 모습을 최대한 흡사하게 그리는 초상화와 기본 원리가 같다. 그런데 한 걸음 더 나아가 심노숭은 초상화로 그리지 못하는 부분까지도 글로는 그릴 수 있다고 생각했다. 화공을 불러 자기의 초상화를 그리라고 하였지만, 그 그림은 자기의 모습과 흡사하지 않았다고 하였다. 결국 자신이 직접 글로 써서 자기 삶을 철저하게 기록하는 것이 최상이라는 결론에 이르렀다. 그 결과 심노숭은 평생에 걸쳐 자기의 삶을 충실하게 기록으로 남기는 데에 누구보다도 최선을 다했던 인물로 남았다.

심노숭은 어떤 사람인가?

심노숭은 노론 시파로 벽파 공격의 선봉에 나섰던 심낙수의 장남으로 태어났다. 정조 14년(1790)에 과거에서 진사 2등으로 합격하였는데, 몸이 허약하여 병에 자주 시달렸다고 한다. 유배되기 전까지는 과거 공부와 시문 창작에 몰두하는 한편 중국 소설에도 탐닉하였고 부친의 임소를 왕래하면서 호색과 풍류를 일삼았다.

1801년 벽파가 정권을 장악하자 시파의 핵심 인물이었던 부친 심낙수는 관직이 박탈되었고, 심노숭도 1801년 경상남도 기장으로 유배되었다. 1806년 정순왕후의 승하를 시작으로 벽파정권이 무너지자

그도 유배에서 풀려났다. 그는 이 6년의 유배기간 동안 『남천일록』이란 일기를 썼다.

『여지도』의 기장현(서울대학교 규장각한국학원구원/중앙도서관)

유배에서 돌아온 지 5년이 지난 1811년에 아우가 죽고, 이듬해 어머니도 세상을 떠났다. 어려서부터 학문과 문학의 동반자였던 아우의 죽음은 그에게 큰 충격을 주어 이후 5년간 시를 짓지 않았다고 한다. 첫 번째 아내 전주 이씨와의 사이에 1남 3녀를 두었으나 둘째 딸을 제외하고 모두 일찍 죽었다. 1792년에 아내마저 죽자, 2년 뒤 재취를 얻어 1811년, 50세에 비로소 아들 심원신을 얻게 되었다.

유배 이후 낮은 관직을 전전하였던 그는 1824년에 노론을 비판하고 송시열을 비방한 글이 문제가 되어 전라북도 부안으로 다시 한번 유배를 갔다. 다음 기록에서 보이는 것처럼 노론 벽파의 대표적 인물 김종후를 공격하고 홍국영의 독재를 비판하고 풍자하는 것을 보면 순탄치 못했던 심노숭의 벼슬살이는 붕당 간의 갈등에 휘말린 것뿐만 아니라, 유난히 솔직하고 거침이 없었던 그의 기질 및 성격, 정치적 소신에 기인하기도 했을 것이다.

외삼촌이 일찍이 말하길, '내가 김종후를 보았는데 입냄새가 올라와 마치 악취 나는 사람 곁에 있는 듯했다. 사람의 성품이 같지 않은데, 옛날 사람 중에 부스럼 딱지를 즐겨 먹는 자가 있다고 하던데 너희들도 같은 부류구나'라고 했다.[57]

어느 나라나 권력을 가진 간신이 있는 법이어서 역사서에 끊임없이 적혀 온다. 하지만 유사 이래로 홍국영같이 심한 자는 없었다. 시정잡배로서 국왕의 특별한 신임을 받았다. 혹독한 고문을 마치 악기 연주하듯이 행했고, 뇌물이 세금보다 많았으며, 관가의 법규를 자기 눈 아래 일로 마음대로 처리했고, 정승과 판서를 질책하여 그들의 생사가 그의 손에 달려 있었다.

시파와 벽파 간의 정치적 갈등 속에서 심노숭은 자신이 살다간 정치 현실의 생생한 모습들을 재현해 놓았다. 홍국영이 악기를 연주하듯 사람을 고문했다는 표현과, 김종후를 악취나는 인간으로 묘사한 신랄한 표현에서는 묘사된 인물의 특성이 단번에 인상 깊게 다가온다. 불합리한 세상과 인간 같지 않은 인간에 대해 날카롭게 비판했던 심노숭이 세상과 쉽게 화합할 수는 없었을 것이다. 유배형에 처해지기도 하고 유일하게 소통하던 가족을 하나하나 잃은 사람, 출세와 공명과는 거리가 먼 낮은 직급의 관료로 불우하게 살아가야 했던 한 문인 지식인으로서의 심노숭이 자신의 심정을 토로한 글을 보자.

---

[57] 심노숭, 『자저실기』, 연세대학교 중앙도서관 소장본. 최근 『자저실기』의 번역서가 출간되었다. 심노숭, 『자저실기』, 안대회 외 역, 휴머니스트, 2014. 이하 『자저실기』의 번역은 이 책을 참고하여 진행했다.

어렸을 때에 글을 좋아한 것, 벼슬하려는 계책, 정욕에 얽매인 것 세 가지 가운데 정욕이 가장 심했다. 늙어서는 모든 것이 담박淡泊해져 욕망이 사라졌다. 오직 글쓰는 욕구만은 사라지지 않았는데 세상사에 대한 식견이 생겨서 필시 성공할 수 없음을 알게 되니 의욕이 모두 다 사라져 버렸다. [...] 집에 있을 때에는 화가 나고 고민이 날로 쌓여서 마음에 맞는 일이 하나도 없으며, 외출을 할 때면 해를 더해 고독한 신세가 되어 마음에 드는 사람이 하나도 없다.

글을 좋아해 열심히 공부하고 벼슬을 하여 관료로서 살아가려 했던 심노숭은 유배로 뜻이 꺾이고 자신의 힘으로 성공할 수 없다는 것을 깨달으며 괴로워한다. 화가 치밀고 사람들과의 만남도 싫어져 점점 고독해졌다. 그가 글로써 성공하고 출세가도를 달릴 수는 없었지만, 그는 불행한 중에도 꾸준히 글을 썼다. 『효전산고孝田散稿』, 『남천일록』을 지었으며, 조선시대 필기 잡록을 모아 놓은 『대동패림大東稗林』을 편찬하기도 했다.

심노숭은 당대의 다른 어떤 문인보다도 자신의 행적과 일상을 기록하는 데 열중하였다. 편년체 형식의 『자저기년』을 작

심노숭, 「자저실기」, 『효전산고』
(연세대학교 중앙도서관)

2부 멀고 낯선 땅에서

성했고, 자신의 삶을 기록한 『자저실기』를 썼는데, 자신을 미화하거나 과장하지 않고 정직하게 기술하려고 노력했다. 인간의 다양한 감정의 표출을 제약하였던 성리학적 시문관에서 탈피하여 인간 개체의 다종다양하며 진실된 욕구와 감정을 자연스럽게 표출하는 것이 시문의 본령이라 여겼다. 여러 편의 자전적 기록에서 자신의 성격, 기질, 욕망 등을 솔직하게 드러낸 것은 이러한 그의 문학관에 기인한다.

> 입은 작고 입술은 도톰하며 색이 붉다. 콧수염은 입을 덮지 않는다. 구레나룻이 귀밑까지 뻗었는데, 드문드문 털이 난 사이로 살진 것이 보이고 길이는 목에 간신히 닿는다. 콧대와 광대뼈 사이에는 마마 자국을 세어 볼 수 있을 정도이다.

자신의 모습을 스스로 기록한 자전적 기록 가운데 위의 예처럼 자신의 외모를 상세히 묘사한 경우는 찾기 힘들다. 자신의 결벽증은 결점이라 지적당할 사항인데도 굳이 감추거나 숨기려 하지 않고 담담히 묘사했다.

이러한 자전문학의 글 외에도 심노숭은 경상남도 기장 지역의 방언을 한글로 기록한 『언지諺識』를 저술하기도 했고, 죽은 아내의 생전 행적을 기록한 『망실실기亡室實記』를 쓰기도 했다. 원래 한문으로 쓴 것을 나중에 한글로 번역하기도 했는데 이는 당시 열 살이었던 딸에게 주기 위해서였다고 한다. 이렇듯 가족을 소중하게 여기기에 유배지에서 동생과 일기를 교환해 쓰기도 하고, 어머니와 딸을 위해 일기를 한글로 번역해 보내기도 했을 것이다.

　누구보다 자신에게 솔직했고 옳지 못한 것에 거침없이 아니라고 말하던 기질로 인해 유배를 가기도 하고 낮은 관직을 전전하기도 하며 불우한 만년을 보내던 심노숭은 1837년 76세의 나이로 죽었다.

솔직한 자기 고백의 모습

　심노숭은 자기 서사의 기록에 큰 관심을 갖고 여러 종류의 글을 남겼다. 거듭 강조하지만, 심노숭의 자기 서사에서 중요한 점은 단점과 결점 등을 숨기지 않고 오히려 적극적으로 드러낸다는 것이다.

> 어렸을 때에 몸을 씻고 머리 빗질하는 것을 좋아했다. 어른들이 꾸짖기 전에 옷의 띠를 단단하게 매었으며, 조금이라도 느슨하게 되면 견딜 수 없는 것처럼 여겨 반드시 단정하고 가지런하게 했다. 곁에서 모시고 있을 때에는 옷걸이, 칼, 자, 거문고, 책, 등받이, 책상 등을 아침에 일어나자마자 정리정돈을 하고 청소를 하여 티끌 하나 묻지 않도록 했다. 어른들이 결벽증이 있다고 꾸짖기도 했다.

　심노숭은 평소 몸을 씻고 머리 빗기를 좋아했고, 집안의 정리정돈과 단정한 옷매무새 등에 이르기까지 남들이 볼 때 지나치리만큼 결벽중에 가까운 자기 모습을 솔직하게 기록했다. 이러한 점은 당시 정상적으로 받아들여지기 어려운 생활 습관이었다. 집안 어른들로부터 꾸중을 듣고 질책을 받아도 결코 고쳐지지 않았다. 보통 사람이라면 당연히 드러내고 싶지 않은 것이라고 할 수 있는데, 심노숭은 그 점에 아랑곳하지 않는다.

그는 결벽증 이외에 성격이 조급한 점도 있었다고 고백하였다. 그는 자신의 성격이 조급해서 조금이라도 마음에 어긋난 일이 있으면 쉽게 안정을 찾지 못한다고 하였다. 그리고 그러한 급한 성격 때문에 감정을 주체하지 못하고 이따금 폭발하는 경우도 많았다고 하였다. 그렇게 감정이 폭발할 때에는 부인이 나서서 바로잡아 주었다고 회상을 하였다.

심노숭은 자신의 기질, 습성 등을 이야기하기도 했다. 담배를 유난히 좋아해 담배를 손수 심어 피웠다거나, 지팡이나 화로 모으기를 좋아하고, 결벽증이 있다는 것 등을 솔직히 밝혔다. 감을 무척 좋아해 많이 먹어 변비가 생겼다는 일화에서는 자신의 사소한 습관까지 기록하는 모습을 볼 수 있다. 심노숭은 자신이 무엇을 먹기를 좋아하고 어떤 기호가 있는가에 대해서도 소상하게 밝혀 놓았다.

거의 병적일 정도로 과일을 좋아해서 익지 않은 과일이라도 몇 되씩 먹었는데, 익으면 그 두 배를 먹었다. 특히 대추, 밤, 배, 감을 좋아했고, 그중에서도 감을 가장 즐겨 먹어서 오십 세 이후에도 한 자리에서 칠십 개씩을 먹어서 '감 바보'라고 불렸다.

감이 나온 뒤로는 매일 십여 개씩 먹었더니 대변이 막혀 몹시 괴로웠다. 근래에는 둥주리감을 많이 먹었는데 밤에 잠이 들면 봄날 잠이 든 것처럼 정신을 차릴 수 없이 곤하였고, 위의 작용이 곤란해질까 걱정되기도 했다. 이제부터 계획을 세워서, 밥을 먹은 후에 몇 개만 먹기로 정하기를 술 마시는 사람이 절주를 하듯이 했다. 과연 잘 지킬지 모르겠다.

체면을 중시하는 사대부의 입장에서 보자면 감을 좋아하는 습성과 이로 인해 힘들었다는 모습을 시시콜콜하게 기록해 두진 않을 것이다. 그러나 심노숭은 크게 개의치 않고 자신의 취향과 기호에 얽힌 이야기를 세세하게 기록했다. 감을 먹는 개수를 정해 술 마시는 사람이 절주하듯 자제해 보겠다는 부분에서는 그의 솔직함이 잘 드러난다. 글에서 이치와 명분보다 개인의 다양한 취향과 개성을 있는 그대로 표현하고자 하는 그의 문학관과 일맥상통하는 글이다.

심노숭은 자신의 성격과 기질이 지닌 일종의 단점과 결점을 기록하는 것에서 더 나아가 성적 욕망에 대해서도 거리낌 없이 고백하였다.

정욕이 다른 사람보다 심하였다. 열너댓 살부터 서른대여섯 살까지 거의 미치광이 같아서 패가망신할 지경이었다. 심지어는 기생들과 노닐 때에 좁은 골목과 개구멍도 가리지 않아서 남들이 손가락질하고 비웃었다. 나 스스로도 혹독하게 반성했지만 끝내 그만두지 못했다.

내가 평생 가장 괴로워한 것은 정욕이 남들보다 지나친 것이었다. 서른 살 이전에는 거의 미치광이처럼 집착하여, 정욕과 관련된 일이라면 세상에 수치스러운 일이 있는 줄을 알지 못하였다. 통렬하게 반성하고 극복하고자 했지만 결국은 벗어날 수 없었다. 일찍이 혼자서 생각하기를, 천하의 일은 거의 다 스스로 믿고 행할 수 있다고 생각했지만 이 일만큼은 어떻게 할 방법이 없었다. 대개 실제 감정이 그러하였던 것이다. 서른너댓 살 이후로는 기운이 쇠약해졌지만 마음은 쇠약하지 않았다. 신유년(1801) 이후로는 기운과 마음이 죽은 재처럼 변했다.

심노숭은 자신이 지난 시절 성적 욕망에 지나칠 정도로 탐닉하였다고 스스로 고백하였다. 정욕에 대해 언급하는 것이 금기시될 정도로 남녀 간의 정을 입에 올리기를 꺼려 했던 조선 사회에서 그는 광적일 정도로 성욕에 집착하였다고 하였다. 당시의 글쓰기 관행을 생각했을 때에 충격적인 자기 고백이 아닐 수 없다. 21세기에도 성욕의 문제는 남들에게 말하기를 꺼려 하는 것 중의 하나이다. 조선 사회를 살았던 심노숭은 패가망신을 할 정도로 성욕에 집착하였고, 담장을 넘어 다니는 등의 행동까지도 하였다고 하였다. 다른 기록에서 찾기 어려울 정도이다. 당시 사대부들의 통념상 이런 노골적이고 솔직한 발언은 밖으로 드러내 놓고 발설하기 어려운 것이었기 때문이다. 심노숭은 이렇듯 양반 사대부로서의 명분과 체면에 구애되지 않고 자신의 과오와 결점을 거리낌 없이 드러내며 개인의 은밀한 욕망까지도 숨김없이 토로했다.

『남천일록』은 심노숭이 노론 벽파의 탄압으로 1801년 2월 경상남도 기장 땅에 유배되어 1806년 6월 유배에서 풀려나기까지 5년 4개월간 그곳에서 보고 듣고 생각한 것들을 일기 형식으로 담은 기록이다. 총 2,000여 일에 이르는 유배기간 동안 심노숭은 거의 하루도 거르지 않고 일기를 썼다. 이렇게 매일매일 방대한 양의 일기를 쓴 목적은 무엇이었을까. 그 자신이 일기 쓰기의 의미와 목적에 대해 다음과 같이 직접 밝혀 놓았다.

일기 쓰기와 관련해 내가 생각하기에 천 리 멀리 떨어진 곳에서 소식을 주고받는 데에는 편지 정도가 고작이다. 그런데 편지의 경우에는 인편이 떠날 즈음에는 매번 바쁜 중에 착오가 있을까 걱정하고, 편지를 보내고 나서는 문득 빠트린 것을 탄식하게 된다. 일기의 경우에는 크건 작건 모두 기록하고 많건 적건 다 기재할 수 있다. 남겨 두어서는 시름을 덜어 내니, 때로는 쓸모없는 바둑 장기보다 낫고, 상대에게 보내어 서로 위로를 하니 편지 종이의 소략함을 크게 능가한다. 날씨의 변화와 변고의 유무의 경우에는 비교하여 살필 수 있으니 일기를 쓰지 않을 수 없다. 그러므로 내가 쓰는 일기는 일을 기록하는 데에서 그치지 않고 눈으로 보고 귀로 듣고 마음으로 생각하는, 세 가지 기관의 쓰임을 다 기록하였다. 일이 없을 때에는 척지로 찾아내고 들추어내었으니, 이것은 참으로 미혹함에 가깝지만 근심을 없애기 위함이었다.[58]

58   심노숭, 『남천일록』, 국립중앙도서관 소장본. 이하 『남천일록』의 인용은 국립중앙도서

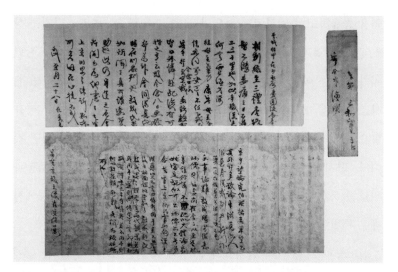

유배 간 사람이 본가에 쓴 편지(국립전주박물관). 심노숭도 이와 같은 편지를 썼을 것으로 짐작할 수 있다.

심노숭이 일기를 쓴 목적과 의미는 크게 두 가지로 나뉜다. 첫째는 근심을 덜어 내기 위함이며, 둘째는 상대방의 마음을 위로하기 위함이다. 수심을 잊기 위한 방편인 동시에 멀리 떨어진 가족을 위로하는 것이니, 자신과 상대를 동시에 위로하는 글쓰기인 셈이다. 그래서 사소한 일상까지 세세하게 기록하고, 그 소소한 일상을 가족과 공유하면서 서로를 위로하였다.

심노숭은 자신의 유배 생활을 기록한 일기를 중간중간 정리해서 가족에게 보냈으며, 그의 동생 심노암沈魯巖(1766~1811) 또한 일기를 써서 심노숭에게 보냈다. 일상적 삶의 작은 부분을 서로 주고받으며 기

관 소장본을 따름.

억을 공유하고 추억하고자 하였다. 일종의 교환 일기이다. 편지는 상호 간의 감정과 의사를 소통하고 교류하는 글쓰기이다. 심노숭은 편지가 지니는 이 같은 기능을 일기 장르 속에 적극적으로 수용하였다. 사소한 일상까지 일기에 기록하였고, 그 소소한 일상을 가족과 공유함으로써 가족 성원 간의 소통과 위로의 매체로 적극 활용하였던 것이다. 편지와 일기의 장르적 혼용인 셈이다. 가족 성원 간의 소통과 위로를 목적으로 일기를 쓰고 교환한 것은 일기 쓰기의 사례 중에서 매우 특별한 의미를 지닌다.

심노숭과 가족 간의 일기 교환은 유배로 인한 고난의 시절을 함께 견딜 수 있는 가족 상호 간의 공감과 위안의 기록인 동시에 훗날 지나간 고난의 시절을 기억하는 기록이기도 하다. 가문의 자랑스러운 역사를 기록으로 남겨 후세에 전하겠다는 점보다는 일상적 삶의 작은 부분들을 통해 기억을 공유하고 추억하고자 하였다.

더 나아가 일기를 단순히 교환하는 데에서 그치지 않고, 심노숭과 그의 동생 심노암은 상대방이 쓴 일기에 각자의 의견과 논평을 자유롭게 서술하였다. 일종의 비평서로서의 성격을 지니게 된 것이다. 단락에 따라 비평을 가하고 구절에 따라 논평을 하였다. 『남천일록』 내에서 심노숭 자신이 '보내 준 일기에 논평을 하였는데, 반드시 다시 논평할 필요는 없겠지만 또한 간략하게 답변했다'고 하거나 '일기에 조목조목 답장하는 것을 어제 마치지 못해 오늘 끝냈다'고 언급한 데에서 이러한 점을 알려 준다. 실제로 『남천일록』을 보면 심노숭이 항목별로 구분해서 동생 심노암이 쓴 시문 작품에 대해 비평을 하거나 특정한 정치적 사안이나 인물 등에 대한 심노암의 글에 다시 논평을 하는 대목들이 상당수 수록되어 있다. 그들에게 있어 일기는 지기知己와의 대면이자, 비평적 대화였다.

심노암은 유배를 떠나는 형 심노숭이 일기를 쓰자고 제안한 것에 맞추어 자신도 일기를 작성했으며, 그것을 심노숭에게 부정기적으로 보내었다. 심노암이 자신이 쓴 일기를 '천리대면록千里對面錄'으로 명명한 이유는 상대방 일기 내용에 대한 논평과 일기의 상호 교환을 통해 글이라는 공간 속에서 친밀한 대화를 나누고자 하는 뜻에서였다. 정치·사회적 주제에 대한 엄정한 평가와 논평을 통해서, 혹은 일상의 자잘하고 사소한 일들을 서로 공유하고 공감하는 과정을 통해서, 그들 가족은 상대방의 아픔을 치유하고 서로를 위로할 수 있었다. 사소한 일상까지 기록하는 것은 단순하게 기록벽의 측면에서 이해할 것이 아니다. 소소하게 벌어지는 작은 일상들, 지극히 사사로운 것까지 가족 내부에서 공유하고자 한 점이 주목된다.

심노숭은 어머니, 딸 등 집안 여성들과 한글 편지를 통해 서로 의사소통하기도 하였다. 심노숭은 유배지에서 어머니와 딸을 위해 한글 편지를 직접 작성하였고, 어머니와 딸이 부친 한글 편지를 통해 유배지의 고단한 삶을 위로받을 수 있었다. 한글 사용에 능숙하였던 심노숭은 어머니, 딸 등 집안 여성들과 한글 편지를 주고받았다. 『남천일록』에는 어머니, 딸과 한글 편지를 주고받는 장면이 자주 등장한다. 여기에 더해 심노숭은 유배지에서 쓴 일기를 직접 한글로 번역하여 가족에게 보냈다. 어머니, 딸과의 소통을 위한 글쓰기로써 일기를 활용하였던 것이다. 저자 자신이 쓴 한문 일기를 직접 한글로 번역한 사례는 드물다는 점에서, 더 나아가 일기 번역을 통해 여성을 포함한 가족 성원 전체의 정서적 유대와 공감을 지향했다는 점에서 『남천일록』의 일기 쓰기는 더욱 특별한 의미를 지닌다.

조선시대 때에 사대부 지식인들은 그날그날의 사건과 경험을 기록한 일기를 많이 남겼다. 그러나 개인의 감정과 욕망, 취향 등을 적극적으로 표현한 일기는 소수이며, 공적인 업무 ―지방관, 사행관 등의 직책과 관련한― 를 기록하는 일기가 대부분이다.

이에 반해 『남천일록』은 작가의 복잡한 심리와 감정이 솔직하게 토로되어 있고, 하루하루의 일과를 자세히 기록해 놓아 당시의 생활과 풍토까지 잘 드러나 있다. 이는 개인의 다양하고 진실된 욕구와 감정의 자연스러운 표출을 중요하게 여긴 작가의 문학관과 관련이 있다. 일기 속 심노숭은 자기를 미화하거나 과장하지 않는다. 숨기고 싶은 비밀, 쉽게 내어 말할 수 없는 내밀한 감정과 욕망까지 숨김없이 고백하는 자세가 그의 글쓰기 자세이다.

사실 자기의 삶을 있는 그대로 표현하기는 힘든 일이다. 일어났던 일들을 모두 기억할 수도 없기에 기억한 것 중에서 임의로 선택을 하게 되고, 이것을 언어로 표현하는 데에서도 일정한 굴절을 감수해야 한다. 개인의 삶을 총체적으로 표현한다는 것은, 어떻게 보면 불가능한 일일 수도 있지만 그 속에서 일관되게 흐르는 '삶에 대한 태도'는 알아낼 수 있다. 심노숭의 일기에는 가능한 한 자신의 삶을 가감없이 솔직하게 표현하려고 애쓰는 모습이 보인다. 그래서 일기문학사의 흐름 속에서 심노숭의 『남천일록』은, 개인의 자아와 내면에 대한 진지한 성찰을 보여 준다는 점에서 매우 중요하고 가치 있는 기록이라고 볼 수 있다.

가족에 대한 그리움

돌아올 기약 없는 유배를 떠난 사람은 과연 어떤 심정으로 살아가게 되는 것일까. 유배의 고통 속에 가장 먼저 떠올리는 사람은 남겨두고 온 가족일 터이고, 가장 없는 집안에 대한 걱정이 뒤따를 것이다. 심노숭 역시 어린 딸과 어머니를 그리워하고 걱정하였다.

말 위에서 올려다보니, 빗처럼 생긴 초승달이 서쪽 하늘에서 비추고 있었다. 우리 집을 생각하노라니 달은 서쪽집 바깥 작은 길 두 그루 삼나무 위에 있으리라. 태첨은 어머니를 모시고 딸과 마주 앉아서 필시 내가 가고 있는 여정을 헤아리고 있으리라. 딸이 헤어질 때에 소매를 잡고 흐느껴 울면서 이렇게 말하였지. "달이 뜨면 저는 달을 보며 아버지를 불러 볼 거예요. 아버지도 달을 보고 나를 불러 보세요." 문득 이 생각을 하자 나도 모르게 눈물이 흘러 옷깃을 적셨다. 죄업이 무거워 죽어서도 갚을 수 없으니, 어린 딸로 하여금 이처럼 슬프게 하였던가.

밤에 달빛이 매우 아름다워 마당을 산보하였다. 달을 보고 아버님을 부르겠다던 딸아이의 말이 생각나 가슴이 갑자기 돌이라도 삼킨 듯 먹먹해서 스스로 진정할 수가 없었다. 종들 그리고 상인과 함께 거리로 나갔다가 걸음을 옮겨 우씨 집에까지 이르렀다. 조금 있다가 돌아왔다.

유배지로 떠나는 도중 심노숭은 말 위에서 달이 뜬 것을 보면서, 달이 뜨면 아버지를 불러 보겠다던 딸의 말을 생각해 내곤 눈물을 흘린다. 유배지에서도 달을 보면서 딸을 떠올리며 가슴이 먹먹해 진정할 수가 없었다. 그 딸은 고생만 하다 죽은 아내가 낳은 아이들 중 유일하게 살아남은 소중한 자식이다. 그 어린 딸이 유배길을 떠나는 아버지의 소매를 붙잡고 울었을 때 얼마나 마음이 아팠겠는가. 딸에 대한 그리움과 걱정은 곳곳에 나타난다.

기구한 운명으로 인해 사십이 넘었는데도 아들이 없으니, 이것은 선조들에게는 없었던 일이다. 어긋나고 어그러짐이 이 같은 상황에 이르렀는데, 목숨 또한 기약할 수가 없다. 세상에 살아 있는 흔적으로는 오직 딸아이만이 남아 있다. 임자년(1792) 이후로 내가 하루라도 나중에 죽어야 하는 것은 오직 그 아이의 혼례를 이뤄 주는 한 가지 일 때문이었다. 원수들이 길을 가로막고 여러 차례 어긋나는 바람에 혼례를 올리려던 일이 이루어지지 못했다. 우리 형제의 마음과 피는 거의 다 말라 버렸다. [...] 특히 이 일만큼은 마음을 태우고 간장을 녹여 버린다. 하루 종일 밤낮으로 멍하니 미친 것 같았다. 밤중에 잠을 자다가 갑자기 놀라 깨어 배 속의 기가 밖으로

부는 것이 여러 차례였다. 지금 훌륭한 집안의 후손과 정혼하기로 의논을 하여 조만간 혼례 올린다고 들었다. 이제는 내가 죽어도 눈을 감을 수 있으리라.

딸이 혼례를 올린 이후 내 마음은 한편으로는 빚을 갚은 것 같고, 다른 한편으로는 걱정이 더해진 것 같아서, 슬퍼하다가 다시 자신을 위로하였다. 이렇게 저렇게 생각하고 또 생각하는 것이 하루에도 몇십 번인 줄을 모른다. 요컨대 모두 다 세속의 천박한 견해요, 부녀자의 연약한 성품임을 면하지 못했다. 매번 이러한 마음이 생길 때마다 통렬하게 억제를 하였다. 이것은 예전에 내가 말한바 도리상 마땅히 나와야 할 것이 아닐 뿐만 아니라 그 아이가 길이 평안할 방법이 아니다. 이 같은 사리를 분명히 알지만 여전히 마음이 평안할 수가 없다. 이것은 나의 학력이 아직 도달하지 못한 곳이다.

유배객인 자신의 딸이 제대로 혼례를 이루지 못할까봐 심노숭은 노심초사했다. '마음을 태우고 간장을 녹여 버린다', '내가 하루라도 나중에 죽어야 하는 것은 오직 그 아이의 혼례를 이뤄 주는 한 가지 일 때문이었다', '하루 종일 밤낮으로 멍하니 미친 것 같았다' 등의 표현에 딸을 걱정하는 아버지의 애끓는 마음이 잘 드러난다. 이처럼 피를 말리며 걱정하는 것은 심노숭을 유배 보낸 벽파 정적들의 권세로 인해 여러번 혼례가 어그러졌기 때문이기도 했다. '원수들이 길을 가로막고 여러 차례 어긋나는 바람에 혼례를 올리려던 일이 이루어지지 못했다. 우리 형제의 마음과 피는 거의 다 말라 버렸다'라는 대목에서 정적을 유배 보낸 데에 그치지 않고 남은 가족까지 핍박하는 등, 벽파의 정적이 된 심노숭의 고난을 엿볼 수 있다. 여기에는 자신으로 인해 앞길이 막힌 가족에 대한 걱정으로 미칠 듯한 작가의 마음이 잘 표현되고 있다.

딸이 마침내 좋은 집안과 혼례를 올리자, 이번엔 아버지도 없이 치른 혼례를 애달파하면서 딸이 과연 잘 살지 걱정에 걱정을 더하고 있다. 가족에 대한 걱정은 세세하고도 구체적이다. 다음 기록을 보자.

아침에 일어나니 몹시 추웠다. 아이들이 밖에 엷은 얼음이 얼었다고 한다. 어머니에 대한 그리움과 고향 동산을 보고 싶은 생각에 더욱 마음이 놀라고 홀연 내 몸이 없는 듯했다. 솜옷은 입으셨을까? 육식은 계속하실까? 문은 흙질을 했을까? 온돌은 따뜻할까? 병풍과 휘장은 마련했을까? 이불과 요는 알맞을까? 봄가을의 식량은 어떠할까? 겨울을 날 비축은 어떠할까? 조세 납부는 어떻게 처리할까? 제사 음식은 어떻게 갖출까? 온갖 일들 어느 하나 근심거리 아닌 것이 없다.

겨울이 되어 날이 추워지자 서울집의 어머니를 비롯한 가족들이 가난한 살림에 제대로 겨울을 날지 걱정을 하고 있다. 솜옷은 마련했는지 온돌은 따뜻한지 제수 음식은 어떻게 마련할지 등등 가장으로서의 걱정은 끝이 없어 힘든 유배 생활 중의 마음을 갉아 먹고 애를 태우는 것이다.

마시고 먹는 것에 조금씩 미각이 살아나기 시작했다. 다른 사람의 부축을 받아야 했는데, 일어서려고 하다가 쓰러지기를 새가 자주 날갯짓을 하며 연습하는 것처럼 하였다. 삼사 일 지나 방에서 비로소 거동을 하였지만, 팔과 다리의 통증이 가장 괴로워서 낮에는 그쳤다가 밤이 되면 심해졌다. 밤이면 눈도 붙이지 못하였는데, 침을 맞고서 조금 줄어든 것 같았다. 얼마 뒤에는 시도 때도 없이 먹을 게 생각나서, 매일 흰죽 다섯 그릇을 먹고, 중간중간 양갱과 떡과 과일 등도 많이 먹었는데도 배가 허하여 현기증으로 쓰러질 듯하였다. 홀연 학질에 걸려 네 직[59]을 앓고 나서야 멈추었다. 그후로 구역질이 크게 나서 음식을 가까이만 해도 냄새가 역겨워 곡기를 거의 끊을 정도였다.

어머니와 부인을 연이어 잃고 난 뒤에 작가가 겪어야 했던 육체적·정신적 고통의 모습을 잘 보여 주는 대목이다. 조선 후기 자찬연보에서는 이처럼 작가가 겪었던 과거 경험의 순간들을 구체적이면서도 생생한 필치로 묘사함으로써 일상 경험 묘사의 구체성을 확보하는 데에 성공하였다. 경험 묘사의 구체성 확보는 작가의 세심한 자기 성찰을 통해 가능하다고 생각한다. 작가 스스로 자신의 경험의 세부적인 사항들, 당시의 상황과 감정, 기분, 주변 사람들의 반응, 그것이 갖는 인생 속의 의미 등이 어떠한가를 파악해야만이 그 같은 일상 경험 묘사의 구체성 확보가 가능할 것이다. 자기 성찰에 기반을 두지

---

59 직: 학질 따위의 병이 발작하는 차례를 나타내는 단위.

않는다면 과거의 인상적 경험들 또한 파편화되어 버릴 것이다.

연보 형태로 자기 삶을 기록하는 대부분의 자전 작품들이 작가의 감정을 최대한 자제한 채 사건 위주로 서술하던 것에 비해 심노숭의 『자저기년』은 과거의 사건들을 매우 감성적인 필치로 회상하기도 하고, 때로는 생동감 있는 언어적 형상을 통해 표현하기도 했다. 특히 가족의 죽음을 다룬 부분(어머니, 부인, 자식 등의 죽음)에서 그 같은 점이 잘 나타나 있다.

『자저기년』에서 심노숭은 과거 생애 중에서 인상적인 사건을 택해, 감회 어린 서정적 필치로 서술하기도 하고 때로는 생동감 있는 언어로 묘사하기도 하였다. 어머니와 큰 딸이 죽음에 이르는 과정을 상세하게 묘사하는 한편 그들의 생전의 생활을 회상하면서 작가 내면의 심리를 가감없이 표현하고자 했다.

내가 참으로 깊이 걱정을 하였지만, 딸아이가 병이 든 지 오래되었기 때문에 걱정하던 마음이 조금 느슨해졌다. 금강산으로 떠나기 하루 전날 이별할 때에 나에게 울적함을 풀라고 하면서 그 아이는 기뻐하며 말했다. 금강산에서 돌아오니 병은 더 심해져 있었다. 정신과 말이 전과 비교해 볼 때 다른 사람이었다. 땀이 난 후에 병세가 나아진다고 기뻐해서는 안 되었는데 내 마음이 그때 그러하였다. 중복해서 약을 투여하는 것을 범한 것 또한 생각하지 못한 일이었다. 내가 깊이 한스러워하는 것은 만약 내가 금강산 유람을 하지 않고 처음부터 병을 돌보았다면 필시 이러한 지경에 이르지 않았다는 것이다.

그 아이의 죽음은 전적으로 내가 집을 떠났다가 돌아오는 바람에 그 어미로 하여금 약을 마음대로 쓰게 만든 데에서 연유하였으니, 구렁으로 손수 밀어 넣은 것과 다름이 없다. 이를 생각하니 창자와 위가 찢어지고 끊어지는 듯하여 견딜 수가 없었다. 남들은 이를 두고 지나치다고 하고, 나 또한 그 점을 알고 있지만, 굳세게 제어할 다른 방도가 없으니 어찌할 것인가!

딸의 죽음에 대한 애틋한 심정과 자책감을 토로한 이 기록은 양적으로도 상세할 뿐만 아니라 독자의 감동을 자아내는 부분이다. 심노숭은 사건과 행적을 단순히 나열하는 통상적인 자전문학의 서술 방식에 그치지 않고 자신의 내면과 심리를 진지하게 성찰했으며, 풍부한 감정 표현을 유감없이 발휘하였다. 위의 두 기록은 사랑하는 딸을 잃은 아버지로서의 슬픔과 자책을 생생하게 전달하고 있다.

첫 번째 기록에 등장하는 큰딸은 혼인하여 장성한 유일한 자식이었던 만큼 누구보다도 많은 애정을 쏟았던 인물이었다. 죽음에 이르기까지의 과정, 그리고 큰딸의 품성과 생전 생활 등을 서정적이고 감회 어린 필치로 묘사하였다. 금강산 여행을 가기 전에 병에 차도가 있다고 하여 병을 앓고 있는 큰딸을 두고 여행을 갔었는데, 돌아와 보니 오히려 병이 더욱 위중해져 있음을 알게 되고 작가는 후회와 자책감에 견딜 수 없는 고통을 겪게 된다.

큰딸의 따뜻한 품성, 가난 속에서 힘든 생활을 영위하였던 과거의 기억들, 병에 걸려 신음하면서도 아버지의 금강산 여행길을 기뻐하였던 착한 모습, 그 후 더욱 병이 위중한 상태에 빠지게 된 과정을 화자는 섬세한 필치로 묘사했다. 그 같은 묘사 속에서 심노숭은 큰 딸에 대한 애정과 함께 아버지로서의 미안한 마음과 자책의 심정을 효과적으로 담아내었다. 자찬연보의 경우 공적인 사건들을 무미건조하게 나열하는 예가 많은데, 이러한 예에서 보듯이 심노숭의 『자저기년』은 작가의 내면적 정감과 심리를 섬세하고 곡진하게 표현하였다.

두 번째 기록은 소실의 딸이 어려서 요절한 것을 슬퍼하는 부분이다. 그 딸은 1808년 소실과의 결혼을 통해 낳은 서녀였다. 어려서 총명하였던 딸은 만 세 살이 되기도 전에 학질을 앓다가 죽었다. 심노숭은 딸과의 추억을 떠올리면서 아버지로서의 미안한 마음을 표현했다. 소실의 소생이었기 때문에 아버지라고 부르지 못하게 하자 성내고 크게 울던 아이를 자신이 다정하게 감싸 주지 못하고 서럽게 우는 모습을 싫어하기만 했다고 회상하였다.

며칠 동안 집을 비운 사이에 그 어미가 약을 잘못 쓰는 바람에 딸이 죽게 된 점을 지적하면서 자책과 회한의 감정을 감추지 않았다. 요절한 딸을 두고 자책하고 슬픔에 젖어 있는 것을 지나친 행동이니 경계하라고 비난한 이들에 대해 작가는 그것이 자연스럽게 우러나오는 진심의 발출인 이상 애써 제어하거나 회피할 필요가 없다고 말하였다.

유배생활의 여러 가지 모습

유배지의 생활은 힘겹고 고통스럽다. 가족과 떨어져 혼자서 숙식을 해결해 나가며 관의 점검과 감시를 받고 때로는 모욕과 멸시를 받기도 한다. 관에서 적은 양의 곡식을 받기도 하지만 그것으로 생활하기가 힘들기도 하다. 우선은 유배지에 도착해 혼자 고독한 생활을 견뎌야 하고 살 곳을 정해야 한다. 유배 초기에 거처가 바로 정해지지 않아 불안하고 괴로워하는 모습을 보자.

집에서 출발할 때 종일 비가 와서 온 마음이 마치 고독에 중독된 것 같았지만 그 아픔이 어디서 오는지 몰랐기에 그래도 견딜 수 있었다. 여정 중의 십여 일은 생각이 온통 무사히 여정을 마치는 것에 있었기 때문에 수심이 그치는 때가 간혹 있었다. 살 곳을 정하지 못해 분주하고 불안한 상황에 이르게 되자, 비를 만나면 미쳐 버릴 것 같았다. 음식을 먹고 기거함에 마음이 한시도 누그러진 적이 없는 상태가 수일 동안 지속되니 질병이 따라와 문득 나타나, 눈앞이 흐릿하게 보이고 밥맛이 없는 듯했다. 저녁이 되면 갈증이 났고 밤에 자다가 깨어 거울을 보니 흡사 사람이 아닌 듯했다. 그 기세가 분명 죽음에 이른 후에야 그칠 것이었다.

이에 홀연 마음이 흔들리니 자신을 위로하지도 못하고, 또한 거듭하여 놀라서 어떻게 마음을 다스려야 할지 몰랐다. 마침내 마음과 서로 이야기하길, "나의 죄업이 죽어도 갚지 못할 정도이고 또한 삶에 대한 미련도 없으나 노친과 여린 딸을 어찌할 것인가? 또한 어린 임금이 재위에 계시며 지극한 인으로 관용을 베푸셨다. 지금 만약 천명을 스스로 편히 여기지 못하고 병이 들어 죽는다면 천지의 덕을 받드는 올바른 길이 아니다"라고 하였다. 이에 모두 잊어버리는 것을 반드시 해야 할 일로 여기고, 잊을 수 있는 방법을 구하였다. 자려고 하지만 밤에도 오히려 잠들지 못하는데 하물며 낮이겠는가.

유배 생활 초기에 괴롭고 힘들어 자신이 흡사 사람이 아닌 것 같다고 말한다. 생활의 괴로움과 불편함에, 가족에 대한 그리움과 걱정이 겹쳐 자려고 해도 잘 수 없는 불면에 시달리기도 한다. 게다가 언제 돌아갈지 기약할 수 없는 자신의 처지가 항상 불안하고 막막하고 답답하다. 특히 친지나 지인이 어렵게 유배지를 찾아왔다가 돌아갈 때엔 그러한 참담함이 배가 된다. 아래의 기록은 동생이 찾아왔다 가는 것을 보며 더욱 심란해지는 마음을 잘 표현하고 있다.

동생이 출발한다는 소식을 듣고부터 이별의 시름이 마음속에 벌써 자리 잡았다. 비유하자면 탁한 물을 오래도록 가만히 두어서 어느 정도 맑게 되었는데 갑자기 다시 뒤섞여 버리게 된 것과 같다. 오늘의 심정은 참으로 집을 처음 떠날 때보다도 심하여서, 가도 간 줄을 모르고 앉아도 앉은 줄을 모르며, 슬퍼도 슬픈 줄 알지 못하고 근심을 해도 근심하는 줄 모른다. 집으로 돌아와 벽에 쓴 시를 보고 이 일기를 쓰니, 잠깐 동안이나마 문득 다시 만났던 것 같았다. 쓰러져 베개에 누워 눈으로 시를 보고 손을 이마에 대니 문득 마음에 병이 든 사람과 같았다.

전송을 하고 나서 마음이 향할 곳이 없어서 며칠 동안은 자신을 진정시킬 수 없었다. 앉을 때나 누울 때나 벽에 쓴 시만을 볼 뿐이다. 문을 나서서 밭 두둑이나 계곡 물가를 거닐면 마치 따라오는 것 같았다. 문득 홀연히 이와 같다면 참으로 마음에 병이 들겠다고 생각했다. 수습하여 강해지려고 하여 책을 마주해서 읽지만 또한 마음에 들어오지 않았다. 어떻게 해야 좋을지 모르겠다.

유배지에 동생이 왔다 가니 오히려 처음 유배 올 때보다 마음이 심란해져서 진정시킬 수 없다고 토로한다. 유배지에서 어느 정도 적응하던 차에 동생을 만났다가 다시 헤어졌을 때의 작가의 감정의 변화가 잘 보인다. 탁한 물이 시간이 지나 맑게 되었는데 갑자기 뒤섞여 다시 탁하게 되었다는 비유는 작가의 외로움과 허전한 심정을 적나라하게 드러낸다. 무엇을 해도 마음을 비울 수가 없어 '마음에 병이 들겠다'고 괴로운 심정을 고백한다. 이러한 심란한 마음은 현재 자신의 처지에 대한 비관에서 오는 것일 것이다.

지금 내 한 몸은 천하의 곤궁과 괴로움을 다하였고, 인간세상의 흉악함을 갖추었으니, 원통과 울분으로 얼음을 안고 있으며, 근심과 두려움으로 창자가 수레바퀴처럼 굴러간다. 평생 도를 배웠지만 죄목은 의리를 어긴 소인이며, 성스러운 때를 만났으나 신세는 변방에 유배된 외로운 신하이다.

가족의 정을 그리워하니 가시와 바늘이 모여드는 것 같고, 고향을 생각하니 배가 어디로 흘러가는지 모르는 것 같다. 아침과 점심에는 먹을 것을 걱정하니, 머리털이 난 중이요 수염이 난 부녀자이다. 초하룻날과 보름날에는 점고點考를 받으러 가니 죄수를 조사하고 병사를 열병하는 꼴이다. 바닷가 마을 호적에 편입되었으니 이름은 양반이지만 귀양다리 신세이다. 마을 서당의 훈장으로, 아이들의 우두머리로 불린다.

유배객으로서의 의무 중 하나는 초하루와 보름날 관아에 나가 점고를 받는 것이다. 양반 신분으로 관아에 불려 나가 점고를 받는 것은 모욕에 가까운 것이니 유배객으로 전락한 자신의 처지를 새삼 깨닫게 되는 장면이다. 이름은 양반이지만 귀양다리 신세이며 서당훈장으로 아이들의 우두머리 노릇을 한다고 자신을 희화화하고 자조하기도 한다. 그러나 이렇게 비관만 하고 맥을 놓고서야 기약없는 유배생활을 견디기 힘들다. 작가는 차차 유배 생활에 적응해 가는 모습을 보이기도 한다.

팔십이가 들어오지 않아서 반찬 마련하는 것이 몹시 어려워 덕삼이에게 대신 반찬을 준비하도록 했다. 비록 팔십이만큼 익숙한 솜씨는 아니었지만 그래도 먹을 만했다. 내가 말하기를 "너희는 나를 따라 배웠지만 크게 나아지는 것이 없다. 대신 요리법을 잘 배워서 훌륭한 요리 솜씨를 가졌다. 그것 또한 나의 공덕이겠지?"라 하였다. 그들도 웃었다.

초가을 서늘한 기운 이후로 나 또한 어망으로 고기 잡기로 소일을 하며 마음을 붙였다. 아이들도 모두 솜씨가 좋아서 던지면 고기를 잡았다. 토착인이 말하길 "이동형 승지께서 유배 왔을 때에 고기 잡는 것을 일로 삼아서 개울의 물고기 씨가 거의 말랐지요. 공께서 와서도 이와 같으니, 근처 개울에 물고기가 사라지겠지요. 물고기 수명을 늘리는 방법으로는 유배객을 돌려보내는 것보다 나은 것이 없지요"라고 하였다. 내가 그 말을 듣고 포복절도하였다. 이제 듣기에, 태첨이 이 소년과 함께 날마다 낚시를 한다고 하는데, 어떻게 하면 나 또한 돌아가 고향땅 물고기를 먹음으로써 기장 땅의 물고기를 오래 살게 할 수 있을까.

혼자 밥을 해 먹다 보니 요리 실력이 늘기도 하고, 고기잡이로 소일하며 마을 사람과 농을 주고받기도 한다. 힘든 중에도 유배 생활에 차차 적응하고 마을 사람들과도 교류하며 가끔 웃기도 한다. 이렇게 유배 생활에 적응해 나가면서 여인에 대한 관심과 마음도 되돌아왔다. 앞서 살펴본 대로 심노숭은 유난히 정욕이 강해 아무리 애를 써도 정욕의 그물에서 벗어날 수가 없었는데, 유배 온 후로는 그런 기운과 마음이 다 죽어 버렸다고 말한다. 말로는 유배 온 후 정욕의 기운과 마음이 죽은 재처럼 변했다고는 하지만, 주변에서 생활을 도와줄 여인을 맞아들이라는 권고가 있자 주변의 여인들에 관심을 보인다.

사 년 동안 유배 생활을 하느라 의복과 음식의 계책을 여인에게 많이 의지했다. 그 때문에 여인을 맞이할 것을 권하는 이가 있었다. 혼자 생활하는 것이 힘들어 비록 죽음에 이르더라도 돌과 같은 마음을 바꿀 수 없다. 예전에 덕발촌에 살 때에 이웃에 송씨 성을 가진 동녀가 있었다. 서동 무 갑의 서고모로서 나이는 수십 세였다. 내가 일찍이 한번 보니 자색이 자못 괜찮았다. 그리고 길쌈은 마을 안에서 가장 솜씨가 있다고 하였다. 정욕 때문도 아니고 봉양 때문도 아니라, 수명을 기약하기 어려운데 자식을 낳 고 기를 수 있는 것이니, 이에 마음이 움직이지 않을 수 없었다. 주선을 하 여 거의 성사가 될 뻔했다.

정욕의 병통은 내가 평생 괴로워하는 것인데, 육 년 동안 곤궁하게 지내니 좌불처럼 되어 세상에 그러한 일이 있는 줄 모르게 되었다. 갑자년(1804)에 성 동쪽 관청으로 거처를 옮겼을 때에 그 이웃에 아전의 아내였는데, 젊은 나이에 과부가 된 여인이 살고 있었다. 얼굴이 자못 추하지 않고, 문과 창 을 마주하여 그녀가 웃고 말하는 소리가 가까이 들렸다. 나는 마음이 있지 않았지만 그렇다고 마음이 없지도 않았다. 덕삼과 팔십이 두 아이는 잘 알 고 있었다. 몇 개월 지나 집으로 돌아온 뒤로는 잊고 지냈다.

위의 두 기록은 유배지에서 여인과 겪었던 일화를 솔직하게 이야 기한 것이다. 이웃에 살던 송씨 성을 가진, 자색이 괜찮았던 여인과 의 이야기가 나오자 정욕이나 봉양 때문이 아니라 자식을 얻을 수도 있기 때문이라는 핑계로 관심을 보이고, 아전의 과부에게도 흥미를 갖게 된다. 문과 창을 마주한 이웃에서 젊은 과부의 웃고 말하는 소 리가 들리니 자연 신경이 쓰이고 관심을 갖게 되었을 것이다. '마음이 있지 않았지만 그렇다고 마음이 없지도 않았다'라는 표현에서 심노숭이 유배 와서 '죽은 재'같이 되었다던 정욕의 마음이 조금씩 되살아나고 있음을 짐작할 수 있다. 솔직하게 말하자면 여인을 맞이해 같이 살고 싶지만, 현재의 자신의 처지와 상황이 여의치 못하니 망설이고 있음이 감지된다.

당시에 사대부 남성이 가족 없이 홀로 유배 생활을 하는 과정에서 하층 여성을 첩으로 맞이하는 것이 드문 일이 아니었다. 다만 명분과 윤리도덕을 중시하였던 조선사회에서 이러한 일을 표면적으로 드러내어 말하지는 않았으니, 심노숭처럼 자신이 직접 문자로 기록하는 것은 이례적인 일이다. 개인의 심리나 습성, 취향 등에 대해 유난히 솔직하게 기술하는 작가이기에 이러한 일화를 기록하였을 것이다. 여인과 관련된 다른 일화도 『남천일록』에는 간간이 보인다. 외출시 여인들에게 눈길을 돌리지 않으려고 했는데도 자연스럽게 눈길이 가지 않을 수 없었다고 하면서, 그 때문에 구설수에 오른 적도 있다고 했다. 또한 유배객이 마을 여인들을 쳐다본다는 마을 사람들의 비난이 이어지자 거처하는 집의 담장을 높이는 일도 있었다고 한다. 유배지의 생활이 조금 안정되어 가면서 마을 여인들을 흘끔거리는 심노숭에게 분개하고 그를 비난하는 마을 사람들의 모습이 상상되는 일화이다.

고통과 그리움의 극복과 치유

심노숭은 자신의 처지를 두고 '나와 같은 사람은 천하의 경계인이다. 가문의 명망을 실추시켰고 대대로 이어진 가업을 손상시켰고, 어그러지고 떠돌며 우환과 질병으로 어느덧 머리카락이 하얗게 세었으며, 지금까지 후사가 없다'고 하였다. 노론 벽파 정권에 의해 유배된 심노숭의 감정은 원망과 그리움의 감정뿐만 아니라 노여움과 슬픔과 미움 등이 복잡하게 얽혀 있다. 그의 심리 상태를 다음 글에서 잘 알수 있다.

> 우리들이 겪는 지금의 감정은 이 세 가지(분노, 슬픔, 미움)를 포함하니, 노여움으로 머리카락이 위로 솟고 미움으로 애간장이 다 녹으려 하고, 미움으로 주먹을 쳐서 부숴 버리고자 한다. 얇고 부드러운 것 속에서 아홉 번 뒤틀림은 마치 수레바퀴가 굴러가고 침으로 찌르는 듯하다. 하루에도 천백번 변하는데, 어찌 단지 슬픔과 그리움에 그칠 뿐이겠는가.

이러한 심리적 불안과 고통에서 벗어나기 위해 그는 어떻게 하였을까. 가족에 대한 그리움과 걱정을 안고 유배지에서 외롭고 비참한 하루하루를 살아가는 심노숭은 상념과 회상을 통해 가족을 만나 위로받고자 했다. 닫힌 자신의 공간에서 탈출하기 위해, 구속된 육체로부터 벗어나기 위해 그는 상상과 상념 속에서 낯익은 공간으로 날아가 그리운 사람들을 만난다.

밤이 어둑하고 구름이 어두워 길을 분간하지 못했다. 이태원 고개를 지나자 길을 헤매어 갈 곳을 몰랐다. 다만 동남쪽으로 가자고 약속했다. 말 위에서 서북쪽 하늘가를 고개 돌려 바라보니, 구름에 가렸던 것들이 흩어지고 드문드문 별들이 새어 비쳤다. 그 아래는 우리 집임을 알 수 있었다. 태첨이 어머니를 모시고 딸과 조카와 함께 둘러 앉아 흐느껴 우는 모습이 눈에 보이듯이 뚜렷했다. 이것이 이른바 몸이 떠나가도 정신이 남아 있다는 것인가?

유배길에서 밤하늘의 별을 보며 그는 가족이 둘러앉아 흐느껴 우는 모습을 눈에 보이듯이 뚜렷하게 상상했다. 몸은 유배객으로 말 위에 올라 앉아 있지만 넋은 어느새 가족의 모습을 상상하며 바라보고 있는 것이다.

책을 읽으려 했지만 책이 마음에 들어오지 않고, 잠을 청하려고 하지만 잠도 오지 않는다. 눈을 감고 눕자 혼기가 홀연 몽롱해지면서 밖으로 나가더니 수많은 산과 강을 거쳐 마침내 고향 마을에 도착한다. 둑 안으로 들어가 우물가를 지나자 동생이 창에 기대어 있고, 이노장李老丈이 옆에 누워 있으며, 조카 원아가 뜰의 계단에서 장난치는 모습이 보인다. 내당으로 들어가니 어머님은 담뱃대를 물고 베개에 누워 계시고 딸아이는 마루 끝에 앉아 근심스러운 표정으로 멍하니 있다. 여종은 물동이를 이고 있고 남자종은 땔나무 지게를 지고 있다. 닭은 채마밭을 둘러싸고 있고 소는 마당에 누워 있다. 또렷하고 선명하게 몸으로 직접 겪고 눈으로 보고 있으니 마치 함께 대화를 나눌 수 있을 것 같았지만 결국 다시 홀연 꿈에서 깨어 돌아왔다. 이는 대개 심령이 혼기를 따라 빽빽하게 모이고 맑게 열려 현실 세계가 꿈의 세계 하나를 만들어 낸 것이다.

가족과 이별한 후 유배지에서 생활하는 작가는 혼백이 육신으로부터 분리되어 멍한 상태, 즉 혼이 빠진 상태를 경험한다. 책을 읽다 자리에 누워 눈을 감고 상상 속 세계로 날아간 것이다. 산과 강을 거쳐 고향마을에 도착해 보니, 창에 기대어 있는 동생, 장난치고 놀고 있는 조카, 누워 계신 어머니, 마루 끝에 앉아 있는 딸아이가 눈앞에 있다. 사람뿐만 아니라 마당의 닭과 소까지 본다. 현실에서 이룰 수 없는 것을 꿈과 상념의 세계에서 경험하는데, 이는 그만큼 작가가 그리운 이들을 만나고 싶은 욕망이 절실하다는 것을 반증한다. 이러한 꿈과 상상의 세계는 현실에서 결코 이룰 수 없는 것을 일시적으로 해소하기 위해 만들어 놓은 가상의 세계다. 이러한 가상의 세계에는 필연적으로 추억과 회상이 동반된다.

메밀면 수제비를 조금 많이 먹을 때면 꾸짖음이 따랐었다. 김용이 곁에서 보살피다가 서로 보고 웃었다. 딸아이만이 음식을 조절할 줄을 알았다. 어머니께서는 두 아비가 딸애에게 못 미친다고 말씀하셨고, 나의 부인 또한 그렇다고 말했다. 규방 안에서 웃고 즐거워하였던 일이 어제 같다.

나와 아내는 십육 년 동안 가난하게 살았다. 이틀에 한 번 식사를 하고 철 지난 옷을 입는 것에 대해 나는 슬픈 마음이 없을 수 없었지만, 그대는 한결같이 편안하게 여기었다. 그대는 전에 "슬퍼한들 무슨 이로움이 있겠어요? 마음만 더욱 곤궁해지지요"라고 했다. 내가 부끄러워하며 사과했다. 옷을 맡겼는데 너무 늦게 주기에 내가 솜씨가 서툴다고 놀렸었다. 옷을 내어 보여 주는데, 여기저기 터진 곳을 깁고 기우느라고 옷 한 벌에 공정이 열 배 백 배 걸렸을 것이다. 그러한데도 원망하거나 탄식하는 빛이 없었다. 내 옷이 그와 같으니, 아내가 입던 옷을 알 만하다. 끝내 굶주림과 추위로 병이 들었고, 병중에도 몹시 추운 날씨에 엷은 옷을 입고 있었다. 한번은 낮에 이불을 쓴 채 옷을 벗고 솜을 넣고 있었는데, 한기에 몸이 편치를 않았다.

심노숭은 등불 아래서 조카가 책을 읽고 딸아이는 물레를 돌리고 곁에 있는 가족이 함께 웃는 소리를 듣는 것이 일생의 큰 즐거움이라고 하였다. 작가는 메밀 수제비를 과식해 어머니께 잔소리를 듣던 일을 추억하고, 죽은 아내를 회상하기도 한다. 남편을 배려하고 자신을 희생했던 고운 심성의 아내는 끝내 가난으로 병이 들어 죽음을 맞이하였다. 고통스럽기도 하고 자신의 무능을 자책할 만한 슬픈 추억이지만, 추억을 통해 아내를 만날 수 있기에 그는 추억 속에 빠진다. 아내와의 추억은 고통스러운 것만은 아니었다.

밥을 먹고 나서 지팡이를 짚고 문을 나섰다. 밭두둑을 걷는데, 개울과 연못 사이에 벼들은 다 수확하였고 초목들도 다 떨어졌다. 서리와 이슬이 내려 쓸쓸하고, 구름이 해를 가리고 있었다. 마을을 보니 집집마다 벼 낟가리를 만들어 볼 만했다. 젊어서 나는 일찍부터 시골에서 살 생각을 하였다. 매번 외출을 하여 마을 농가에 뽕나무, 마, 닭, 개들이 산과 물에 가까이 있는 것을 볼 때마다 마음이 즐거웠다. 집으로 돌아와 흥미진진하게 아내에게 말하곤 했다. 아내는 매번 웃으면서 나를 '시골바보'라고 하였다. 그 후 몇 년 동안 농가에서 죽을 때까지 후회하지 않고 살기로 마음속으로 맹세를 하였다. 그런데 지금 천 리 밖으로 떠돌면서 그저 남을 부러워하고 있다.

전원에서 은거하기를 꿈꾸던 심노숭은 시골 마을을 보고 와서는 신나서 시골 생활의 즐거움에 대해 이야기한다. 아내는 이런 작가를 '시골바보'라고 놀려 댔다. 과거의 정겨운 추억을 회상함으로써 현재의 고통을 잠시나마 잊고 자그마한 위안을 얻을 수 있었던 것으로 보인다.

심노숭은 이렇듯 상상과 추억, 꿈을 통해 현재의 괴로움을 잊으려고도 했지만, 수식법數息法과 불교를 통해서도 고통과 불안을 극복하고 치유하고자 했다.

아침에 일어나 세수를 하고 의관을 갖추고 책상다리를 하고 앉아 눈을 감고 수식을 하면 밥을 먹을 때가 된다. 때때로 손님이 찾아와 대화를 나누고 손님이 떠나면 다시 아까처럼 한다. 소동파는 호흡법이 양생養生[60]에 가장 효과가 좋다고 했으니 마음을 단속하면 양생할 수 있을 것이라 여긴 것이리라. 오륙 일 정도 하자 근심이 꽤 가라앉고 먹는 것도 조금 나아졌다. 소동파가 점차 자신이 본래 황주 사람이었던 것처럼 느끼게 된 것은 또한 이 방법을 사용한 효과인 것이리라. 오늘은 종일 비가 와 적적하니 찾아오는 사람이 없었다. 비오는 날의 수심 또한 전보다 줄었다. 누워서 이 글을 초하며 스스로를 위로했다.

소동파가 말한 호흡법인 '수식법'은 정신을 집중하여 자신이 들이쉬고 내쉬는 숨을 하나하나 셈으로써 마음을 안정시키는 명상법이다. 소동파는 「양생설」에서 "코끝을 응시하며 끊어질 듯 이어지게 느릿느릿 호흡하며 그 횟수를 세어 본다"고 하며 이런 호흡을 통해 자연스럽게 깨달음을 얻을 수 있다고 하였다. 심노숭은 이 같은 소동파의 명상호흡법을 활용하여 심신의 안정을 되찾고자 하였다.

또한 심노숭은 불교에 귀의하여 스스로를 치유하려고 하기도 했다. 정신적 안정과 마음의 평화를 얻기 위해 심노숭은 불교에 크게 의지하였다. 유배객으로 겪어야 하는 정신적·육체적 고통을 벗어나기 위해 그는 절에 찾아가 불공을 올리고 불경을 읽었다.

유배 되어 매인 몸으로 외롭고 연모하는 마음이 생일을 가까이 맞이하니 다른 날보다 배가 된다. 낮은 아직 덥지만 편지를 읽거나 누워서 일기를 적

---

60 양생(養生): 건강관리를 잘 하여 오래 살기를 꾀함.

으면서 자신을 위로한다. 밤에는 눈이 어질어질하여 할 일이 없이 앉았다가 누웠다가 하며 마음이 안정되지 않는다. 문득 생각하기를, 내가 지은 죄와 업보로 이 같은 나쁜 과보果報를 받아 이미 스스로의 마음을 혹독하게 질책하였으니, 차라리 부처의 자비에 정성을 쏟아 혹 감통하는 바가 있어 귀의하기를 기대하였다. 내일 안적사安寂寺로 가서 불공을 드리기도 했다.

새벽에 일어나 세수를 하고 새옷을 입고 의관을 정제하고서 칠성전七星殿으로 갔다. 승려 묘연妙演이 벌써 불사를 시작하여 예불을 올리고 있었다. 내가 들어가 자리를 잡고 불상과 좌우 칠성상을 우러러 보니, 마음은 절로 옛벗을 만난 듯하였다. 묘연으로 하여금 소문疏文을 읽게 하였다.

밤이 깊어서야 구상을 마치고 고쳐 베꼈다. 대숲에 바람이 불고 대숲가 개울에는 비가 내리는 듯하였다. 회랑은 고요하고 작은 누각은 흔들거렸다. 감실의 등불은 새벽녘이 가까워 외롭게 밝히고, 종은 때때로 그윽한 소리를 들려준다. 인간 세상에 이 몸은 어떤 사람인가? 온갖 인연 꿈과 같고, 감각기관이 참으로 돌아간다. 부처가 곧 나요, 내가 곧 부처이다. 홀연 해탈을 한 듯, 시름과 괴로움을 영원히 떠나보낸다.

위의 기록은 불교를 통한 위안과 자기 극복을 보여 준다. 유배객의 몸이지만 사정이 허락되는 대로 산사를 찾아가 불공을 올리고 불경을 읽었다. 부처 앞에 죽은 이의 죄복罪福을 알리는 소문을 직접 작성하기도 했다. 부처는 작가에게 친구처럼 친근한 존재로 여겨졌고, 부처님에 의지해 옛벗을 만난 듯 마음의 평안을 찾았다.

80여 만 자에 달하는 방대한 분량의 『남천일록』은 작은 사실 하나라도 놓치지 않으려는 기록벽과 함께 자신의 개인적인 면까지 솔직하게 털어놓는 자기 고백의 장이었다. 또한 이러한 자신의 생활을 가족과 공유하며 서로 위로하며 치유하려고도 하였다.

복잡다단한 내면 심리를 이토록 구체적이고 솔직하게 묘사한 조선 시대 사대부 남성의 일기가 드물다는 점에서, 가족 상호 간에 정서적 유대와 심리적 위안을 추구했다는 점에서 『남천일록』은 일기문학사 상 중요한 의미와 가치를 지니는 글이다. 개인의 내면 심리와 욕망, 감정을 풍부하고 섬세하게 보여 주는 이 같은 특징은 남평 조씨의 한글 일기 『병자일기』 이후로 이어져 온 일기문학사의 전통을 계승하는 한편, 18세기 이후 한문 일기의 풍부한 유산으로 이어져 내려왔다고 평가될 수 있다.

한편 심노숭은 자기 서사의 형태로 『자저기년』과 『자저실기』라는 책을 별도로 저술하였다. 『자저기년』에는 시간의 순서대로 1년을 주기로 자신이 어떤 일을 하였고 어떤 사건을 겪었는가를 소상하게 기술하였다. 연보라는 형식을 통해 자신의 일생을 정리한 것이다. 『자저실기』에는 용모, 성격, 문학 예술, 견문 등의 항목으로 나누어 자기 삶의 모습들을 기록하였다. 특히 그는 남들이 감추거나 비밀로 하고 싶어 하는 것들까지 숨기지 않고 솔직하게 서술하였다. 성적 욕망에 대한 고백은 그 단적인 예일 것이다.

3장

오갈 곳 없는 신세: 이학규

이학규의 삶

이학규李學逵(1770~1834)는 다산 정약용丁若鏞(1762~1836)과 더불어 19세기 전반기를 대표하는 남인계 실학파 문인의 한 사람이다. 1801년 신유박해 때에 정약용은 경상남도 장기로, 이학규는 경상남도 김해로 각기 유배를 떠났다. 두 사람은 유배지에서 편지를 주고받으며 교유를 이어 갔다. 강진으로 유배지를 옮긴 정약용은 18년 만에 고향으로 돌아왔지만, 이학규는 김해 땅에서 24년의 긴 세월을 보내야 했다.

이학규는 1770년 서울 정동에 있는 외갓집에서 유복자로 태어났다. 그의 집안은 남인에 속해 크게 출세할 수는 없었지만 문과 급제자가 많았고, 할아버지가 승지 벼슬을 지내는 등 명망 있는 양반 가문

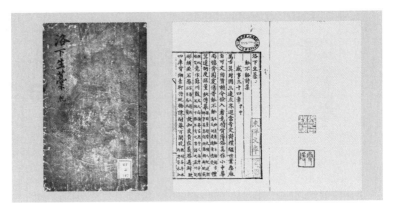

이학규의 문집 『낙하생고(洛下生藁)』(일본 동양문고)

의 하나였다. 조부 때부터 거처하였던 그의 집은 조촐한 정원과 천여 권의 장서를 갖춘 서가가 있었으며, 영서 지방에 약간의 토지를 소유하고 있었다.

그는 어린 시절을 줄곧 외가에서 보내면서 외할아버지 이용휴李用休(1708~1782)와 외삼촌 이가환李家煥(1742~1801)으로부터 학문의 기초를 닦고 문학을 익혔다. 이용휴와 이가환은 18세기 문단에 참신한 문학을 주도하였던 남인계 문인학자로서 이학규의 문학에 많은 영향을 주었다.

문학의 뛰어난 재능을 인정받은 이학규는 26세에 벼슬하지 않은 신분으로 정조의 문화사업에 참여해 서적의 정리와 국문 번역에 종사하였다. 그러나 1801년 신유박해에 연루되어 24년간의 오랜 유배 생활을 해야 했다. 그는 외삼촌 이가환, 인척 정약용 형제 등과 감옥에 갇혔다가 전라남도 화순으로 유배를 갔다. 얼마 뒤 외종형 황사영

2부 멀고 낯선 땅에서

黃嗣永(1775~1801)이 천주교 신자를 구하러 와 달라고 중국에 병력을 요청하는 글을 쓴 사건으로 서울로 압송되었다. 조사 후 혐의가 없는 것으로 판명되었지만 유배지만 김해로 바뀌었을 뿐 그 외에 바뀐 것은 없었다.

유배 생활을 마치고 1824년 고향에 돌아왔지만 그를 반겨 주는 사람은 없었다. 55세의 나이로 서울에 와 보니 그를 맞아 준 것은 낯선 며느리와 손자들이었다. 집안은 풍지박산이 났고 여전히 그를 질시하고 음해하는 세력이 그의 주위에 있었다.

『사학징의(邪學懲義)』(한국교회사연구소). 신유박해에 대한 조선 정부 측 기록을 수집, 정리한 책이다.

저는 지난봄 성은을 입어 고향으로 돌아와 조상 무덤을 찾아뵈었습니다. 그때 문득 남쪽으로 유배 갈 때의 일이 생각나더군요. 늙으신 어머님께서는 문을 열고서 눈물을 흘리셨고, 처자식들은 서로 바라보며 통곡하였는데, 이제는 쓸쓸히 한 줌의 흙이 되어 버렸답니다. 사람이 목석이 아닐지니, 간장이 얼마나 남아 있겠습니까? 조그만 집은 담장조차 없고, 어린 손자들은 물끄러미 쳐다보다가 그제야 절을 하고, 며느리는 낯설어하면서도 눈물을 머금으며 흐느끼면서 안부를 물어보더군요. 이에 하루 종일 크게 토하고는, 겨우 기운을 차리고서 서울에 들어왔습니다.[61]

이학규는 서울로 돌아왔다가 충주에 내려갔지만 사는 형편이 쓸쓸하여 아직도 천 리 먼 김해의 소금 굽는 땅을 왕래하고 있다. 이것이 어찌 낯익은 곳이라서만이 그렇겠는가. 이학규는 아내를 잃고, 또 재취한 부인마저 잃고서, 두 아들을 데리고 몸소 불 때고 밥 지었다. 충주와 김해 등을 오가며 만년을 보내던 그는 1835년, 그의 나이 66세에 충주 근처에서 한 많은 삶을 마감했다.

오갈 곳 없는 신세

이학규는 자신이 겪고 있는 육체적·정신적 고통을 작품의 소재로 활용하거나 혹은 고통의 문제를 정면으로 문제 삼기도 한다. 때로는 일상사의 비속하고 누추한 모습들을 숨기지 않고 드러낸다. 결코 아름답거나 고상하지 않은, 그렇기 때문에 숨기고 싶거나 감추려고 하는 인생사의 어둡고 누추한 모습들 ─가난과 굶주림에 고생하는 모습, 벌레와 날씨 등에 시달리는 모습, 육체적 고통에 황폐화되어 가는 모습 등─ 에 많은 관심을 갖고 그것들을 작품 속에 드러내 보인다.

---

61 한국과 일본에 흩어져 있는 이학규의 글을 모아 『낙하생전집』(아세아문화사, 1985)으로
    영인 출판되었다. 작품의 번역은 이학규의 산문을 뽑아 번역한 『아침은 언제 오는가:
    이학규 산문선』(정우봉 역, 태학사, 2006)을 참고했다.

2부 멀고 낯선 땅에서

그대는 제가 요즘 무슨 일을 하고 있는지 알고 싶으신지요? 요 근래 저는 천식 때문에 고생을 하고 있습니다. 아침에 이부자리에서 일어나자마자 담배 한두 대를 피워 무는데, 어느덧 아침 해가 동쪽 창문의 두 번째 눈금에 가 있게 되지요. 아침 밥상을 막 물리고 나면 창난젓 냄새가 속을 뒤집어 놓아, 입과 코를 틀어막아도 그 냄새는 좀처럼 가라앉지 않습니다. 그러다가 저도 모르게 깜박 고개를 떨어뜨리고 잠이 듭니다. 잠에서 깨어 보면 곁에 있는 사람이 짚신을 삼고 있습니다. 그러면 저도 볏짚을 골라 짚신 삼는 걸 도와준답니다.

정오가 지나면 석양빛이 내리쬐어 집 뒤편의 고목 그늘 아래로 달아나 숨습니다. 고목 그늘 아래에서 저는 이웃 사람들이 즐겨 부르는 「하산가」노랫가락을 듣지요. 초저녁 이후로는 모기 때문에 괴로워하며 손을 휘두르고 다리를 떠는데, 그 모습은 영락없는 미치광이와 다를 게 없답니다. 관아에서 성문을 닫는 북소리를 들으며 베개를 괴고 눕습니다. 이제부터는 온갖 모기떼가 드러난 팔다리를 물어 댑니다. 저는 오직 오늘 밤도 푹 잠들기만을 바랄 따름이지요. 하루하루를 이렇게 지내다가 다시 또 이렇게 흘려보낸답니다.

작가는 유배지에서의 일상을 시시콜콜하게 드러내 보인다. 그 일상은 특별할 것도 없다. 그의 집안은 풍지박산이 나서 그를 도와줄 형편이 못 되었고 그는 육체적·정신적 고통 속에서 하루하루를 힘겹게 살아가야 했다. 유배지에서의 고통스러운 일상이 손에 잡힐듯 자세하게, 그리고 자신의 표현대로 시시콜콜하게 그려져 있다. 아침 이

부자리에서 눈을 뜨는 순간부터 밤중에 잠들기까지의 과정이 시간 순서에 따라 그려져 있다. 창난젓의 냄새가 익숙하지 않아 고생하는 모습도 보이고, 유배지에서의 어려운 살림에 보탬이 되지 않을까 하여 이웃의 권고로 짚신을 삼는 일을 도와주는 모습도 보인다.

아아! 안락하게 사는 사람은 가시가 손톱을 한 번 찔러도 고통스럽다고 여기고, 파리 한 마리가 살갗을 빨아도 고통스럽다고 생각합니다. 저는 유독 어떤 사람이기에, 혼자서만 이런 고통을 모두 받고 있으며, 이 고통에서 구제해 줄 사람도 없고, 이 고통에서 벗어날 곳도 없는 것일까요? 오늘 그대에게 이러한 고통을 다 알려 드린다고 하더라도, 저에게는 진정 어떤 보탬이나 손해도 없습니다. 하지만 지금 온 세상을 둘러보아도 이러한 상황과 이러한 제 마음을 알릴 곳이 없습니다. 그래서 이렇게 구구절절하게 말씀드리는 겁니다.

작가는 고통에 처한 자신의 참담한 현실을 여과 없이 드러내 보여 주고 있다. 홀로 떨어진 유배지의 낯선 환경과 생활 속에서 그는 자신이 겪고 있는 육체적·정신적 고통을 숨김없이 토로하고 있다. 애써 그것을 억눌러 평온한 자세를 지닌 척 가장하지 않고, 자신이 처한 고통스러운 상황과 처지를 솔직하게 이야기하고 있다.

이어지는 대목에서 작가는 김해 유배지에서의 고통스러운 생활을 크게 네 가지로 요약하여 설명하고 있다. 고향 소식을 애타게 기다리는 것, 술 한잔 제대로 마시지 못하는 것, 마을 사람들이 글을 써 달라

고 부탁하는 것, 징그러운 뱀을
만나는 것이 그것이다. 그것들
은 유배객으로서 하루하루 겪
어야 하는 육체적·정신적 고통
이다.

작가는 이러한 육체적·정신
적 고통을 숨기려고 하지 않는
다. 게다가 그는 이 네 가지 괴
로움 모두를 다 견뎌 내면서도,

『조선지도』의 김해(서울대학교 규장각한국학연구원)

그로부터 벗어날 희망도 없고 그 괴로움에 대해 토로할 사람도 없다
는 사실에 다시 한번 절망한다. 괴로움을 견디는 것도 힘든 일이지
만, 아울러 그 괴로움에서 벗어날 수 없으며 그 괴로움에 대해 이야기
나눌 사람조차 없다는 엄연한 현실은 작가의 고통을 더욱 배가한다.

아아! 남쪽으로 유배를 와서 지낸 지 이십 년이 되는 동안 혹독한 형벌이
남보다 심해 사람 노릇을 할 수 없었습니다. 집을 떠나온 지 사 년 정도 되
었을 무렵 어린 자식의 죽음을 전해 듣고 홀로 목이 메었습니다. 십오 년
이 되었을 때에는 아내가 세상을 떠나니, 거처하는 곳에다가 신위를 임시
로 만들어 놓고 한 번 통곡하고 상복을 입을 뿐이었습니다. 마지막으로 십
구 년이 되던 해에는 늙으신 어머니마저 세상을 등지셨으니, 하늘입니까?
사람입니까? 누가 이러한 악독한 짓을 한단 말입니까?

아아! 세상에서 옆으로 갈라진 눈이 있고 발로 걸어다니는 사람 중에서

3장 오갈 곳 없는 신세: 이학규

187

어느 누가 자식이 아니겠습니까? 저처럼 자기 부모에게 재앙을 입히는 사람이 있겠습니까? 저처럼 부모를 거듭 고생스럽게 하는 자가 있겠습니까? 저처럼 자기 부모를 병들게 하고 굶주림과 추위에 떨게 하는 자가 있겠습니까? 그런데도 염을 할 때 반함飯含을 하지 못하였고, 발인할 때에 상여줄을 잡지 못했고, 제사 지낼 때 술 한 잔 올리지 못하였으며, 하관할 때 영결을 하지도 못하였습니다. 그러면서도 여전히 구차하게 목숨이나 보존하면서 그럭저럭 세월을 보내고 있으니, 어찌 저처럼 모진 사람이 있겠습니까?

게다가 가까운 집안 사람은 열 명 중에서 여덟아홉 명이 죽고, 친척은 백 명 중에서 두세 명도 남지 않았습니다. 오래 알고 지내던 아전들과 선대부터 부리던 노비들도, 종형의 편지를 받아 보면, 누구는 죽고 누구는 다른 곳으로 갔다는 소식이 해마다 빠진 적이 없었습니다. 설사 오늘 당장 은혜를 입어 내일 고향에 돌아간다고 하여도, 어느 누가 달려 나와 두 손을 잡고 눈물을 흘리면서 속마음을 털어놓겠습니까? 이것이 지금 세상에서 살아갈 정황이 없는 첫째 까닭입니다.

정약용에게 보낸 장문의 이 편지글은 1820년에 쓰인 것으로, 정약용은 강진 유배에서 풀려나 고향에 돌아와 있었고 이학규는 아직 유배에서 풀리기 전이었다. 정약용의 처지와 자신의 처지를 크게 대비하면서 현재 자신이 겪고 있는 괴로운 정황을 숨김없이 토로하고 있다. 유배가 풀려 고향에 돌아간다 해도 가난과 곤궁과 고독만이 기다리고 있을 지금의 현실에 대한 처참한 심정이 절절하게 나타나 있다.

특히 작가는 의문문의 형식을 연속해서 배치함으로써 유배지에서 겪어야 하는 고통과 절망의 감정을 증폭시켜 놓았다.

유배 생활의 괴로움 중 하나는 회한일 것이다. 수십 년 가족과 고향에서 떨어져 지내는 동안 아내와 아이들과 어머니가 차례로 세상을 떠났지만, 그는 그 죽음의 곁을 지킬 수도 없었고 슬픔을 나눌 수도 없었다. 남편으로서, 아버지로서, 아들로서 고통받는 가족들 곁을 지키지 못한 회한 때문에, 그는 자기 자신을 사람 노릇을 못하는 사람으로 자책한다. 사실 모진 것은 그가 아니라 유배의 세월이지만, 그는 고개를 떨구고 괴로워하는 것이다.

이러한 회한 이외에도 그에게는 유배가 끝나고 돌아갈 현실에 대한 두려움과 불안도 짙게 배어 나온다. 아는 이들은 죽거나 흩어져 사라지고, 조금 있던 재산은 다 사라지고, 고향에서 자신을 기다리는 것은 먹을 양식조차 없는 가난과 궁핍, 그리고 자신을 백안시하는 정적들의 세상뿐이다. 오랜 유배 생활은 사람 사이의 인연을 끊어 놓을 뿐만 아니라 현실 세계로 돌아가서 부딪힐 가난과 소외에 대한 불안과 두려움을 심어주기도 한다.

밥을 먹을 때 보리밥을 싫어하고 술을 마실 때 막걸리를 꺼려 한다면, 이러한 일은 귀한 분들에게는 괜찮겠지만 우리네 같은 사람들에게는 그럴 수가 없습니다. 밥 그릇을 박박 긁어 먹고 술 사발이 가득 흘러넘치게 마시는 일은 우리들에게는 괜찮겠지만, 귀한 분들에게는 그럴 수 없습니다. 아아! 우리들은 곤궁하고 비천한 사람들일 뿐이지요. 하루 걸러 죽 한 그릇도 제대로 먹지 못할까 걱정하는 형편인데, 어찌 보리밥을 꺼리고 막걸리를 마다하겠나요? 지금 이후로는 밥 그릇 박박 긁는 일을 운치 있는 일이라고 생각하고, 술 사발이 가득 흘러넘치게 마시는 일을 뜻밖의 행복이라고 여길 겁니다. 다만 이러한 일조차 자주 있지 못한 것이 한스러울 따름이지요.

편지글은 대개 자신이 잘 알고 지내는 친구들과 주고받는 것이기 때문에, 자기 내면의 목소리를 보다 진솔하게 드러낸다. 밤새 추위에 떨며 고생하거나 작은 부싯돌 하나마저도 아쉬운 극도의 궁핍에 시달리거나 육체적으로 쇠약해져 흰머리가 나고 치아가 흔들리기도 하며 빈대에 물려 밤새도록 괴로워하는 모습 등에서 유배지의 고통이 세세하게 그려지고 있다. 그는 '송곳 끝을 세울 땅조차 없는' 빈한한 생활로 인하여 당장의 끼니 걱정을 해야 하는 '곤궁하고 비천한 사람'으로 전락한 자신의 불우한 신세를 감내해야 했다. 항상 배고픔과 목마름을 참고 견뎌야 하는 그의 가난과 고통은 벗어날 가능성이 없는 것이어서 더욱 절박하였다.

저는 집이 매우 가난한 데다가 풍파를 겪고 초상까지 연달아 이어지는 통에 전답과 수확물을 모두 다 팔아 치웠지요. 어린 자식과 며느리가 하루 끼니도 제대로 잇지 못하니, 살 방도가 없을 뿐 아니라 죽을 곳도 찾을 길 없답니다. 어찌 조그만 양식이나 옷가지라도 제 아비에게 미치기를 기대할 수 있겠습니까?

저는 이 고을에 거주한 지 벌써 이십사 년의 세월이 흘렀습니다. 일찍이 저를 찾아와 묻고 배운 사람들이 열 명 백 명에 그치지 않습니다. 술잔을 대접하는 자도 있고, 그릇을 빌려주는 자도 있지요. 하지만 돈이나 쌀의 경우에는 하루 동안 빌리고자 하더라도 필시 응낙하지 않을 겁니다. 모진 운명이 사라지지 않고 구차하게 목숨을 보존하고 있으며, 배가 고프면 밥을 생각하고 날씨가 추우면 솜옷을 생각하고 병들고 아프면 약을 생각하지요. 이 때문에 야비하다는 모욕과 비난을 신경쓰지 않고, 의로움을 해치는 일이거나 염치를 잃는 일만 아니면 모두 하겠다고 작정을 하고 대담하게 하려고 하였지요. 매번 한밤중에 잠을 이루지 못하고 마음과 입이 서로 말을 주고받다가 저도 모르게 멍하니 있다가 스스로 부끄러워 탄식하곤 하였답니다.

이 편지는 이학규의 문집에는 전하지 않고, 장지연이 쓴 『일사유사逸士遺事』에 실려 있다. 유배를 온 이후 이학규의 집안은 풍지박산이 나서, 유배지에 있는 이학규를 도와주거나 할 형편이 못 되었다. 따라서 이학규는 유배지에서 제대로 도움도 받지 못하고 많은 고생을 해야 했다.

이 책에 따르면, 생활조차 힘겨운 이학규에게 어떤 사람이 돈을 조금 보태 주면서 그것을 가지고 이자놀이를 하면 어떻겠느냐고 권유하니, 이학규가 그 말에 따랐다고 한다. 이 소식이 서울에까지 알려져 당시 양반들 사이에서 이학규의 행동에 대해 비난하는 말들이 많이 오고갔다. 돈놀이를 하는 것은 당시 양반 사대부들에게는 체면과 명분을 크게 손상하는 일이었을 것이다. 위의 편지글은 이러한 사정을 배경으로 하여 1824년에 쓰였다.

유배지에서 작성된 편지에는 대부분 받는 사람이 누구인지를 밝혀 놓지 않았다. 일부 이름을 밝히는 경우가 있기는 하지만, 편지글의 대부분이 수신자를 밝히지 않았다. 아마도 시휘를 고려한 것으로 짐작된다.

글을 지어 달라고 개미떼처럼 몰려드니, 막으려 해도 막을 수가 없답니다. 그리고 자신들이 절실하게 필요한 것이라고 하지 않고, 으레 나를 위한 소일거리라고 하지요. 만약 이러한 사람들에게 나를 위해 붓 한 자루를 잡고 손가락을 한 번 움직여 쓰라고 한다면, 틀림없이 고개를 내저으며 달아날 겁니다. 오직 나의 정신을 소모하고, 나의 늙음을 재촉할 따름이지요.

신유년(1801) 이래로 온 세상 사람이 저를 보기를 마치 더럽고 악독한 존재로 여겨서, 가까이 가면 더럽혀지고 함정에 빠질까 두려워한답니다. 아침저녁으로 만났던 친척과 친구들 중에서 이제는 하인들도 거느리고 벼슬아치 명패를 차게 되면 이름과 지위가 높아질수록 저를 더욱더 꺼려 합니다. 옛날 일을 말하다가 잘못 연루되어 자신의 지위를 잃어버릴까 두려워합니다. 이와 같으니 사람들 틈에 끼어 세상과 더불어 살아가기를 기대할 수 있겠습니까?

이학규는 유배지에서 겪어야 하는 자신의 일상적 고통, 불우와 고

독감 등의 정서를 편지글의 형식을 통해 가감 없이 전하고 있다. 그는 유배지에서 하루하루 겪고 있는 일상사의 여러 모습, 그리고 자기 내면의 고통과 괴로움 등에 대해 숨김없이 드러내고 있으며, 때로는 자신의 마음을 터놓고 이야기할 사람에 대한 그리움의 정서를 애틋하게 그리기도 한다. 자신이 '가난하고 천한 자'임을 부정하지 않고, 자신의 참담하고 괴로운 심정을 자기 고백적 언술의 형태로 토로한다.

> 똑같은 추위인데도 곤궁한 사람만이 괴로운 벌을 받는군요. 그래서 이부자리는 쇳덩어리나 나무토막 같고, 베개는 돌덩이 같고, 창호지는 귀신이 울부짖는 듯하고, 요강은 꽝꽝 얼어붙어 덮개를 열 수도 없답니다. 밤새도록 큰 냇물을 건너는 꿈을 꾸었는데, 손발이 덜덜 떨리는군요.

> 어젯밤엔 등불도 없고 게다가 화롯불도 없어서, 여기저기를 더듬다가 겨우 부싯돌을 찾았지요. 부싯돌은 고작해야 바둑돌만 한데, 반년이 넘도록 두드려서 지저깨비처럼 닳아 버렸답니다. 부싯깃도 쓰임에 맞지 않아 마음껏 썼다가 잘못해서 엄지를 때렸더니 지금까지 욱신거리는군요.

기록에서 작가는 유배지에서 겪는 궁핍한 일상을 매우 구체적인 언어로써 실감 나게 묘사하였다. 쇳덩어리나 나무토막 같은 이부자리, 돌덩이 같은 베개 등의 비유는 육체적으로 고통받고 있는 작가의 처지를 생생하게 전해 준다. 작가는 큰 냇물을 건너는 꿈을 꾸었는데, 꿈에서 깨고 난 뒤에도 손발이 덜덜 떨릴 정도였다고 한다. 추운 방에서 냇물을 건너는 꿈을 꾸느라고 추위가 더욱 매섭게 느껴진 것이다. 추운 방에서 혹독한 추위와 싸우면서 홀로 밤을 지새워야 했던 작가의 외롭고 궁핍한 상황이 잘 그려져 있다. 두 번째 기록은 '웃픈' 사연을 담고 있다. 등불도 없고 화로도 없는 깜깜한 한밤중에 담배를 피우려던 작가가 부싯돌로 자신의 엄지를 잘못 때리는 바람에 지금까지 욱신거린다고 하였다. 독자에게 웃음을 자아내면서도 홀로 외로운 밤을 보내야 하는 작가의 처량함을 떠올리게 한다.

> 요사이 바람이 불어 풀이 움직이면 그때마다 뱀이 움직이는 건 아닌가 의심하지요. 또 잠을 자다가 귀에 어떤 울림이 있으면 곧바로 모기떼라고 생각한답니다. 뜨거운 햇살이 쏟아져 내리면 대들보에 기름기가 녹아내리고, 좁은 집은 서향이어서 석양이 반사되어 비치면 마치 뜨거운 쇳덩이 위를 기어다니는 개미가 된 듯합니다. 동쪽으로 서쪽으로 이리저리 바삐 달아나 보려 하지만 어디에도 몸을 쉴 곳이 없습니다. 이와 같으니 늙지 않고서야 배기겠습니까?

어느 지인에게 보내는 편지다. 착각의 모티브, 비유, 이미지 등이 잘 활용되었다. 작가는 먼저 자신의 처지를 숨김없이 드러내고 있다. 이학규는 착각의 모티브를 활용해 작가가 처한 고통스러운 상황을 효과적으로 연출하였다. 뱀을 무서워하고 모기에 시달리고 뜨거운 햇살에 고생하는 작가의 고통을 전달한다. 풀이 움직이면 뱀으로 착각하고, 이명耳鳴이 있으면 모기떼라고 지레짐작하는 것은 그만큼 뱀과 모기에 시달려 고통받아 왔음을 말한다. 또한 '대들보에 기름기가 녹는다'라는 비유적 표현을 통해 남녘의 강렬한 햇살의 이미지를 인상적으로 표현하였으며, 특히 '뜨거운 쇳덩이 위의 개미'라는 비유가 참신하다. 한없이 작아져 볼품없는 작가가 현재 견디기 힘든 시간을 매일매일 보내고 있음을 암시한다.

요즈음 밤낮으로 바라는 일이라곤 오직 집에서 보내온 편지를 한번 받아 보는 것이랍니다. 그러나 막상 편지를 받으면, 마치 국문을 받는 중형의 죄수가 관원의 판결문을 듣기 바로 직전에 가슴속이 먼저 쿵쾅쿵쾅 두근거려 거의 진정할 수 없는 것과 같답니다. 곁에 있는 사람들은 제 얼굴빛이 붉어졌다 창백해졌다 자주 변한다고 합니다. 겨우 편지를 다 읽고 나서야, 늙으신 어머님이 예전과 마찬가지이고, 처자식도 근근이 살아가고 있음을 알게 되지요. 그러면 내일도 이러한 편지를 보기를 다시 기대하게 된답니다. 이것은 마치 소갈증에 걸린 사람이 냉수 한 사발을 마시자마자 또다시 냉수 한 사발을 마시고 싶은 것 같아, 마시면 마실수록 더욱 갈증이 나서 도무지 목마르지 않은 때가 없는 것과 같습니다. 이것이 첫 번째 괴로움입니다.

앞서 살펴보았듯이 이학규는 김해 유배지에서 겪고 있는 괴로움을 네 가지로 나누어 이야기하였는데, 그중 첫 번째 괴로움을 다룬 대목이다. 여기서 작가는 서울로부터 전해 오는 편지를 제대로 받지 못하는 괴로움을 이야기했다. 하루빨리 편지를 받아 보고 싶어 설레는 마음, 하지만 막상 편지를 받고 나서는 걱정에 가슴 졸여야 하는 심정, 그러면서도 계속해서 편지를 받고 싶은 마음 등 미묘한 심리 변화를 섬세하게 포착해 놓았다.

고향땅 편지를 대하는 유배객의 미묘하고 섬세한 내면 심리를 효과적으로 표현하기 위해 작가는 두 가지 비유를 동원하였다. 편지를 막상 받았을 때의 떨리고 두려운 마음은 국문을 받는 죄인이 판결문을 듣기 바로 직전의 심정에 견주었고, 편지를 읽고 난 후 안심이 되고 나서는 다시금 편지를 받고 싶어 하는 마음을 소갈증에 걸린 사람이 계속해서 물을 먹고 싶은 심정에 견주었다. 이 같은 비유의 활용은 고향 편지를 대하는 유배객의 심리 상태를 드러내는 데에 매우 효과적이다.

고통을 벗어나는 방법

수심이 깃들 때에는 화를 입은 집안의 사람을 생각해 본다. 가족과 친척들이 모두 죽었고, 가산은 모두 흩어져 버렸다. 더욱이 자신은 노비가 되어 먼 변방에 유배되었다. 지난 시절 즐겁게 웃으며 노닐던 일들을 돌이켜 기억하니, 심장을 칼로 도려낸 듯 눈물이 먼저 떨어진다.

번민이 쌓일 때에는 순장을 당하는 사람을 생각해 본다. 땅속 길을 가며 위쪽을 올려다보니 시커멓기가 경쇠 같고, 등불이 가물가물 꺼지려고 한다. 그 순간 다시 벼락에 맞아 죽는다고 하더라도 그저 인간세상의 소리를 한 번만이라도 듣는다면 마음이 상쾌할 것이다.

근심스러울 때에는 사형수를 생각해 본다. 혀가 꼬부라지고 숨을 헐떡이는데 눈빛은 아직 죽지 않았고 감정의 뿌리는 끊어지지 않았다. 옆을 쳐다보니, 늙으신 부모가 부르는데 어떻게 대답을 해야 하나? 착한 아내가 흐느껴 우는데 무엇을 부탁해야 하나? 자식들을 어떻게 결혼할 수 있게 할까? 집안 세간과 전답들을 어떻게 처리해야 할까? 이렇게 저렇게 고민하고 있는 사이 저승사자가 도착하니 손을 내저으며 목숨이 끊어지게 된다.

병들어 있을 때에는 수많은 옛사람을 생각해 본다. 이미 무덤 속에서 뼈가 썩고 육신이 문드러져 있다. 끝없이 길고 긴 밤, 어느 때에나 다시 아침이 찾아올까?

제목이 「비해譬解」인 위의 글은 육체적·정신적 고통의 문제를 세세하게 다루고 있다는 점에서, 그리고 자신이 처한 고통스러운 상황을 빗대어 말하기의 수법을 통해 형상화하고 있다는 점에서 주목된다. 여덟 가지의 고통스러운 상황을 열거하며 그때마다 떠오르는 상념을 적어 놓은 글이다. 육체적·정신적 고통 앞에서 그것을 잠시나마 잊

이학규의 문집 『인수옥집(因樹屋集)』(서울대학교 규장각한국학연구원/중앙도서관)

기 위해 작가는 부질없는 상념에 빠져든다. 근심에 잠겼을 때 떠오른 상념들을 짤막한 문장 속에 절묘한 필치로 그려 내었다.

춥고 굶주리고 번민이 쌓일 때, 고통과 절망이 심신을 덮쳐 올 때, 그는 자기의 상황과 처지보다 더한 경우를 상상하며 견딜 수 있는 힘을 끌어내려고 한다. 두려움 속에서 땅속에 산 채로 순장당하는 사람이나 세상의 근심을 놓지 못하며 목숨을 놓는 사형수보다는 자신의 처지가 낫다고 자위하는 그의 처절한 처지가 가슴 아프게 다가온다.

근심과 고뇌에 쌓여 있을 때 작가는 집안에 화를 입은 사람, 순장당하는 사람, 사형수 등을 떠올린다. 그 사람들을 떠올린 것은 아마도 작가 자신의 체험과 기억의 바탕 위에서 이루어졌을 것이다. 작가는 신유박해에 연루되어 감옥에 들어가고 가족과 헤어져 유배지에서 긴긴 세월을 보내야 했다. 그러므로 두 번째 기록의 이미지는 작가의

2부 멀고 낯선 땅에서

내면에 잠재해 있던 과거 기억의 파편들이 어떤 계기에 의해 촉발되어 만들어진 상념들인 것이다.

집안에 화를 입은 사람이 지난 시절의 행복했던 시절을 추억하면서 눈물을 흘리는 모습을 떠올리기도 하며, 순장을 당하는 사람이 막 무덤 속에 들어갔다 목숨이 끊어질 때 다시 한번 세상으로 나와 살고 싶어 하는 후회의 심정을 떠올려 보기도 한다. 혹은 사형에 처한 사람이 목숨이 채 끊어지기 전에 이승에 남겨 두고 떠나야 하는 가족을 생각하는 안타까운 마음을 떠올린다.

순장을 당해 무덤 속에 들어간 사람이 막상 죽음을 눈앞에 두고 다시 세상에 나가 살고 싶어 하는 한순간, 그리고 사형에 처한 사람이 죽음의 문턱에서도 이승에 남겨 놓은 가족에 대한 당부를 마음속에서 헤아리고 있는 한순간을 집중적으로 부각시키는 것이 흥미롭다. 부모가 부르는 소리, 아내가 흐느껴 우는 소리가 어렴풋하게 들려오지만 따뜻한 말 한 마디 건넬 수가 없다. 가족을 두고 유배를 떠나는 그의 마음은 깜깜한 땅속에 생으로 묻힌 듯, 말 한 마디 전하지 못하고 죽임을 당하는 사형수가 된 듯하였을 것이다.

채마밭은 작은 집의 서북쪽에 둘러 있는데 좁고 길다. 빙 둘러 구십 자 정도 되었다. 서쪽으로는 흙담이 둘러 있고, 북쪽으로는 억새풀 울타리가 쳐 있다. 담장에 붙어서 감나무 한 그루가 서 있고, 울타리 가까이에는 감나무 두 그루가 서 있어서 짙은 그늘이 지붕을 덮고 있다. 울타리가 끝나고 동쪽으로 앵두나무 한 그루가 있으며, 서쪽으로는 석류나무 두 그루가 심어져 있는데, 모두 열매가 잘 익고 아주 달다. 울타리를 따라 양하襄荷[62]와 대[竹]가 자라고 있는데, 줄기와 잎이 서로 비슷해서 높낮이로만 둘을 구별할 수 있었다. 한가한 날에 계집아이를 시켜 오이, 가지, 참외, 후추 등을 옮겨 심게 하였다. 날씨가 조금 따뜻해지면 짚방석을 깔고 감나무 밑 그늘에 누워서 북쪽 갑문의 여울물 소리를 듣거나, 동림사의 뻐꾸기 소리를 들으니, 매우 즐거웠다.

작은 방의 서쪽 창문을 열면 오이 넝쿨이 있다. 길이는 몇 길이 되고, 높이는 그 반 정도로, 석양빛이 내리쬐는 것을 막으려고 심은 것이다. 그 바깥에 조그만 연못을 팠는데, 가로세로가 각각 세 길쯤 된다. 부들이 둘러 심겨 있고, 개구리밥이 덮여 있다. 연못 안에다가 가물치를 길렀는데, 낚시를 드리우고 유유자적하고자 한 것이다. 해가 기울어 노을이 깃들고, 물이 맑고 바람이 잔잔할 때면 두꺼비와 맹꽁이들이 헤엄치고 잠자리들이 위아래를 날아다니며, 풀꽃이 물속에 그림자를 비추고 조약돌이 빛을 발한다. 이때 정신을 집중하여 조용하게 바라보고 있노라면 참으로 즐겁다. 연못 주위에는 물총새가 날아다닌다. 크기는 까치만 하고 부리는 딱따구리 같은데, 두 날개는 청록색이고, 목 둘레는 누런 갈색이며, 등은 푸른빛을 띠었다. 때때로 물을 차며 날아와서는 한 치가 넘는 물고기를 잡아챈다. 오이 덩굴을 가지고 날아가 실컷 먹고는 가 버리는데, 매일매일 그러하였다.

---

62 양하(襄荷): 생강과의 여러해살이풀.

2부 멀고 낯선 땅에서

이학규는 경진년(1820)에 작은 채마밭이 있는 집을 마련하였다. 유배 생활을 시작한 지 어느덧 20여 년이 되었다. 채마밭에서 채소도 가꾸고, 연못을 파서 물고기도 기르는 등 예전에 비해 안정된 삶을 살고 있다. 채마밭이 둘러 있는 이 집은 세 번에 걸쳐 옮겨 다니다가 어렵게 구한 것인 만큼 애착이 갔을 것이다. '내가 김해에 온 지 이십 년 만에 비로소 집을 세내어 빌렸다'는 표현은 이 점을 잘 보여 준다. 20여 년의 유배 생활을 거치며 그는 점차 여유롭고 평온함 마음을 되찾아 갔던 것으로 보인다. 이 무렵에 이르러 은일자족 하는 전원의 정취를 노래하는 한시 작품을 창작한 것도 이 점과 무관하지 않을 것이다.

작가는 김해에서 유배 생활을 한 지 20년이 되는 해에 작은 채마밭을 장만하여 오이, 가지, 참외 등을 심으며 한때의 한적한 정취를 추구하였다. 그림에서 조금씩 물감을 물들여 가는 수법처럼, 작가는 작은 연못에서 일어나는 풍경을 묘사하면서, 특히 석양빛이 비추는 시간을 집중적으로 부각시키고 있다. 앞부분에서 작은 연못의 주변을 배경으로 물들여 놓았다면, 뒷부분에서는 하루 중에서 석양빛이 비칠 때의 광경을 점으로 부각시켜 놓았다. 이를 통해 작은 연못을 가꾸며 한적하게 지내는 정취를 깔끔한 언어로 그려 내었다.

남녘의 뜨거운 햇살이 사라지고, 자연의 사물들이 고요하게 가라앉을 때, 작은 연못을 배경으로 두꺼비, 잠자리, 풀꽃, 조약돌은 저마다의 생기를 뿜어내고 있다. 이어서 작가는 작은 연못에 날아와 물고기를 잡아먹는 물총새의 모습을, 색채감을 부각시켜 세밀하게 묘사하고 있다. 물총새의 크기, 부리 모양, 그리고 날개와 목과 등의 빛깔에 이르기까지 서술해 놓은 다음 작품 끝에 이르러 작가는 오이 넝쿨을 다시 등장시킴으로써 수미상응의 효과를 연출하였다. 특히 물총새가 물고기를 잡아 오이 넝쿨로 날아가기를 매일처럼 하였다는 대목은 속기를 벗은, 지금의 한아한 정취가 오래 지속되기를 바라는 작가의 바람을 암시한다.

3부

인생의
험한 파도를 넘어

1장

서얼 지식인의 삶: 이덕무와 이기원

이덕무李德懋(1741~1793)와 이기원李箕元(1745~?)은 18세기 후반 서얼 출신의 문인이었다. 두 사람은 문학으로 이름이 났으며, 서얼 출신이라는 신분적 동질감을 공유하며 친밀한 관계를 유지했다.

이덕무와 이기원의 글에서는 반쪽 양반으로서 권력에서 소외된 채 살다간 서얼 지식인들의 자기 고백적 삶을 보여 준다. 이덕무가 남긴 글 가운데 주로 젊은 시절에 쓰인 것들을 중심으로 자기를 어떻게 서사화하고 있는가 살펴보도록 한다.

이덕무의 젊은 날의 초상

이덕무가 젊은 시절에 쓴 「간서치전看書痴傳」은 일명 '책 바보'로 불릴 정도로 독서광이었던 그의 삶을 잘 보여 주는 자기 서사의 글이다.

남산 아래 멍청한 사람이 있는데, 어눌하여 말을 잘하지 못하고 성품은 게으르고 졸렬한데다, 시무時務도 알지 못하고 바둑이나 장기는 더더욱 알지 못하였다. 남들이 이를 욕해도 따지지 않고, 이를 기려도 뽐내지 않으며, 오로지 책 보는 것만 즐거움으로 여겨 춥거나 덥거나 주리거나 병들거나 전연 알지 못하였다. 어릴 때부터 21세 나도록 손에서 일찍이 하루도 옛 책을 놓은 적이 없었다. 그 방은 몹시 작았지만 동창과 남창과 서창이 있어, 해의 방향에 따라 빛을 받아 글을 읽었다. 지금까지 보지 못했던 책을 보게 되면 문득 기뻐하며 웃었다. 집안 사람들은 그가 웃는 것을 보고 기이한 책을 얻은 줄을 알았다.

두보의 오언율시를 더욱 좋아하여, 끙끙 앓는 것처럼 골똘하여 읊조렸다. 그러다 심오한 뜻을 얻으면 너무 기뻐서 일어나 이리저리 왔다 갔다 하는데, 그 소리는 마치 갈까마귀가 깍깍대는 것 같았다. 혹 고요히 소리 없이 눈을 동그랗게 뜨고 뚫어지게 바라보기도 하고, 꿈결에서처럼 혼자 중얼거리기도 하였다. 사람들이 그를 가리켜 간서치, 즉 책만 읽는 멍청이라고 해도 또한 기쁘게 이를 받아들였다. 아무도 그의 전기를 짓는 이가 없으므로 이에 붓을 떨쳐 그 일을 써서 간서치전을 지었다. 그 이름과 성은

이덕무 서간(국립중앙박물관)

적지 않는다.[63]

    젊은 시절의 자화상이라고 할 수 있는 「간서치전」에서 이덕무는 자기 스스로를 '책만 보는 바보'라고 일컬었다. '책만 보는 바보'라는 자기 진단 속에 이덕무의 정체성이 숨겨져 있다. 한편으로는 득의에 찬 자부심이 자리하고 있으며, 다른 한편으로 자조적이며 자기 연민적인 시선이 공존하고 있다. 독서를 통해 느끼는 발견의 기쁨, 지식에의 욕구, 시속의 무리와는 차별되는 자기만의 세계 구축 등은 작가로 하여금 일종의 자긍심을 불어넣는다. 하지만 다른 한편으로 보면 서얼 신분으로서 출세의 길이 가로막힌 그로서는 책 읽기에 빠질 수밖

---

63   이덕무, 「간서치전(看書痴傳)」, 『국역 청장관전서』(민족문화추진회, 1978). 한국고전번역원에서 제공하는 한국고전종합DB에 원문과 번역이 제공되고 있다.

에 없다고 스스로를 위안하고 있다. 그에게 있어 독서는 자신의 불우한 현실을 잊게 해 주는 존재였다.

20대 무렵 이덕무는 시간의 흐름에 대해 매우 예민한 인식을 보였다. 24세에 쓴 『세정석담歲精惜譚』의 서문에서 이덕무는 시간의 불가역성에 대해 이야기했다. 작가는 헛되이 세월을 보내어 정신이 소모되는 것을 가장 경계하였다. 『이목구심서耳目口心書』에서는 그때그때 떠오른 작가의 복잡한 내면 심리를 묘사하였는데, 특히 한해를 마감하고 새해를 맞이하는 섣달그믐날에 쓴 글들이 눈에 띈다. 아래의 필기소품筆記小品은 소멸되는 시간에 대한 예민한 감성을 소유했던 이덕무의 의식 성향을 잘 보여 준다.

예닐곱과 아홉 살 때에는 섣달그믐이나 정월 초하루만 되면 어찌 그리도 좋았던지. 길게 늘인 운장건을 쓰고, 머리에는 총각머리를 묶고, 초록빛의 작은 솜옷을 입고, 붉은 비단 띠를 두르고, 붉은 가죽신을 신고서 밤에는 윷놀이를 하고 낮에는 종이연을 날렸다. 어른께 세배를 가면 이마를 어루만지며 귀여워해 주셨다. 이때에는 우쭐한 기분이 들어 막 일어나 바람처럼 내달리니 머리카락이 온통 나풀거렸다. 천하에 좋은 시절은 이날보다 좋은 때가 없었다. 이제 아이들이 뛰노는 것을 보면 마음이 설레며 다시 움직이지만, 돌아보건대 벌써 [키가] 칠 척이나 되고, 높은 관은 키[箕]와 같고 수염은 거뭇거뭇하다. 도리어 시새움을 내며 말하기를, "너희들도 머지 않아서 턱에 거뭇한 수염이 날 것이다. 너의 때때옷을 어디다 쓰겠느냐?" 라고 했다. 아이들은 반드시 이 말을 믿지 않을 것이다.[64]

요즈음 새해가 다가와도 즐거운 줄을 모르는 것은 나이를 먹는다는 사실 때문이다. 매년 십일월, 십이월이 되면 기분이 울적해져서 새해라는 두 글자를 거론조차 하기 싫어진다. 날짜가 점점 다가오면 평소 서먹서먹해서 만나고 싶지 않은 손[客]이 언제 내 집에 오겠다고 미리 알려 온 것과 같아서, 아주 싫은 건 아니지만 관심은 거의 없다. 이윽고 초하루가 되면 그 손이 온 것 같아서 내쫓거나 피할 수는 없어도 조금도 반갑지가 않다.

섣달그믐날에는 한없이 아쉬운 기분이 든다. 마치 정든 친구가 멀리 떠나게 되면 헤어지기가 어려워서 이별할 때 그의 수염, 눈썹, 정신, 노랫소리, 웃고 욕하는 모습, 옷차림, 걸음걸이 등을 자세히 살피는 것 같으니, 이후로 혹 다시 만나지 못하게 되면 모습이 어느새 잊히기 때문이다. 또 관례冠禮를 목전에 둔 아이가 '관례를 하고 나면 어린 시절과는 영영 이별이겠구나'라는 생각에 땋은 머리를 자주 만져 보는 것과 같으니, 인정이란 것이 항상 그러하다. 저녁 무렵 해가 지려 하면 아쉬움을 금치 못해 석양을 찬찬히 바라보는데, 이는 그해의 햇빛이 다해 가기 때문이다. 그러다가 잠시 후 해가 지면 슬픈 마음을 감당하기 어려워진다. 밤이 되면 반드시 한층 더 애틋한 마음으로 고요히 북두성을 바라보면서 '금년 밤이 이젠 정말 얼마 남지 않았구나'라고 생각하는데, 문득 새벽닭이 울면 어찌할 수가 없다.

---

64 이덕무, 「이목구심서」, 『국역 청장관전서』(민족문화추진회, 1978). 이하 작품 인용은 「이목구심서」에 나오는 글이다.

첫 번째 기록은 유소년 시절의 회상이 애틋한 추억 속에 잘 그려져 있다. 섣달그믐밤에 예전 어릴 적 일들을 회상하면서 쓴 글이다. 어린아이들의 천진함을 시새움하는 작가는 너희도 머지않아 수염이 길게 난 어른이 될 것이라고 말하는 장면이 웃음을 자아낸다.

두 번째 기록에서는 지난 시절 어린아이의 행복했던 추억을 뒤로한 채 어른으로서 세상살이에 얽매여 살아가는 작가는 해가 바뀔 때마다 특별한 감흥이나 흥취, 재미를 날이 갈수록 느낄 수 없다고 하였다. 지나간 시간과 추억의 소멸을 안타까워하면서 새해를 지나며 바뀌는 시간의 변화를 묵묵히 받아들일 수밖에 없다. 어린 시절에 대한 아련한 추억, 지난 해를 보내야 하는 섭섭한 심정, 새해를 맞이하는 불안감 등이 복합적으로 표현되어 있다. 섣달그믐밤을 경계로 묵은해가 가고 새해가 다가오는데, 작가는 신년을 맞이하면서 기쁨과 설렘보다 시간이 흘러가는 것을 안타까워하고 지나온 시간들을 아쉬워하면서 아련한 추억 속에 젖어든다.

물리적인 자연의 시간은 결코 되돌릴 수 없다. 과거는 다시는 돌아갈 수 없는 지나간 시간이다. 작가는 이 점을 명료하게 인식하면서, 풍요롭고 행복했던 기억으로 과거를 재현하는 것으로 지난 시절에 대한 그리움을 표현했다. 어린 시절에 대한 짙은 그리움의 정서에 비추어, 그것을 기억하고 회상하는 현재의 자아는 쓸쓸하고 안타까운 감정을 숨기지 않는다. 지금 머물고 있는 현재의 시간은 작가에게 만족감과 행복을 가져다주지는 못하는 것으로 보인다. 유년 시절은 영원한 그리움의 대상이다. 유년의 자아가 지닌 순수성과 밝음을 이제

성인이 되는 작가는 더 이상 갖지 못하고 있음을 실감하면서, 변해 버린 세월의 무게 앞에 어찌할 수 없는 탄식을 쏟아낸다.

이덕무는 어린아이의 이미지가 갖는 순수성에 동경을 품은 채 이미 사라져 버린 것들에 대한 안타까운 심정을 토로하였다. 그것은 아마도 지금 마주하고 있는 속악한 현실에 대한 비판과 거부로부터 비롯되었을 것으로 보인다. 때 묻지 않은 과거 어린 시절의 시간을 회상하면서 작가는 현재 자기 자신을 반성하고 되돌아본다.

아름답고 행복했던 유년 시절을 그려 보고 그때의 아름다움을 잃어버린 자아를 되돌아보면서 작가는 다시금 자기반성과 자기 정화의 시간을 갖는다. 그것은 현실의 자신을 돌아보고 반성하는 성찰로서의 의미를 지닌다. 요컨대 시간을 의식하는 것은 자기 자신을 의식하는 것이다. 그리고 자아의식은 자기 존재를 의식하는 것이다. 내면에 침잠한 작가의 복잡한 심리 상태를 생동감 있는 언어로 표현하는 한편, 자기를 의식하며 자기 존재에 대한 주체적 인식을 지향하는 작가의 모습을 잘 보여 준다.

을유년(1765) 겨울 11월에 형재炯齋[65]가 추워서 뜰 아래 있는 조그마한 띠집으로 거처를 옮겼다. 집이 매우 누추하여 벽에 언 얼음이 뺨을 비추고 방구들의 그을음 때문에 눈이 시었다. 아랫목이 불쑥하여 그릇을 놓아두면 물이 반드시 엎질러졌다. 햇살이 비치면 쌓였던 눈이 녹아 스며들어 띠에

---

65 형재(炯齋): 이덕무가 자기 서재에 붙인 이름.

서 누르스름한 국물 같은 물이 뚝뚝 떨어졌다. 손님의 도포에 한 방울이라도 떨어지면 손님이 깜짝 놀라 일어나는 바람에 내가 사과를 하곤 하였지만, 게을러 집을 수리하지는 못했다.

어린 아우와 함께 석 달간 이곳을 지켰지만, 그래도 글 읽는 소리가 그치지 않았다. 세 차례나 큰눈을 겪었는데, 매번 눈이 한 차례 오면 이웃에 사는 작달막한 노인이 꼭 대빗자루를 들고 새벽에 문을 두드리며 혀를 끌끌 차면서 혼자 말하기를 "불쌍하구먼. 연약한 수재가 추위에 얼지는 않았는지"라 하였다. 먼저 길을 낸 다음 문 밖에 벗어 놓은 파묻힌 신발들을 찾아내어 털어 놓고, 말끔히 쓸어 모아 둥글게 세 덩어리를 만들어 놓고 가곤 하였다. 나는 그사이에 이불 속에서 옛글을 벌써 서너 편을 외우곤 하였다.

오늘은 날씨가 자못 풀려서 마침내 책묶음을 챙겨 서쪽 형재로 옮기니, 연연히 차마 떠나지 못하는 어려운 마음이 있어, 몸을 일으켜 서너 번 돌고서야 곧바로 형재로 나가 쌓인 먼지를 털었다. 붓과 벼루를 정돈하고 도서를 점검한 뒤에 시험 삼아 편안히 앉아 보니, 오랜 나그네 생활 끝에 집에 돌아온 느낌이 들었다. 붓과 벼루와 도서들은 조카들이 나와서 절을 하는 것만 같아서 면목이 비록 조금은 생소한 듯했으나, 아끼어 어루만져 안아 주고 싶은 마음을 절로 금할 수가 없었다. 아아! 이것이 인정이란 말인가. 병술년(1766년, 26세) 대보름에 쓴다.

1년 전의 일을 회상하면서 이덕무는 지난 시절의 추억을 인상적인 필치로 묘사했다. 가난하여 땔감도 없는 추운 방에 형제가 서로를 의지하면서 책을 읽는 광경을 눈에 선하게 그렸다.

특히 이웃집 노인을 등장시켜 어린 형제를 따뜻하게 위로하는 장면을 삽입한 것이 인상적이다. 이웃집 노인은 누추하고 추운 방에 갇힌 형제를 찾아와서 말없이 눈을 쓸고 길을 내 준다. 그리고 눈에 파묻힌 신발을 털어 놓고 간다. 형제가 눈물 겹게 독서하는 모습을 떠올리게 하면서, 사람 사이의 따뜻한 인정을 느끼게 하는 작품이다.

이웃집 노인이 독백처럼 중얼거리는 말을, 이덕무는 방 안에서 듣고 있으면서 독서에 열중하였다. 이 장면의 묘사는 귀유광歸有光(1506~1571)의 「항척헌지項脊軒志」에 나오는 장면을 연상케 한다. 항척헌은 귀유광이 젊었을 때에 독서하던 서재 이름이다. 그는 이 서재에서 나오지를 않은 채 독서에 빠져 여자아이 같다는 말도 듣는다. 오랫동안 방에서 책만 보던 귀유광은 사람들이 오가는 발자국 소리만 듣고도

이덕무의 문집 『아정유고(雅亭遺稿)』(미국 버클리대학교 동아시아도서관)

누구인지를 알 정도가 된다.

이덕무는 서자 출신으로서 가난과 질병 속에서 젊은 시절을 보냈다. 가난한 살림 속에서 이덕무는 모친의 병환에 가슴 아파하는 모습을 보이곤 하였다.

아침에 모친의 가래와 기침이 자주 극심하여 어지럼증까지 일으켰다. 자식된 자의 초조한 마음이 이루 말할 수 없었다. 저녁에 어지럼증은 조금 나았지만, 허리 통증이 더욱 심해졌다가 밤중에서야 조금 나아졌다. 이대로 완쾌될지 모르겠다. 집 안에는 한 섬의 곡식도 없어 모친의 의식과 약재를 성의껏 해 드릴 수 없으니 가슴이 아프다. 나의 체력이 워낙 허약하여 살림을 제대로 꾸려 나갈 수 없으므로, 몸소 농사나 장사에 힘써 조그마한 성의나마 펴 보지 못하는 것이 유감일 뿐이다. 그러나 어찌 하늘을 원망하거나 사람을 탓하겠는가? 왕연이 "엄동설한에 자기의 몸에는 온전한 의복이 없으면서도 어버이의 봉양을 극진히 하였다"는 대목을 읽을 적마다 나도 모르게 흐느껴 울었고 또 자신을 돌아볼 때 몸둘 곳이 없었다. 어떻게 해야 좋겠는가? 가슴만 아프다.

어머니의 병환으로 인해 걱정하고 슬픔에 잠겨 있는 작가의 모습이 잘 그려져 있다. 더욱이 작가는 어머니의 병을 치료하는 데에 아무런 도움도 주지 못한다고 스스로를 강하게 책망하고 있다. 가난한 살림살이로 인하여 먹거리와 약재를 마련하지 못하고, 자신은 체질이 허약해서 집안 살림을 제대로 꾸려 가지 못한다고 하면서, 스스로 무능함과 무력함을 거듭 토로하였다. "어찌 하늘을 원망하거나 사람을 탓하겠는가"라는 탄식은 이 같은 작가의 감정을 잘 보여 준다. 또한 '어떻게 해야 좋겠는가? 가슴만 아프다'는 마지막 말 속에서 작가의 깊은 슬픔과 자책감을 느낄 수 있다.

일 년 동안의 일을 가만히 헤아려 보면 파초로 덮어 감춰둔 살진 사슴을 찾지 못한 것같이 여름 구름보다 기이한 변화가 심하고, 한 사람의 일을 곰곰이 기억해 보면 느티나무에 기대 작은 개미 나라를 꿈꾼 것처럼 가을 파도보다 아득함이 크다. 하물며 백 년의 일이 원만하여 이지러짐이 없고, 만인의 일이 가지런하여 차별이 없는 것은 얻을 수 있겠는가. 내가 갑신년(1764) 섣달그믐날 밤에 시를 지었다.

세상 사람 하는 대로 덕담을 하고	吉語任俗爲
사람 만나 웃는 얼굴로 축하하네	笑顔逢人祝
소자가 바라는 것은 무엇이던가	小子何所願
어머님의 폐병이 낫는 것일세	慈母肺病釋

폐병은 기침병이다. 지금도 슬픈 생각이 들어 가만히 귀를 기울이면, 어머니의 기침소리가 은은하게 아직도 귀에 들려온다. 황홀하게 사방을 돌아보아도 기침하시는 어머니의 그림자는 찾을 수가 없다. 이에 눈물이 솟구쳐 얼굴을 적신다. 등불에게 물어보아도 등불은 말이 없는 것을 어찌하랴.

을유년(1765) 제야에 쓴 글이다. 섣달그믐밤 시간이 야속하게 흘러가는 것을 안타까워하면서 작가는 자연스럽게 꼭 1년 전에 지었던 시를 떠올린다. 그 시는 어머니의 폐병이 낫기를 기원하는 바람을 담은 시였다. 결국 어머니는 그해 5월에 돌아가시고 이 세상에 안 계시지만 생전에 폐병으로 고생하시면서 기침하던 그 소리는 아직까지 귓가에 은은하게 남아 있다고 하였다. 귓가에 울리는 어머니의 기침소리, 그리고 등잔에 물어도 아무 말 없는 등잔에 대한 묘사가 매우 인상적이다. 어머니를 잃고 난 뒤 한 해를 마감해야 하는 작가의 서글픈 감정이 매우 잘 표현되어 있다.

섣달그믐을 보내고, 새해 첫날을 맞이하는 심정은 다음과 같이 묘사되었다.

일단 설날로 접어들면 오각계烏脚溪에 한 번 빠진 사람이 온몸이 까매져서 곤륜노崑崙奴가 되어 버리듯이 금년의 사람이 되지 않을 수 없다. 이것은 마치 내일 병술년(1766)에는 천지 만물이 자연히 병술년의 빛깔을 나타내지 않을 수 없는 것과도 같다. 또 처녀가 납채納采를 하고 나면 다른 집안의 신부가 되므로 처녀라는 이름을 다시 얻고자 해도 될 수 없는 것과 같으니, 이것은 군왕의 위엄으로도 어떻게 할 수 없고 부모의 사랑으로도 어떻게 할 수 없는 일이다. 또 애산厓山 앞바다에서 처절하게 항전하던 남송南宋의 배가 침몰한 것과 같으니, 송나라 백성이 원나라 사람이 되지 않고자 하여도 정삭正朔이 반포되고 천하가 통일된 다음에는 내키지 않더라도 원나라 사람이 되는 것을 피할 수 없다.

비유가 참신하다. 새해가 되어 금년 사람이 될 수밖에 없는 것을 오각계에 빠져 온몸이 검게 변해 곤륜노처럼 되는 것 같다고 하였다. 오각계는 중국 장주 근처에 있었다는 물 이름으로, 물이 더러워서 이곳을 건너면 발이 새까맣게 변했다는 데서 나왔다. 곤륜노는 중국 삼국시대 이후 들어온 남중국해의 흑인 노예를 가리킨다.

시간에 의한 변화는 검은 것이 주는 이미지에서 짐작되듯이, 순수성으로부터 벗어나는 것이다. 시간이 흐르면 흐를수록 맑고 깨끗한 영혼의 소유자에서 점점 타락해 갈 수밖에 없는 점을 참신한 비유로 표현했다.

바야흐로 이경(오후 9~11시)이나 삼경(오후 11시~오전 1시)쯤 되었을 때에 대문을 마주한 이웃집에서 떠들썩 웃는 소리가 이따금 들려왔다. 그때 사나운 바람이 불어 눈송이가 날려 창틈에서 곧바로 등불 그림자까지 이르고, 벼루에도 펄펄 날아 떨어졌다. 내가 이때 옛날을 감상하는 마음이 몹시 구슬프고 절실하여서 다만 손가락 끝으로 되는 대로 화로의 재에다 글씨를 썼다. 그 모양이 모나고 반듯한 것은 전서나 주서와 비슷했고, 얽히고설킨 것은 행서나 초서에 가까웠다. 나는 넋을 놓고 바라보며 마침내 그것이 무슨 글자인지 알지 못했다. 갑자기 눈썹 언저리가 돌같이 무거워서, 혼자서 불빛에 비친 얼굴 그림자를 보니 무너질 듯했다.

때때로 다시 엄숙히 옷깃을 바로 하고 똑바로 자세를 가다듬었다. 잠시 후에 집 들보를 올려다보니 옛사람의 고결한 행실과 바른 절개가 또렷이 떠올랐다. 나는 개연히 말하기를, "명절을 세울 수 있다면 비록 바람 서리가 휘몰아치고 거센 파도에 휩쓸려 죽게 된다고 하더라도 후회하지 않을 것이다. 또한 인간 세상의 쌀과 소금 등의 자질구레하게 사람을 얽어매는 것들은 훌훌 벗어던져 깨끗이 마음에 두지 않겠다"고 하였다.

어린 아우는 아무것도 모르고 이불에 누워서 쿨쿨 자고 있어 매우 편안하니 상쾌하였다. 내가 이에 번연히 평정과 불평 중 어느 것이 더 나은가를 깨달았다. 눈을 감고 손을 모으고 『논어』 서너 장을 읽었다. 그 소리가 처음에는 막혀 떡떡하다가 마침내는 화평하게 되었다. 그러자 가슴속에 차 있던 것이 그 소리에 점점 가라앉아, 답답하던 기운이 비로소 내려앉고 정신이 맑고 시원해졌다. 공자는 도대체 어떤 사람이기에 온화하고 화평한 말기운으로 나로 하여금 거친 마음을 떨쳐 내어 말끔히 없어지게 하고, 평정한 마음에 이르게 하는가. 공자가 아니었더라면 나는 거의 발광하여 뛰쳐나갈 뻔하였다. 전에 한 일을 생각해 보니, 아득하여 마치 꿈속 같다. 을유년(1765) 십이월 칠일에 쓴다.

이덕무 자신의 내면 심리의 변화상을 예민하게 잘 포착한 글이다. 불평의 상태에서 화평의 상태로 변화해 가는 작가의 심리 변화를 생생하게 표현하였다. 눈 바람이 부는 한밤중 작가는 화로의 재에다가 글씨를 쓰고 있는데, 그 행위는 진정되지 않는 내적 고통과 번민을 지우고자 하는 것으로 생각된다. 뜻모를 낙서를 하는 작가의 모습에서 절망과 고통의 깊이를 헤아릴 수 있다.

그럼에도 쉽사리 지워지지 않는 번민으로 인해 눈썹 언저리가 돌처럼 무거워지면서 온몸이 가라앉는 상태에 이르게 된다. 더 이상 버티기조차 힘든 상황을 대면하고 있음을 알려 준다. 이덕무의 내면에 깃든 불평과 근심 등의 정체가 구체적으로 무엇인지는 드러나 있지 않다. '인간 세상의 쌀과 소금 등의 자질구레하게 사람을 얽어매는 것'이라는 말을 통해 경제적 가난과 신분적 제약 등을 포함하는 것으로 짐작된다. 눈보라 치는 엄혹한 상황 속에서 내적 고통과 번민으로 갈등하는 자아의 형상을 잘 포착해 내었다.

병자가 막 아파 신음할 때에는 평생의 모든 욕심이 다 사라지고 다만 회복되기만을 바라는 마음만 있기 때문에 다른 것에 마음이 미칠 겨를이 없다. 그런데 어떤 병자는 돈이나 쌀 등의 자질구레한 일을 치료받고 약을 먹는 도중에도 능히 관리하고, 또 영리를 볼 수 있는 일을 자신의 오랜 병 때문에 기회를 놓치게 되면, 울화가 치밀어 간혹 목숨을 잃기까지 하는 자가 있으니 어찌 크게 불쌍하지 않은가? 원래 병 들지 않고 욕심도 없어 죽고 사는 것을 따지지 않는 사람은 이른바 덕이 높은 사람이다.

내가 병이 난 지 벌써 오륙 일이 되었는데, 혀는 소태 같아 두터운 맛이 없고, 머리가 띵하여 종일 가도 맑아지지 않는다. 밤에는 이리저리 몸을 뒤척이니 마치 지향할 바가 없는 사람 같다. 그러므로 내가 평생에 책을 읽던 그 마음도 거의 반이나 줄어들었다. 그래도 차마 어쩔 수 없어서 하루에 한 번은 읽고는 하는데, 마치 뜬구름이 눈 앞을 스치듯 하는 것 같다. 을유년(1765) 십이월 이십사일에 부질없이 쓴다.

이덕무는 젊은 시절에 쓴 글에서 자아의 내적 번민과 고뇌를 자주 토로하였다. 24세부터 26세까지 3년 동안 쓴 글들을 모아 놓은 『이목구심서』에서는 자신의 내면 깊이 감추어 둔 것을 숨김없이 드러내 보였다. 시간의 불가피한 흐름 속에서 고뇌와 불안을 토로하기도 하고, 허약한 신체에 따른 고통을 호소하기도 하였다. 허약한 체질의 소유자였던 그는 평소 정신이 맑지 못하게 될 때가 있는데 그때는 시끄러운 소리를 민감하게 싫어한다고 고백하기도 하였으며, 병으로 고통을 받는 가운데에도 영리에 여념이 없는 이들에 대해 연민의 감정을 느끼기도 하였다.

색色을 좋아하는 사람은 골수가 마르고 살이 빠져서, 죽게 되는 날 밤에 욕망의 불꽃이 위로 솟구쳐도 끝내 뉘우치는 마음이 없다. 그가 이룬 것이라곤 색에 빠진 아귀일 뿐이다. 내가 일찍이 이를 비웃고 불쌍히 여기고 두려워하고 경계하였다. 그런 인간을 나는 일찍이 비웃고 가여워하고 두려워하고 경계하였지만, 내 스스로 불행히도 그런 인간에 가까운 점이 있는 줄을 전혀 생각지도 못했다. 내가 책을 좋아하는 것이 색을 좋아하는 것과 너무도 비슷하다. 근래 유행하는 풍열風熱로 오른쪽 눈마저 가려운데, 남들은 몹시 걱정하며 책을 읽어 생긴 병이라고 하고 나도 어느 정도 그렇다고 생각한다.

위의 기록은 '책만 보는 바보'라고 자신을 자조하면서 또 자부하기도 했던 「간서치전」과 자매편이라고 할 수 있는데, 「간서치전」에 비해 유희적 성격이 짙다. 이덕무가 느끼는 자괴감과 자부심의 감정을 해학적인 필치로 표현하였다. 그는 여색을 밝히다가 죽은 사람들을 비웃고 가련하게 여기면서, 자신은 결코 그러한 인간과는 다르다고 생각해 왔다.

하지만 달리 생각해 보니, 세상 물정에는 어두운 채 책에만 빠져 있는 그도 자신이 그토록 미워하고 멸시하였던 부류의 인간과 다름이 없음을 깨닫게 된다. 그 순간 자신의 정체를 환하게 마주하게 된다. 여색에 빠진 부류의 사람들로부터 오히려 야유를 받을 자기 자신에 대해 작가는 자조적 심정에 빠지게 된다. 그러면서도 여기에는 속악한 현실 세계의 무리와 자신은 다르다고 하는 자부심이 동시에 함축되어 있다.

이기원이 쓴 자찬연보

이기원은 18세기 후반 서얼 출신의 문인으로 백탑시파白塔詩派의 일원이었다. 오늘날 서울시 종로구에 있는 탑골공원을 중심으로 박지원, 이덕무, 박제가, 유득공 등이 서로 어울리며 결성한 문학 동호회이다. 이기원은 같은 서얼 출신인 이덕무 등과 친밀한 교유를 가졌다.

일생을 연도별로 정리한 것을 연보라고 한다. 대개는 다른 사람이 써 주는 경우가 일반적인데, 앞서 본 심노숭의 경우처럼 자기 스스로

자신의 일생을 연보로 작성하는 경우도 왕왕 있다. 이를 자찬연보自撰
年譜라고 부른다. 이기원은 자신의 일생을 연보 형식으로 정리한『홍
애자편洪厓自編』을 서술하면서 '고통을 기록하고 감정을 기탁한' 것이
라고 밝혔다. '불우와 고통의 기록'으로서의 일관된 주제 의식하에 각
사건과 경험들이 조직되고 배치된 것이다.

이기원은 자찬연보를 쓰게 된 배경, 동기와 목적 등을 서문에서 밝
혔다.

> 내가 이렇게 대답했다. "이와 같이 보니 절묘하다. 나는 젊어서 바둑을 좋
> 아했는데 같이 둘 짝이 없었다. 매번 밝은 창가에서 바둑판 줄을 깨끗하
> 게 쓸고서 왼손과 오른손으로 흑백 바둑알을 가지고 마음으로 묵묵히 운
> 용하기를 마치 강대한 적을 마주하는 것처럼 하였다. 변칙과 원칙을 번갈
> 아 사용하고, 어느 한쪽에 치우치게 하지 않는데, 끝내 죽는 경우도 있
> 고 산 경우 있으며, 진 적도 있고 이긴 적도 있으니 바둑 두는 즐거움이 넘
> 쳤다. 그대는 무엇을 꺼리는가?"[66]

『홍애자편』은 조선시대 자찬연보를 대표하는 작품의 하나이다. 서
문, 초상화, 화상자찬 그리고 연보로 구성되어 있는데, 초상화 또한
이기원이 직접 그린 것으로 추정된다. 서문 또한 자문자답의 형태로

---

66   이기원,『홍애자편(洪厓自編)』, 연세대학교 중앙도서관 소장본. 이하 작품 인용은 연세대
　　학교 중앙도서관 소장본『홍애자편』을 따른다.

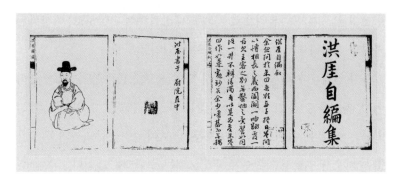

이기원 『홍애자편』(연세대학교 중앙도서관). 안쪽에 이기원의 초상이 삽입되어 있다.

구성된 특이한 글쓰기 방식을 보여 준다. '또 다른 자아'를 설정하고 그 자아와 묻고 대답하는 방식으로 서문을 구성한 것이다.

위에 기록된 부분은 내가 '또 다른 나'에게 자기 자신을 읽는 어려움을 물은 것에 대해, '또 다른 나'가 대답하는 내용이다. 글쓰기의 대상으로서의 자아에 가깝게 다가가려고 해도 쉽게 다가갈 수 없는 점을 들어 '나'가 물음을 던졌고, 이에 대해 '또 다른 나'가 대답을 하였다.

여기서 작가는 자아의 분리와 통합에 대해 진지한 물음을 던졌다. 자서전적인 글쓰기에 관한 근본적 질문은 '나는 누구인가?'로부터 출발해야 할 것이다. 글쓰는 자아와 글쓰기의 대상이 되는 자아, 바라보는 자아와 바라다보이는 자아를 구분하였는데, 이 두 자아의 대립 설정을 이기원은 혼자서 바둑 두는 상황에 절묘하게 비유하였다. 바둑을 둘 상대방이 없어서 혼자 바둑을 둘 때에, 바로 앞에 강대한 적을 마주한 자세로 어느 한쪽에 치우치지 않으면서 정칙과 변칙을 두루 활용하여 바둑을 혼자 즐기는 즐거움을 말하였다. 이를 통해 자찬연보의 글쓰기가 기본적으로 자기를 대상화하여 관찰하고, 대상화된 자아와 대화하면서 자신을 탐색하는 작업임을 밝혔다.

자기 인식은 자신을 객관화시켜 타인을 보듯 바라볼 수 있는 능력이며, 자신을 깊게 반성하고 통찰하는 과정이라고 할 수 있는바, 앞선 기록은 이 같은 자기 인식의 면모를 잘 보여 준다. 두 자아가 서로를 읽는 거울 구조로서 자찬연보의 글쓰기는 수행되는 것이다.

자찬연보의 글쓰기와 관련하여 진실성의 문제가 있다. 진실성에 대한 추구는 자찬연보를 쓰는 작가의 기본 서술 자세의 하나이다.

열 살 이전에는 남을 통해 들은 것으로 알았고, 열 살 이후로는 지각하는 것을 통해 알았다. 들은 것을 통해 알게 된 것은 자애로운 어머님의 가르침, 친누이의 말, 집안 어른들이 전한 것, 이웃과 노비들이 말한 것들이었는데, 천 가지 중에서 열을 취하고 백 가지 중에서 하나를 모았다. 자신을 자랑하는 혐의가 있으면 쓰지 않았고, 의심할 만한 단서가 있으면 쓰지 않았다. 사실이 명확하더라도 그 연도가 기억나지 않으면 쓰지 않았고, 말이 허탄하고 괴이하며 증거자료가 없다면 쓰지 않았다. 기휘忌諱에 저촉되거나 시비에 관계된 것들은 일절 쓰지 않았다. 여기에 기록을 한 것은 귀와 눈에 익숙한 것, 입에 올린 것, 친척과 마을 사람들에게 물어 눈이 휘둥그레지지 않는 것들을 매년 한두 가지 적었을 뿐이다. 지각을 하고 나서 알게 된 것은 취하고 버림이 더욱 어렵고, 좋아하고 싫어함이 더욱 어려우며, 다른 사람에게서 취하지 않고 나에게서 스스로 증명을 해야 한다는 것이다. 지나치게 넘치게 하면 깨끗함에 손상이 가고, 지나치게 깎아내어 버리

면 떳떳함이 없게 된다. 중대한 것으로는 초상과 질병, 재앙, 출처, 출생 등
이며, 중대하지 않은 것으로는 독서, 혼인, 여행, 이사 등인데, 괴로움을 기
록하고 감정을 기탁하지 않음이 없었다.

이기원은 기억의 문제를 거론하면서 진실성 추구의 정신을 언급하
였다. 열 살을 기준으로 그 이전에는 들었던 경험을 통해 과거를 재
현하며, 그 이후에는 자신의 지각을 통해 과거를 재현한다고 하였다.
의심스럽고 정확하지 않은 기억들은 배제하였고, 기억들 중에서도
'천 가지 중에서 열을 취하고 백 가지 중에 하나를 취'할 만큼 신중하
게 서술하였다고 하였다.

열 살 이후의 서술은 '다른 사람에게서 취하지 않고 나에게서 스스
로 증명'을 하였다는 데에서 알 수 있듯이, 남의 말에 의존하지 않고
자기 스스로 명확하다고 증명할 수 있는 기억에 근거하였음을 밝혔
다. 이 같은 기억을 통한 '취사'의 과정이 자찬연보의 글쓰기에서는
필수적이다.

자찬연보는 그때그때 자신의 일상을 기록해 나가는 일기와 달리,
특정한 시점에서 지난 과거를 회상하면서 기억에 의존해 과거를 재
구성하고자 한다. 이때 과거에 대한 기억은 현재의 관점에서 재구성
된 과거이다. 기억이라는 정신기능은 과거를 있는 그대로 재현할 수
없으며, 현재 시점의 글쓴이에 의해 선택, 배제되는 과정을 불가피하
게 거치기 때문에 '있는 그대로' 지나온 삶을 복원한다는 것은 불가
능하다. 기억을 통한 과거 삶의 복원에는 불가피하게 '허구'가 개입

하게 된다.

프랑스 철학자 리쾨르는 "역사가는 한 집단에게 일어난 사건을 '마치 자기가 본 것처럼' 재구성함으로써 역사를 허구화하며, 반대로 허구는 실재가 아닌 것을 이야기하면서도 '마치 실제로 일어난 것처럼' 그려 냄으로써 허구를 역사화한다"고 말한 바 있다. 허구가 개입되거나 일정한 변형과 왜곡이 있음에도 불구하고 그 불가능한 작업을 끝임없이 시도하며, 그러한 시도가 과거 삶을 가능한 한 충실하게 그려 낼 수 있다고 믿는 글쓴이의 자세가 무엇보다도 중요하다고 하겠다. 그 어떤 진실도 있는 그대로의 실제와 동일하지 않다는 점에서 그것은 허구이다. 하지만 이 허구는 날조된 것이 아니라 글쓰는 자아의 진실을 담고 있는 허구이다.

"초상화를 그리기보다 자신이 직접 글로 쓰는 것이 훨씬 더 낫다"는 심노숭의 언급이나 "다른 사람에게서 취하지 않고 나에게서 스스로 증명을 하였다"는 이기원의 지적은 과거 삶을 자기 스스로 이야기하는 자전적 글쓰기가 추구하는 진실의 문제를 환기하였다. 있는 그대로 자기 모습을 전달하고자 하는 것은 불가능한 도전이지만, 그러한 것이 가능한 것인가의 문제보다 그러한 불가능에 도전하고자 하는 저자의 자세와 태도가 중요하다고 하겠다.

색깔을 잘 분별하는 자는 아롱진 무늬를 보고서 표범임을 알며, 맛을 잘 분간하는 자는 고기 한 점을 먹고 솥 안의 고기맛을 알 수 있다. 아는 자를 위해 말한 것이지, 모르는 자를 위해 말한 것이 아니다. 내가 태어난 날이 곧 네가 태어난 날이며, 네가 죽는 날이 곧 내가 죽는 날이다. 그 중간에 천만 험준함을 거치며 모골이 송연해지고 뼈가 떨린 적이 몇 번이나 되었다. 거울 조각으로 사물을 비추면 만물이 달아날 곳이 없으며, 천금을 주고 저자에 내걸어도 한 글자도 팔기가 어렵다. 어찌 자손에게 바라겠으며, 어찌 친구에게 기대하겠는가? 하물며 많은 자손의 자손과 친구의 자손의 자손에게 알기를 구하겠는가? 소옹은 책을 완성하고 자신에게 바쳐 올렸고, 양웅은 『태현경』을 쓰고서 후세에 알아주는 이는 자운이라고 하였다.

이기원은 자찬연보 글쓰기의 예상 독자를 후대의 자손에게서 찾지 않았다. 아는 자를 위해서 쓴 것이라는 말을 통해 자찬연보가 자기를 알아주는 문제, 즉 지음知音과 관련된 것임을 말하였다. 양웅이 『태현경』을 쓰고 나서 후세에 알아줄 이로 양자운이 있을 것이라는 고사, 그리고 소옹과 여불위 등의 고사를 적절하게 활용하였다. 이를 통해 『홍애자편』의 저술 동기가 단지 자손에게 자기 삶을 알리는 데에 그치지 않음을 분명하게 밝혔다. 후세에 자신이 지은 '불우와 고통의 기록'으로서의 자찬연보를 반드시 알아줄 독자가 있을 것이라고 하였던 것이다. 이러한 이기원의 생각은 여타 자찬연보가 후손에게 자기 삶을 알려 주는 목적으로 쓰였던 통상적 인식과는 다르다.

『홍애자편』에는 저술에 대한 작가의 자부심과 함께 현실에서의 불우함에 대한 비애 및 지음에 대한 열망이 깔려 있다. 실제로 『홍애자편』이 저술된 시점은 이기원이 만년 친구였던 이덕무와 만났을 때였다. 서문이 쓰인 시기와 장소가 흥미로운데, 1791년 10월 6일 사옹원

숙직 중에 작성했다. 1791년 6월에 이덕무와 만난 친분을 맺었으며, 대략 4개월이 지난 시점에 자찬연보의 서문을 작성했다. 이덕무를 지음으로 생각하고, 이때부터 자기 생애를 정리하는 연보 작성을 하게 되었던 것으로 짐작된다. 심노숭이 『자저기년』을 작성하기 시작한 시점이 그의 동생이자 지음이었던 심노암의 죽음 직후라는 점도 같은 맥락으로 이해된다. 자신의 불우를 후세의 지음을 통해 보상받을 수 있다는 생각이 그 저변에 깔려 있는 것이다.

이기원의 자기 고백,
우리 집안에 처녀가 두 사람 있구나

조선 후기 자찬연보 중에는 관력 위주로 자기 삶을 기록하는 방식에서 벗어나 인간관계 및 일상 경험 속에서 일어나는 크고 작은 일들을 폭넓게 취급하는 경향이 나타난다. 남용익南龍翼(1628~1692)의 『호곡만필壺谷漫筆』과 최규서崔奎瑞(1650~1735)의 『병후만록病後漫錄』은 지나간 과거를 인상적인 일화 혹은 일상적 경험 서사를 중심으로 서술하고 있으며, 그 일화가 작가 자신의 인간적 진실성을 돋보이는 역할을 한다.

이기원은 자기의 삶을 기록한 자찬연보 『홍애자편』에서 내면 감정과 심리를 숨김없이 드러냈다. 관직 생활의 이력을 무미건조하게 나열하는 통상의 연보 서술과 달리 그는 서얼 출신으로 아버지를 일찍 여의고 홀어머니 밑에서 성장한 자신의 지나온 삶을 차분하게 들려 준다.

1753년(9세)

어머님 곁에서 항상 놀이를 하며 지내다가, 까닭 없이 자주 울었다. 돌아가신 어머님께서 저를 쓰다듬으면서 그 이유를 물었다. 내가 대답하기를 "오랫동안 아버님 얼굴을 보지 못해서 눈물이 저절로 나왔습니다"라고 했다. 어머님께서 울부짖으시며 통곡을 하셨다. 나는 타고난 성품이 맑고 빼어나며, 연약하고 몸이 가냘파서 옷을 못 추스릴 정도였다.

1758년(14세)

나는 과부의 아들인 데다가 두드러진 재주도 없었다. 성품은 졸렬하고 유약하였으며, 남들에게 감히 먼저 말을 하지 못하였다. 잘 슬퍼하고 키가 작아서 남자의 기상이 없었다. 누이와 함께 한 등불 아래에서 바느질을 다투었다. 열 자 길이의 실로 바느질하는 것을 삼십 줄 책 읽는 것으로 한도를 정해서 뒤에 그치는 자가 이기도록 하였는데, 밤마다 날을 새우곤 하였다. 돌아가신 어머님께서 이를 보고 기뻐하여 말하기를 "우리 집안에 처녀가 두 사람 있구나!"라고 하였다.

이기원의 내면 심리와 감정을 잘 보여 준다. 작가는 어릴 적 자신의 소심한 성격을 거리낌 없이 드러내 보였다. 이기원은 어려서 아버지를 여의고 홀어머니와 누이 밑에서 성장하였다. 타고난 성품이 유약하고 남들에게 먼저 말을 걸지도 못할 만큼 그는 매우 내성적인 성격의 소유자였다.

그는 누이와 함께 바느질과 책 읽기로 내기를 하면서 밤을 새우기도 하였다. 그러한 남매의 모습을 본 어머니는 "우리 집안에 처녀가 두 사람 있구나!"라고 하였다. 이 일화를 통해 이기원은 자신의 내밀한 성격과 취향을 숨김없이 표현하였다. 남자다운 기상이 없으며, 잘 슬퍼하고 유약한 성격의 소유자임을 그는 부끄러워하지 않았다. 이러한 사례를 통해 우리는 이기원이라는 한 소외된 서얼 지식인이 살았던 삶의 구체적 면모들을 생생하게 전달한다.

1768년(24세)

여름에 어머님 병환이 더욱 위독해졌다. 당시 집은 한 말도 넘지 않는 오두막이었고 땅엔 송곳 꽂을 곳도 없었다. 어머님 곁에 모실 사람이 없어서 문밖으로 나가지도 못했다. 여기저기에서 호소도 하고 빌리기도 하였는데, 고인 물에서 허덕이는 붕어 같고 갈 길이 막힌 처지였다. 글 배우는 아이들 대여섯 명을 모아서 낯 쳐들고 훈장 노릇을 하였다. 낯을 붉게 하는 물건이나 비위가 상하는 음식도 가릴 여유가 없었다.

이기원은 가난한 살림살이 속에서 동네 글 배우는 아이들을 모아 놓고 훈장 노릇을 하였다. 그 대가로 '낯을 붉게 하는 물건이나 비위가 상하는 음식도 가릴 여유가 없었다'고 고백하였다. 작가의 자조적 심리가 읽히는 대목이다. 이기원에게 있어 진실한 감정의 발로는 가족과 지인에 대한 애정, 망자에 대한 슬픔을 통해 나타난다. 그는 이어지는 대목에서 '갖은 아첨을 하며 가벼운 가죽옷에 살찐 말을 타고 다니는 자들과 비교한다면 자못 마음이 평탄하고 넓디넓다'고 언급한다. 당대 지배층이나 시속의 유자들이 보여 준 타락한 인간관계와 그로 인한 세상의 혼탁과는 다른 층위에서 작가의 진실한 내면 진정이 토로되고 있음을 보여 준다.

1769년(25세)

여름에 어머님 병환이 날로 위독해졌지만 백약百藥이 무효여서 서호西湖로 거처를 옮겼다. 사십 일 머무는 동안 어린 종 하나 없고 변기도 없어서 손수 씻겨 드렸다. 밤낮으로 고생을 참고 견디며 옷도 갈아입지 못하느라 구더기가 바지에서 기어 나올 정도였다. 어느 날 밤 어머님께서 혼절을 하시니 몸이 나무토막처럼 뻣뻣해지고 재처럼 차가웠다. 내가 크게 소리치며 통곡을 하며 하늘과 어머님을 외쳤다.

1779년(35세)

여름에 만아晩兒가 요절하였다. [...] 태어난 아이는 빼어났으며, 광대뼈가 튀어나오고 이마가 넓었고, 용모가 옥을 깎은 듯하였다. 세 살 때에 빨리 걸었고, 말하는 소리가 낭랑하였다. 천지부모와 금수초목, 숫자와 동서남북 등 수백 글자를 써서 가르쳐 주니, 하나하나 가리키며 귀로 듣자마자 외웠다. 보는 사람들이 세상에 드문 인물이라고 칭찬하였다. 돌아가신 어머니께서는 그 아이를 사랑하여 품 안에서 놓지 않고 손바닥 위의 구슬처럼 여기시며 손자를 데리고 놀아 주는 것에 마음을 두셨다. 갑자기 아이가 괴질에 걸려 오륙 일 동안 설사를 하고 잠도 자지 못한 채 십여 일 동안 몸을 뒤척거렸다. 갑자기 '할머니' 하고 여러 번 부르더니, 다시 '아버지'와 '어머니'를 부르고는 숨이 끊어졌다. 아! 만약 하늘이 나의 불효함을 살펴서 혹독하게 죄를 주려고 한다면, 어찌하여 이 몸을 죽이지 않고 무고한 아들에게 벌을 내렸는가?

1784년(40세)

그해 오월에 나는 제동濟洞에 있었는데, 어머님 병환 소식을 듣고 황급하게 돌아왔다. 돌아가신 어머님께서 얼굴을 가리고 흐느끼시면서 말하기를 "내가 별달리 몸이 아픈 것은 아닌데, 근래 들어 네가 몹시 보고 싶어서 불렀을 뿐이다"라고 하였다. 나는 나도 모르게 눈물이 흘러 옷깃을 적셨다. 인하여 어머님 곁을 떠나지 않았다. 며칠 있다가 아내 김씨가 병이 쌓여 이질痢疾을 앓았는데, 증세가 몹시 위독하였다. 어머님께서 어루만지면서 마음을 놓지 못했다.

가족에 대한 작가의 애틋한 심정을 잘 표현하였다. 그의 집안은 서얼 출신인 데다 아버지마저 부재하여서 가난 속에 살아야 했다. 그 자신이 『홍애자편』 서문에 '고통을 기록하고 감정을 기탁한다'고 한 데에서 보이듯이, 그는 누구보다도 자신의 가난했던 지난 삶을 생생하게 기록하는 한편, 가난 속에서의 불우한 삶에 대한 비감을 표현하는 데에 주력하였다. "근년 이래로 어머님 병환이 더욱 고질이 되어 오래도록 누워 계셨다. 집안 살림이 줄어들어 변변치 못한 음식도 댈 수가 없었다"고 한탄하는 것이 그 하나의 예이다.

이기원은 1759년(15세)에 김성발金聲發의 딸과 혼인하여 슬하에 4남 1녀의 자녀를 두었다. 하지만 불행히도 네 명의 자식이 살아생전에 세상을 떠났고, 오직 아들 한 명만이 살아남았다. 그중에서 만아(이름은 '만종'이다)는 1777년(33세)에 얻은 귀한 첫아들이었는데, 1779년에 요절을 하였다. 가난한 살림 속에서 작가는 정성스러운 마음으로 어머니 병환을 돌보았다. 하지만 지극한 간호에도 불구하고 작가 나이 40세에 어머니가 세상을 떠났다. 이 무렵 이기원은 어머니, 아내, 조카 병길의 연이은 죽음을 맞이해야 했으며, 그 자신은 전염병에 걸려 죽다가 살아나기도 했다. 이 같은 가족사의 일상을 이기원은 비교적 상세하게 서술해 놓았다.

2장

표류하는 생사의 갈림길:
장한철

생사의 기록, 표해록

인생 경험 중 험한 바다에 표류를 했다가 생환해 오는 것만큼 극적인 체험은 없을 것이다. 표류 체험을 담은 표해록에는 이 같은 극적인 인생 경험이 매우 생생하게 묘사되어 있어 독자의 흥미를 끈다.

조선시대 표해록 가운데 가장 유명한 것은 최부崔溥(1454~1504)의 『표해록漂海錄』이다. 이 책은 한국만이 아니라 일본에서까지 읽혔던 기행문학의 수작으로 일컬어진다. 최부가 조정에 보고하기 위해 기록한 『표해록』은 이례적으로 에도시대에 일본에서 상업 출판이 되었다. 이 책은 1796년에 『당토행정기唐土行程記』라는 제목으로 번역되어 널리 유통된 바 있다. 에도시대 사람들은 최부의 『표해록』을 통해 중

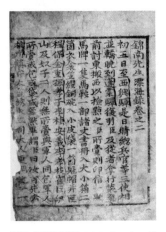

최부, 『금남표해록(錦南漂海錄)』(한국국학진흥원)

국과 관련한 지식과 정보를 얻고, 조선 지식인이 중국을 보는 시각을 이해하는 기회를 가졌다. 일본의 출판업자들은 개정판을 내어 『통속표해록通俗漂海錄』이라는 이름으로 간행하는 등 최부의 『표해록』은 상업 출판으로도 성공하였다.

한국과 일본 사이에 표류민 송환과 관련한 사실을 몇 가지 정리하면 다음과 같다. 1599년부터 1872년까지 조선인이 일본에 표착한 것이 1,020건, 표류민 수는 10,037명으로, 1년 평균 4건의 표착이 있었다. 실제로는 이러한 기록보다 훨씬 많았을 것으로 추정된다. 표류 기간은 1일에서부터 길게는 20일 정도였다. 죽음을 각오한 극한 상황에서 사망자와 행방불명자가 발생하기도 했지만, 생존율이 96% 정도였다고 한다.[67]

표류민의 신분은 다양한데, 특히 양반과 노비의 비중이 높았다. 그리고 성별을 보면, 대부분 성인 남성이었지만, 때로는 어린아이와 여성도 있었다. 가족 단위인 경우도 있었는데, 의도적으로 위장하여 표류한 것으로도 추정된다. 달리 말해 표류민 가운데에는 생활고나 과중한 세금 부담 등을 피하기 위해 혹은 밀무역을 하기 위해 의도적으

---

67   이훈, 『조선후기 표류민과 한일관계』, 국학자료원, 2000 참고.

로 표류하여 국경을 넘는 위장 표류자가 있었을 것으로 추정된다. 하지만 위장 여부를 판단하는 것은 실제로 어려운 일이었다. 표류민들 사이에는 일본의 나가사키에 가면 큰돈을 벌 수 있다는 이야기, 이른바 '나가사키 환상'이 퍼져 있었다. 이 이야기는 입소문을 통해 확산되었다.

조선 표류민의 송환과 관련하여 송환 비용의 일부를 일본 막부가 부담하되 조선에 청구하지 않는 무상 송환을 원칙으로 하였다. 조선에 표착된 일본 표류민의 송환 또한 마찬가지였다. 도쿠가와 막부는 1640년대 이후 대외 관계를 독점하는 과정에서 외부 세계와의 접촉을 4개의 창구(나가사키, 사쓰마, 쓰시마, 마쓰다)를 통해 하는 것으로 설정하고, 간접 통교의 방식을 택하였다. 조선 표류민의 송환 절차는 표착지 → 나가사키 → 쓰시마(대마도) → 조선으로 진행되었는데, 표착지에서 조선으로 바로 송환하지 않기 때문에 송환 기간이 길 수밖에 없었다.

조선에 표착된 일본 표류민의 송환 방법을 보면, 우선 대마도인과 비대마도인

강원도 평해에서 표류하던 조선인을 돗토리항 관리가 그린 그림 [漂流朝鮮民之圖](일본 돗토리 현립도서관)

을 구별하여 송환하였다. 대마도인의 경우 왜관으로 보내져서 비교적 빨리 송환되었던 반면, 비대마도인의 경우에는 절차가 복잡하고 기간이 오래 걸렸다. 그리고 송환 절차는 표착지 → 부산 우암포 → 쓰시마 → 나가사키 → 일본 국내로 진행되었다. 일본 표류민의 송환과 관련한 비용은 조선의 연해 읍민과 동래부에서 부담하는 무상송환의 원칙이 지켜졌다.

일본 표류와 관련하여 특별한 표해록 중의 하나가 이지항李志恒(1647~?)이 쓴 『표주록漂舟錄』이다. 이지항 일행은 홋카이도(북해도)에 도착하여 그곳 아이누족의 언어, 문화, 풍속 등에 매우 흥미롭게 기록하였다. 이지항 일행의 표류와 송환 과정을 요약하면 다음과 같다.

1696년 4월 13일 울산항을 출발하여 해안을 따라 북쪽으로 항해 → 표류 → 5월 12일에 육지를 발견, 홋카이도에 표착 → 배를 타고 남쪽으로 이동 → 마쓰다에 도착. 50여 일 동안 머무름. → 에도 → 오사카 → 쓰시마를 거쳐 1697년 5월 3일 부산에 도착.

이지항을 비롯한 일행은 부산을 출발한 지 16일째 되는 날 일본의 홋카이도 서해안에 표착하여 아이누족에게서 음식을 얻어먹으며 연명하다가 마쓰다에 도착, 에도와 오사카를 거쳐 쓰시마에 도착하였다가 이듬해 부산에 귀항하였다.

이지항은 아이누족과의 첫 만남을 이렇게 기록하였다.

『표주록』 1695년 5월 13일

그들의 모습을 보니 모두 누런 옷을 입었고, 검푸른 머리칼에 긴 수염에다가 얼굴은 검었다. [...] 그들의 모양을 자세히 살펴보니 일본인들은 아니고, 끝내 무엇들인지 알 수가 없었다. 우리는 살해당하지나 않을까 하여 더욱 놀라고 공포에 떨었다. 그들 중의 늙은 몇 사람은 몸에 검은 털가죽의 옷을 입고 있었다. 자그마한 배를 타고서 가까이 다가와서 말을 하였는데, 일본어와는 아주 달랐다.[68]

해안에 나타난 아이누인을 처음 본 이지항은 '자세히 보니 일본인은 아니고 끝내 무엇들인지 알 수 없었다'라고 하였다. 사람인지 괴물인지조차 확신이 없었던 것이다. 살해를 당할지도 모른다는 공포에 휩싸였지만, 달리 도망칠 길이 없어 죽기를 각오하고 그들이 모여 있는 해안에 정박했다. 그러나 이들은 용모만 이상할 뿐 실은 매우 친절한 사람들이라는 것을 곧 깨달았다.

『표주록』 1696년 5월 13일

남녀는 나무껍질로 짠 누런 베옷을 입거나 곰·여우·담비 털가죽 옷을 입는다. 머리털 길이는 한 치 남짓이었고 수염 길이는 한 자 혹은 한 발이나 된다. 귀에는 큰 은고리를 걸고 몸에는 검은 털이 나 있고 눈자위는 희다. 남

---

68 이지항의 『표주록(漂舟錄)』은 국립중앙도서관에 소장되어 있다. 『국역 해행총재(海行摠載)』에 번역본이 수록되어 있다.

녀가 신이나 버선을 신지 않았고 모습이 똑같으나 여자는 수염이 없기 때문에 이것으로 남녀를 구분한다. 예순 정도 된 노인이 목에 푸른 주머니를 달고 있어서 풀어서 보여 달라 했더니 긴 수염이 귀찮아 주머니에 담아 달고 다니는 것이었다.

의복과 용모가 특이했고, 말도 통하지 않았다. 그들은 입과 배를 가리키며 배고픈 모습을 보였다. 일종의 보디랭귀지를 사용한 것이다. 가는 곳마다 배고픈 시늉을 하면 아이누족은 친절하게 음식을 주었다. 이지항은 이들을 통해 자신이 지난 곳을 하이蝦夷(아이누의 옛 이름)라고 한다는 것을 알았고, 그들의 풍속에 대해서도 자세히 들었다. 또 아이누어 통역을 통해 자기가 기억하고 있던 아이누말이 무슨 뜻인지도 알게 되었다. 이 기록은 현재 일본의 아이누어 연구자에게 중요한 자료로 활용되고 있다. 이지항은 홋카이도에서 겪었던 자신의 견문을 편견에 얽매이지 않고 사실적이며, 진솔한 언어로 표현하였다.

장한철의 『표해록』

최부의 『표해록』과 함께 장한철張漢喆(1744~?)의 『표해록』은 조선시대의 대표적인 표해록 중의 하나이다. 장한철의 『표해록』은 1770년

겨울, 서울로 과거를 보러 가려고 뱃길에 올랐다가 풍랑을 만나 표류
했던 일을 기록한 글이다. 풍랑을 만나 표류하던 중 가까스로 무인도
에 도착해 머물다가, 명나라 유민의 상선을 만나 구조되었는데 제주
도 사람임이 알려지자 다시 바다로 내몰려 표류하게 되었고 청산도
에 닿아 목숨을 건지는 이야기이다. 실제 겪은 일을 바탕으로 표류의
과정이 실감 나게 묘사되어 있고, 위기 속에서 나타나는 여러 인간 군
상의 모습과 표류 체험으로부터 얻은 인생에 대한 깨달음 등의 이야
기가 흥미진진하게 쓰여 있다. 글이 쓰인 이후 꾸준히 필사되고 『청
구야담靑丘野談』 등 여러 책에 언급이 된 것으로 보아 당대와 후대에
걸쳐 인기를 끌었던 것으로 보인다.

　그가 문과에 급제해 벼슬살이를 하고 있을 당시부터 『표해록』의 필
사본은 이미 여러 사람에게 알려져 있었고 심지어는 임금(정조)까지
도 그를 알아보자 옆의 신하가 이같이 대답했다고 한다.

이 사람은 제주에 사는데, 능히 글을 잘 짓습니다. 그리고 그 '표해록'을 보니 자못 볼만했습니다.

장한철은 28세 전후에 자신의 표류 체험을 쓴 『표해록』을 여러 부 필사하여 주변 사람들에게 건네주었는데, 그가 32세에 급제해 벼슬살이를 시작할 무렵에는 이미 많은 사람에게 읽히고 있었던 것으로 짐작된다. 여기서 잠깐 장한철에 대해 알아보자.

장한철은 1744년 제주도 애월읍 애월리에서 태어났다. 일찍이 아버지를 여의고 중부仲父 밑에서 자랐다. 글 공부를 좋아해 향시에 여러 차례 합격하다가 영조 46년(1770) 향시에서 수석을 하자, 마을 어른들과 관청에서는 이 지방의 수재가 서울의 과거를 치르도록 여비를 모아 주었다. 그러나 겨울 뱃길에서 장한철 일행은 풍랑을 만나 표류했고 일행의 3분의 2가 넘는 사람이 죽는 모진 고생을 겪고서야 겨우 구조되었다. 장한철은 바로 제주도로 돌아가지 않고 서울로 올라가 과거를 쳤으나 낙방하였고, 그 후 고향 제주로 되돌아왔다.

장한철은 4년 뒤인 영조 50년(1774)에 제주의 초시에 다시 합격했고, 다음 단계인 회시를 거치지 않고 바로 전시에 응시하는 특혜를 받으며 32세의 나이로 문과에 급제했다. 가주서를 거쳐 성균관의 여러 직책을 역임하고, 정조 4년(1780)에는 이조의 가낭청을 지내고 정조 5년(1781) 강원도 상운역 찰방으로 발령을 받았다.

그는 상운역 찰방의 일을 보면서 역졸들에게 고통을 주는 폐단이 줄어들도록 상소를 올려 허락받는 등 어진 행정을 베풀었다. 『비변사 등록』 정조 6년(1782) 정월 12일조에, 상운역의 찰방 장한철의 상소에 답해 말하기를 "상소를 살펴보니 자세히 갖춰져 있고 취지에 맞춰 폐단을 말했으므로 가상하다. 의정부에 내려 처리하도록 하라"고 했다.

이 기록으로 보면 장한철은 의욕적으로 맡은 책무를 다한 것으로 보이고, 이후 강원도 흡곡현 현령으로 발령받았다. 정조 11년(1787) 제주도 대정현 현감으로 임명된 이듬해 유배 죄인을 제대로 단속 못했다 하여 의금부로 끌려가기도 했으나 이조에서 죄를 줄여 주기를 청해 정조 16년(1792) 평시주부로 임명되었다. 이후의 행적은 잘 알려져 있지 않고 다만 아들 장담이 정조 19년(1795) 제주에서 열린 향시에 합격했다는 기록이 남아 있다.

표류하는 생사의 갈림길

영조 46년(1770) 장한철이 제주 향시에서 수석으로 합격하자 마을 어른들과 관청에서는 서울로 과거를 보러 가라고 권했다. 먼 서울로 과거를 치르러 갈 형편이 안되는 장한철에게 이들은 여비를 모아 주었고, 장한철은 향시에서 알게 된 친구 김서일에게 같이 가자고 권유했다.

우리가 바다로 멀리 떨어져 있는 곳에 살면서 늘 서울이 번화하다는 얘기를 들었지만, 한번 구경함을 만나기가 영영 기약하기 어려웠네. 다행스럽게 이제 곧 회시가 있게 되어, 나라를 구경하려는 소원도 장차 펼 수 있으니, 그대가 어찌 나와 함께 서울 가는 일을 주선하지 않고, 집구석만 지키는 절름발이, 앉은뱅이가 되기를 감수하겠는가?[69]

당시 26세였던 장한철에게 있어 서울로 과거를 보러 가는 일은 과거 응시 자체의 의미뿐 아니라 답답한 섬에서 벗어나 서울의 문물을 구경하러 가는 흥분되는 모험이기도 했다. 섬에 가만히 머무는 것을 '집구석만 지키는 절름발이, 앉은뱅이'라고 표현한 부분에서 젊은 장한철이 제주를 떠나 넓은 세상을 구경하고 싶어 했음을 알 수 있다. 김서일은 장한철에 권유에 응해 같이 가기로 했고, 드디어 그해 겨울 12월 배가 제주를 떠나게 되었다. 승객은 사공 1명, 노잡이 9명, 제주 상인 15명, 육지상인 2명, 회시응시 선비 2명 등 총 29명이었다.

날이 저물자 검은 구름이 가득해지면서 남풍이 맹렬해지다가 세찬 비가 내리기 시작하였다. 배가 노화도 앞에 도착하자 사공은 닻을 내려 정박하려 했지만, 닻의 문제로 정박할 수가 없었다.

<hr>

69   장한철의 『표해록』은 국문학자 정병욱 선생에 의해 처음 세상에 알려졌다. 장한철, 『표해록』, 정병욱 역(범우사, 1979). 이후 일본어 번역본, 한국어 번역본 등이 나왔는데, 이하 작품의 번역은 『표해록』(김지홍 역, 지식을만드는지식, 2009)을 참고했다. 현재 『표해록』의 원본은 국립제주박물관에 소장되어 있다.

사공은 바삐 손을 놀려 닻을 내리고, 이 섬에 정박하려고 했다. 그러나 닻이 세 가닥으로 갈고리가 있는 것이 아니었으므로, 바다 바닥에 꽂혀 달라붙지 않았다. 따라서 배가 해안에 정박할 수 없었다. [...] 더구나 사공이 새로운 닻도 마련하지 않았으니 이 때문에 표류하게 되었다. 가히 원통함을 이길 수 있겠는가?

부실한 닻으로 인해 정박하지 못한 상황에서 동풍이 크게 일어 배는 서쪽 큰 바다로 표류해 갔다. 그때의 상황을 묘사한 부분을 보자.

조금 지나 밤이 깊어지자, 사방이 칠흑 같아 동쪽 서쪽을 분간할 수 없었다. 바람은 키질하듯 배를 흔들어 댔고 비도 퍼부어 댔다. 외로운 배가 파도 위에서 넘실거렸다. 우리가 탄 배에는 바닥으로부터 물이 많이 스며들어 왔다. 배 위에서는 항아리를 뒤집어 쏟아붓듯이 비가 내리쳤다.

배에 스며든 물을 퍼내며 버티던 중 밤이 깊자 바람의 기세도 꺾이고 비도 멎었다. 날이 밝았지만 사방을 보아도 푸른 바다뿐 어디인지 알 수가 없어 불안해하였는데, 서북풍이 불어 배는 아주 빨리 나아갔고 가지고 있던 물도 떨어져 곤란한 상황이었다. 갑판의 눈을 녹여 그 물로 밥을 지어 먹었는데, 밤이 깊자 서풍이 크게 불고 성난 파도가 산처럼 밀어닥쳤다. 다음 날 날이 저물 무렵 홀연 물새가 끼룩끼룩 울며 지나갔고, 사공은 육지가 가까울 것이라며 살아날 길이 있겠다고 말한다. 12월 28일, 표류한 지 나흘째 되는 날 이들은 드디어 섬을 발견한다.

하늘이 채 밝지 않을 때, 안개가 다시 끼어 지척도 분별할 수 없었다. 한참 있어서야 바다 위로 해가 처음 솟아올랐다. 북풍이 조금 일면서 끼었던 안개가 확 걷히자 사면이 드러났다. 우리 배는 작은 섬 북쪽에 있었다. 바람에 따라서 점차 섬으로 가까워지고 있었다. 배 안이 기쁨에 가득 차 있었고, 꿈이라도 꾸고 있는 것 같았다.

기쁨에 가득 차 섬에 내린 사람들은 섬에 사람이 살고 있지 않음을 알았다. 무인도였지만 물과 먹을 것이 풍부했다. 사람들은 허기를 달래며 쉴 수 있어 한시름을 놓게 된다.

김재완이 높은 언덕에 올라 사방을 바라보니, 과연 이 섬은 남북이 길고, 너비가 가히 사오 리는 되었다. 또 한 줄기 맑은 샘물이 있었다. 맛이 아주 달고 시원했다. 이에 뱃사람들이 땔나무를 줍고 물을 길어 죽을 쑤어 마셨다. 사람들이 모두 피곤하고 고달파서, 해안가 모래 가장자리에서 서로 뒤엉켜 널브러진 채 잠을 잤다.

시냇가 수풀 사이에 귤나무가 있었다. 짙푸른 이파리가 그늘을 이루고, 붉은 과일 빛이 어우러져 있었다. 여러 사람이 어지럽게 손을 내밀어 다투어 따 내었다. 이를 실컷 먹은 뒤 그 나머지를 보자기에 싸서 돌아왔다. 또 시내를 따라 내려와 바다에 이르렀다. 시내의 끝은 포구가 되어 있었다. 여러 사람이 물속으로 들어가 전복 이백여 마리를 캐었다.

이른 봄 날씨에 과일과 해산물이 많아 이들의 무인도에서의 생존은 순조롭게 시작되었고, 장한철의 지시로 사람들은 산봉우리에 땔나무를 쌓아 불을 지펴 지나가는 배의 구원을 기다리기로 했다. 그들은 그 섬에서 묵은해를 보내고 새해를 맞이했는데, 새해 첫날 오후 동쪽 바다에 돛배가 지나가는 것을 발견하자 크게 기뻐하며 깃발을 흔들며 구조를 요청했다.

날이 장차 저물 무렵 배가 이 섬으로 점차 가까워졌다. 배 위에 탄 사람들은 머리에 푸른 수건을 두르고 있었다. 아랫도리는 가리는 게 없었다. 위에만 검은 색깔의 긴 옷을 걸쳐 입었다. 곧 왜놈들이었다. 그 배는 섬을 지나쳐 버리고, 우리 구원 요청에 아랑곳하지 않고 구원해 줄 뜻이 없었다. 우리 뱃사람들이 부르짖으며 크게 우는 소리가 바다와 하늘을 울렸다. 갑자기 그 배 위에서 이 섬으로 작은 배를 보냈다. 작은 배에서 십여 명의 장정이 섬 해안으로 올라왔다. 허리 사이에 모두 길고 작은 칼을 차고 있었다. 얼굴 생김새가 험상궂고 사나웠다. 눈과 눈썹도 아름답지 않았다.

운이 나쁘게도 구조 요청을 보낸 배는 왜구의 배였고, 이들은 표류자들의 옷을 벗겨 나무에 거꾸로 매달아 걸고 초막 안의 전복과 상인의 짐 속의 진주 등을 빼앗아 갔다. 사람들은 이 약탈에 혼이 나가 산봉우리의 연깃불을 없애려 했지만, 장한철이 이를 말려 다시 한번 구조를 기다리게 된다.

마침내 약탈을 당한 다음 날, 즉 1월 2일 이들은 중국의 상선에 의해 구조받게 된다. 지나가던 배가 이들의 구조 요청을 보고는 배를 돌려 이들에게 왔던 것이다. 배에서 내린 사람들은 안남국(베트남)에 살면서 일본으로 장사를 다니던 명나라 유민들이었고, 장한철과 그들은 필담으로 의사소통을 할 수 있었다. 거대한 상선으로 옮겨 탄 그들은 음식과 잘 곳을 제공받았고, 그들이 타고 온 작은 배도 상선에 옮겨졌다.

그러나 배의 곳곳을 구경시켜 주고 호의를 베풀던 상선의 뱃사람들은 이들이 제주도 출신임을 알게 되자 돌변하게 된다. 상선에 있던 뱃사람의 대부분은 안남국 사람들이었는데, 과거 제주도 왕이 안남국 세자를 죽여 원한을 가지고 있었고 이들이 원수들과 함께 배를 탈 수 없다고 강경하게 주장하여, 표류자들에게 호의적이었던 명나라 유민들은 어쩔 수 없이 이들을 배에서 내보내고 떠나 버리게 된 것이다. 이것이 1월 5일의 일이었고, 이후 이들은 다시금 거친 풍랑을 만나게 된다. 이들은 노화도 북쪽으로 가게 되었는데, 그곳은 암초가 많아 살아나기 힘든 곳이었다. 거친 풍랑 속에 작은 배는 부서지기 시작하여 난파의 위험에 처한다.

키 자루가 어지럽게 부딪치며 배 옆쪽 갑판을 때렸다. 그러므로 배 갑판이 파손되어 깨지는 것을 서서 기다리는 꼴이 되었다. 뱃사람에게 명령해 키를 구해 내려고 했다. 그렇지만 그만 바람에 날리어 모두 바다로 떨어진

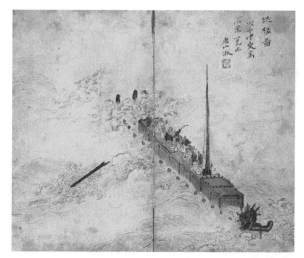

유숙, 〈범사도(泛槎圖)〉(국립중앙박물관). 풍랑을 만나 표류하는 배의 모습이 생생하게 묘사되어 있다.

뒤 사라져 버렸다.

내가 놀라 일어나서 살펴보니, 한 바위섬 비슷한 것이, 날뛰는 물보라 위로 험악하게 삐죽 솟아 있었다. 배가 바위섬을 향해 곧장 혜성처럼 빠르게 들어가고 있었다. 바위섬에 부딪혀 배가 파손될 형세는 필연적이었다.

간신히 바위섬과의 충돌을 피했으나 배가 뒤집힐 지경에 이르렀다. 불행 중 다행으로 육지에서 그리 멀지 않아 사람들은 바다로 뛰어들어 육지로 헤엄쳐 갔다. 장한철은 헤엄치지 못했지만 다행히 얕은 곳에 닿아 걸어 나올 수 있었다. 이때의 참혹한 정경에 대해 이렇게 기록했다.

이때 밤이 이미 자정을 지났다. 눈과 바람은 그치지 않고, 선체는 이미 잃어버려, 어디에 있는지, 어느 곳으로 떠내려갔는지 알 수조차 없었다. 당초 배에 탄 사람이 스물아홉 명이었다. 그러나 이제 해안에 상륙한 사람이 겨우 열 명이었다. 물에 빠져 죽은 사람이 열아홉 명이나 되었다. 참혹하고 지독한 마음으로 애간장이 마르는 듯했다. 여러 사람이 비록 다행스럽게 뭍에 올라왔지만, 옷이 홀딱 젖어 배고픔과 추위가 도리어 더욱 심해졌다. 거의 버티어 살아날 가망이 없었다. 이에 서로 부축하고 손을 잡아 소리 내어 울면서, 사람 사는 마을을 찾아 떠났다. 이때 밤빛이 칠흑 같아 지척을 분별할 수조차 없었다. 우리는 암벽을 붙잡고 벼랑의 가장자리를 마치 꼬챙이에 꿰인 물고기처럼 줄줄이 따라 올라갔다. 그러나 나는 높은 언덕을 다 오르고서 아직 평원으로 건너가기도 전에 발을 헛디뎌 절벽 아래로 떨어졌다.

29명 중에서 살아난 사람은 겨우 10명. 한겨울의 바다에서 나와 온통 젖은 이들은 빨리 인가를 찾아야 목숨을 구할 수 있었기에 마을로 이어지는 산의 벼랑길을 걷게 되고 여기서 장한철은 발을 헛디뎌 절벽 아래로 떨어진다. 다행히 대나무 사이에 걸려 살았고 찾으러 나온 마을 사람들에 의해 구조될 수 있었다.

이 땅은 청산도였고, 해안가로부터 이 마을까지의 거리는 거의 십 리였다. 해안 절벽으로부터 발을 헛디뎌 떨어진 뒤에, 같이 길을 나선 뱃사람들을 잃어버렸으나, 도깨비불이 길을 이끌어 주지 않았더라면, 필시 장차 광막

한 들판에서 두루 헤매다가 구릉과 골짜기 사이에서 얼어 죽었을 것이다. 해안에 상륙했을 때 살아남은 뱃사람이 열 명이었지만, 여기에 도착한 이는 오직 여덟 명뿐이었다. 절벽에서 추락해 죽은 사람이 또한 두 명이었다. 이어 나는 기가 막혀 쓰러졌다. 나는 거의 정신이 가물가물하여 깨어나지 못하고, 놀란 혼을 진정시키지 못했다. 이때 덜덜 떨리며 경련하는 증상이 일어났다. 사지가 오그라들고 온 뼈마디가 욱신욱신 아파 왔다.

청산도의 마을 사람들은 이들 8명의 표류자들을 정성껏 보살펴 주었다. 장한철 일행은 절벽에서 떨어져 죽은 이들의 시체를 찾아 장사 지내 주었다. 1월 13일, 청산도에서 일주일 정도 머물며 기력을 회복한 이들은 신지도로 건너가 고금도를 거쳐 전라남도 강진 마두진에 도착했다.

1월 16일 일행들은 제주로 출발했지만, 겨울 뱃길이 무섭고 지긋지긋해진 장한철은 1월 19일 육지 상인 김창현과 함께 서울로 올라갔다. 2월 3일 서울에 도착하여 회시를 보고 낙방한 뒤, 3월 3일 고향을 향해 떠났다. 이리하여 고향 제주도에 도착한 것은 5월 8일, 과거 보러 애초에 제주를 떠난 지 4개월 남짓 지난 후였다. 제주에 돌아온 그는 함께 살아 돌아왔던 이들을 찾아 나섰다.

슬프다! 나와 함께 표류했던 스물여덟 명 가운데 살아 돌아온 사람이 겨우 일곱 명이다. 그 일곱 명은 나보다 먼저 고향으로 돌아왔고, 나는 오월이 되어서야 돌아왔다. 이들을 찾아가 보니, 일곱 명 중에 두 명은 병이 들

장한철 기념비(제주시 한담공원)

었고, 한 명은 멀리 한라산 남쪽에 살고 있었다. 네 명은 이미 죽어 동쪽 성 곽 바깥에서 거적을 덮어 장사를 지내었다. 이에 내가 그 무덤들에 가서 곡했다.

그토록 고생을 하면서 죽음의 위기에서 살아 돌아왔거늘, 서울로 과거를 보러 갔다 온 장한철을 제외한 거의 모두가 죽거나 병들었다. 너무나 큰 고생을 하면서 심신이 쇠약해진 탓이었으리라. 장한철은 그들의 무덤에 가서 곡하며 슬퍼하였다.

고난을 이기는 방법들

이들이 표류에서 살아 돌아온 데에는 작가 장한철의 역할이 컸다.

우선 그는 문자를 아는 사람으로서 자신이 알고 있는 모든 지식을 활용하여 표류 위치를 추정하거나, 구조 후 명나라 유민들과 필담을 나누는 등 나름의 역할에 최선을 다했다.

일찍이 지도를 보니, 서해에 외연도가 있었소. 동쪽으로 소안도와 거리가 천 삼백 리 떨어져 있다고 했소. 이 배가 동풍을 만나 소안도의 서쪽에 있다가 곧장 서해를 향했고, 그 빠르기가 날아가는 듯했소. 내 생각으로는, 내일 아침에 필시 외연도에 도착해 정박할 수 있을 것이오. 이 섬은 제주에서 원나라로 조공을 갈 때에 수역水驛을 설치했던 곳이오. 필시 우리들이 살길이 있을 것이오.

저 사슴이란 놈은, 산에 사는 짐승으로 살아 나가려면 들판에서 맑은 쑥을 먹고, 혹 못에 가서 물을 마셔야 하는 법이오. 이는 이 섬에 샘과 시내가 있다는 증거이오. […] 이제 사슴으로 미루어 보면, 섬의 크기가 필시 삼십 리는 족히 넘을 것이오. 하지만 응당 사람이 살 수 있겠는데, 이를 무인도로 방치해 둠은 심히 괴이한 일이오. […] 만약 이 섬에 사람이 산다면, 필시 모래 해안 위에 고기를 잡는 자취가 있어야 할 것이고, 필시 풀숲 사이에 해산물을 잡으러 다니는 길이 나 있어야 할 것이오.

위의 첫 번째 기록은 제주 인근의 지리 지식으로 위치를 추정하는 부분이고, 두 번째 기록은 표착한 무인도가 꽤 넓어 생존에 적합한 곳이나 어떤 연유에서인지 사람이 살고 있지 않음을 이상히 여겨 추리해 내는 부분이다. 그의 추측은 모두 맞아 떨어져서 이들의 생존에 실질적인 도움이 되었다.

그런데 지식보다 중요한 것은 사람들의 심리를 살피고 그들 사이를 조정하여 살고자 하는 의지를 갖게 하는 것이었다.

"일찍이 지도를 보니 대유구(오키나와)와 소유구(대만)가 남해 밖에 있었소. 이는 곧 한라산의 정남쪽이오. 이로써 본다면, 멀리 떨어진 유구와의 거리는 불과 천여 리에 지나지 않소. 지금은 날도 이르고, 배도 화살처럼 빨라 하루에 천여 리를 가니, 유구 땅도 그리 멀지 않았소이다." 흰 바다, 검은 바다. 붉은 바다를 다 건너야 비로소 유구에 도착한다고 말했다. 하지만 얼마나 멀리 떨어져 있는지는 알 수 없었다. 아마 몇천 리가 넘겠으나, 내가 단지 천여 리로 말한 것은, 또한 여러 사람을 안심시키려는 것이었다.

만 리 떨어진 다른 곳에서 묵은해를 보내고 새해를 맞았다. 슬픈 감정을 누르기 힘들어 서로 마주 보며 울었다. 내가 여러 사람에게 명하여 윷을 던지며 놀이를 하게 했다. 이긴 사람을 바위 머리에 높이 앉히고, 진 사람은 옷을 벗고 그 아래에서 절을 바치도록 하였다. 한바탕 웃을 수 있었다. 이것 역시 나그네의 걱정스러운 마음을 위로하고 슬픔을 억눌러 주려는 뜻에서 나왔다.

"키 자루의 충격으로 필시 뱃전이 깨지고 부서졌지만, 지금 다행히 배 밑바닥이 깨져 부서진 것은 아니오. 이는 하늘이 우리를 살리려고 하는 것이오. 원컨대 그대들은 놀라 겁먹는 마음을 갖지 말고, 오직 부지런히 물을 퍼내는 일을 하시오!" 이어 거짓으로 점을 본 것처럼 하여 말을 이어 갔다. "해시(오후 9~11시)에 응당 살길이 있을 것이오. 걱정마시오. 걱정치 마시오!" 뱃사람들이 이 말을 듣고 기뻐하면서 모두 명령대로 일을 했다.

대개 내가 백방으로 유인하려고 했던 까닭이 있다. 뱃사람들이 각자 위안을 얻어 힘을 다해 물을 퍼내고 배를 구하게 하려고 했기 때문이다. 또한 여러 사람이 소리 내어 우는 모습을 보고 싶지 않았기 때문이기도 했다. 내가 속으로 마음을 태우며 생각해 내려고 온 정신을 다 쏟은 것은, 여러 사람이 조금도 알아차릴 수 없었다. 여러 사람이 나에게 속아 가히 살길이 있다고 생각했으므로 심한 걱정을 하지 않았다.

첫 번째 기록에서는 사실은 유구국까지의 거리를 잘 모르나 사람들에게 희망을 주기 위해 천 리만 가면 된다고 말하며 살고자 하는 의지를 북돋아 주는 모습이, 두 번째 기록에서는 무인도에서 새해를 맞아 슬퍼하는 사람들의 사기를 올려 주려고 윷놀이를 하며 우스꽝스러운 벌칙으로 분위기를 즐겁게 만드는 작가의 지혜와 리더십이 돋보인다. 세 번째 기록에서는 심한 풍랑 속에서 키가 부러지고 배가 부서져 가는 위기 상황을 벗어나기 위해 짐짓 점을 친 것처럼 하여 밤이 되면 살길이 있다고 사람들을 격려한다. 네 번째 기록에서는 자신이 사람들을 속이거나 격려한 이유를 솔직하게 말하고 있다.

절망하여 삶의 의지를 놓아 버릴까 봐 자신 역시 두렵고 힘들었지만 그런 내색 없이 온 힘을 다해 살 방법을 생각하면서 사람들이 힘을 낼 만한 이야기들을 했다고 고백한다. 이렇게 상황에 맞게 사람들로 하여금 절망하지 않고 살 길이 있다고 믿게 하여, 서로 협력하고 힘껏 노력하여 위기를 벗어나도록 하는 작가의 리더십은 매우 훌륭한 것이었다.

이러한 지식과 지혜에 더하여 그는 적극적으로 위기에 대한 대책을 세워 실천하였다.

마실 물이 이미 거의 비었으므로, 저녁이 되었지만 밥을 짓지 못했다. 또 이미 해도 져서 어두워졌고, 눈과 바람이 뒤섞여 불므로, 몸도 얼어붙고 배도 주려 모두가 꼬꾸라지고 가히 살아날 길이 없었다. 갑판에 쌓인 눈을 모아 물통에 저장하도록 하였다. 또 불을 지펴 눈을 녹이고서 그 물로 밥을 지어 먹었다.

나는 뱃사람들이 차고 있던 호패를 모두 바닷속에 던져 버리도록 했다. 이는 유구에 도착한 뒤에, 제주 사람의 흔적이 드러나지 않도록 하기 위해서였다.

원래 우리 배에 있던 밧줄과 노를 바다 위에서 표류하면서 모두 잃어버렸다. 나는 뱃사람들로 하여금 도끼를 들고 산에 올라가 나무를 베고 작두질해, 노와 상앗대와 세 가닥 닻을 마련하도록 했다.

이 섬에 사람이 살지 않으면, 갯가에 필시 전복과 조개 종류가 많을 것이고, 산속에 또 필시 들쥐들이 먹을 수 있는 풀뿌리가 있을 것이오. 우리가 만약 들쥐가 먹는 풀뿌리를 캐고 또 전복과 조개로 반찬을 한다면, 족히 목숨을 지탱하여 살 수 있을 것이오. 단지 배 안에 비축해 둔 소금과 간장이 떨어져 가니 어찌하리오? 그러나 내가 바닷물로 소금 굽는 법을 알고 있소. 그러니 식사에 간장이 없음을 굳이 꼭 걱정할 게 있겠소?

내가 뱃사람들에게 대나무를 벌채하여 긴 막대기를 만들고, 옷을 찢어 깃발을 만든 뒤에, 높은 산봉우리 위에 세우도록 했다. 또 봉우리 꼭대기에 땔나무를 쌓아서 불을 지피게 했는데, 밤낮으로 끊이지 않게 했다. [...] 이 섬은 비록 사람 세계와 떨어져 있지만, 필시 조만간에 바깥 바다에 오가는 배들이 있을 것일세. 대저 봉우리 위에 깃발을 세우고 불 지피기를 끊이지 않게 함은, 모두 구원병을 부르려는 것이라네.

배 안의 물이 부족해지자 갑판에 쌓인 눈을 녹여 물을 만든다든지, 무인도에서 식량을 구해 살아간다든지 어떻게든 위기를 벗어날 방법을 찾아 바로 실천하고 있다. 또한 두 번째 기록에서 보면 구조되었을 상황을 가정하고 혹여 출신지가 불리한 조건으로 작용할까 봐 일행들에게 호패를 버리도록 하고 있다. 먹고 사는 생존을 넘어서 구조되었을 때까지 가정하고 위험 요소를 없애 버리는 데서 작가의 치밀함을 알 수 있다. 무인도에서도 막연히 구조를 기다리는 것이 아니라 산꼭대기에 연깃불을 피우고 깃발을 세운다든지, 배를 수선하여 바다로 나갈 상황에 대비하는 등 적극적으로 문제 해결을 생각하고 실천하는 자세야말로 위기를 헤쳐 나갈 수 있는 가장 큰 요인이었다.

고난 속 사람들의 다양한 모습들

어려운 상황에 처하면 사람의 본성이 나온다는 말이 있다. 여기서도 거센 풍랑에 의해 목숨을 위협받으며 표류를 하는 와중에 사람들의 여러 가지 모습이 나온다. 겁에 질려 아무런 행동을 하지 못하는 사람, 그저 하늘에 빌며 자신의 운명을 수동적으로 내맡기는 사람, 남을 원망하고 책임을 전가하며 다투는 사람, 혼자만 살려고 발버둥치는 사람, 어떻게든 방법을 찾아 위기를 헤쳐 나오려는 사람, 자신의 두려움을 감추고 사람들을 격려하며 리더십을 발휘하는 사람 등 다양한 모습이 생생하게 묘사되어 있다.

가장 먼저 만나는 모습은 겁에 질려 낙심하고 두려움에 살 의지를 잃어버린 채 우왕좌왕 허둥대는 인간 군상이다.

배 안에 있는 사람들은 노화도에서부터 바람을 만난 뒤, 스스로 자신의 운수를 지레 반드시 죽을 것으로 여겼다. 뱃멀미로 어지러워 아득하게 정신을 차리지 못하는 이가 아니라면, 오직 슬프게 부르짖으며 통곡하는 짓만

일삼았다. [...] 배 안에 고인 물의 깊이가 이미 허리가 반이나 빠질 정도였다. 익사할 걱정이 급박히 눈앞에 다가와 있었다. 그럼에도 불구하고 뱃사람들은 모두 누워 있기만 하고 일어나지 않았다. 물을 퍼낼 뜻이 전혀 없었던 것은, 이렇든 저렇든 필시 끝내 죽을 것이라고 생각했기 때문이었다.

사공 이창성이 울면서 나에게 말했다.
"일의 형세가 어찌할 수 없습니다. 바라건대 온몸을 감싸고 포장하여 죽음을 기다리겠습니다." 몸을 감싸고 포장한다는 말은, 그 몸뚱이를 얽어매고 얼굴과 머리를 포대로 싸서, 마치 죽은 뒤 염습을 하듯이 만드는 것이다. 대개 바다에 빠져 죽은 뒤, 머리와 얼굴이 누군지 모르게 손상되지 않게 하려는 의도다. 곧 보니, 사공은 목수건으로 머리를 감싸고 밧줄을 당겨 자신의 몸을 묶었다. 한편으로는 울고, 다른 한편으로는 묶으면서, 죽음으로 나아가는 모양새를 갖추고 있었다.

배에 물이 차올라 곧 익사할 지경에 이르렀음에도 사람들은 누워 있기만 하고 통곡할 뿐이었다. 물을 퍼내고 살길을 찾아야겠다는 생각은커녕, 두려움에 삼켜져 죽을 일만 기다리고 있는 모습이다. 장한철은 이렇게 두려움과 낙심에 빠져 무기력한 사람들을 격려하기 위해 자신이 바다 지리를 잘 아는 듯 이야기하며 섬이 멀지 않았다든지 그 섬의 풍속과 특징에 얽힌 재미있는 이야기를 해 준다든지 하며 이러한 낙심자들을 이끌어야 했다.

낙심해 무기력해진 사람도 있는가 하면, 이러한 위기에 빠진 것을

원망하며 남과 다투거나 비아냥대는 사람도 있었다.

김서일은 나를 향해 크게 원망하면서 말했다.

"그대는 늘 스스로 말하기를 '남자로 이 섬에 태어남은 가마솥 안에 있는 물고기와 다를 바 없다. 어찌 사십 리 길이나 되는 서양 사람이 큰 종려선을 타고 사해를 두루 돌아다니면서 하늘과 땅 사이의 장관을 구경하지 않으리오?' 하면서, 평상시의 소원이 매양 이와 같았네. 지금 다행히 하나의 나뭇잎처럼 조그만 배를 타고 일만 리 푸른 물결 위에 떠 있으니 흥취가 어떠한가? 뜻한 소원이 다 풀렸는가?"

"민간에서 사람들이 배 위에서는 사공이 대장이라고 말하오. 모든 일을 지휘하는 것이 모두 사공에게 있기 때문인 것이오. 사공인 그대는 표류한 뒤부터 입을 틀어막고 손을 꽁꽁 묶어 능히 하나의 일도 지휘하지 못했소. 오직 다른 사람의 입에서 무슨 말이 나올지 우러러 바라봄이, 마치 새끼 제비들이 먹이 물어다 줌을 기다리는 것과 같았소. 그대는 대장을 양보하고 기꺼이 취사부가 되는 것이 어떻겠소?"

첫 번째 기록에서 장한철의 권유로 배를 탔던 김서일은 배가 표류하자, 평소에 넓은 세계를 다녀 보고 싶어 하던 장한철의 바람을 들먹이고 이제 꿈을 이루었냐고 비아냥대며 원망한다. 두 번째 기록에서는 배에 탄 사람들은 사공의 무능력을 질책하며 사공의 본업을 제대로 못 하니 밥이나 짓는 취사부가 되는 것이 어떠냐고 꾸짖는다. 이렇듯 남을 원망하는 사람들은 사실 스스로 적극적으로 문제 해결에 나서는 일은 없으며, 리더를 수동적으로 따르다가 일이 잘못되면 원망하고 질책할 뿐이었다. 이들이 최종적으로 의지하게 되는 것은 신적인 존재로 미신도 여기에 해당된다.

거대한 고래는 몸을 뒤집어 큰 물결을 일으키고 거품을 뿜어 대며 비를 만들었다. 물 밖으로 튀어 오르면서 서쪽으로 향했다. 배 가장자리를 빨리 지나치자, 물결이 겹겹이 저절로 일고, 높이 솟은 돛대가 거꾸러지려 했다. 뱃사람들이 모두 얼굴빛이 노랗게 되어, 배 안에 엎드린 채 서로 고래와 마주 보지 않으려고 했다. 더욱 크게 '관세음보살'을 외치며 비는 소리가 입에서 그치지 않았다.

"배 안에서 죽을 쑤는 일은 풍속에서 금기시하는 것입니다. 그럴 뿐만 아니라, 죽 말고 밥을 짓는다면, 또한 밥을 잘 지을 수 있는지 여부로써 가히 앞으로 갈 바닷길의 길흉을 점칠 수도 있습니다." 이에 밥을 짓도록 했다. 밥이 과연 잘 지어졌으므로, 여러 사람이 모두 기뻐했다.

갑자기 한 무더기 검은 구름이 우레와 번개를 끼고서 바다 위로 올라갔다. [...] 여러 사람이 모두 말했다. "이것은 용이 하늘로 올라가는 것입니다. 비, 바람, 우레, 벼락은 모두 그 신이 바뀌어 조화를 부린 것입니다." [...] 구름이 걷히고 비가 개어 바다와 하늘이 다시 맑아졌다. 그때 제주 상인 양윤하가 초막에서 밖으로 나가 땅에 엎드리고 용을 향해 빌며 말했다.

"용왕님의 행차가 이제 하늘로 올라가셨습니다. 엎드려 빌고 우러러 향불 피운 상 앞에서 아룁니다. 각별히 살려 줌을 좋아하는 덕을 드리워, 우리 여러 목숨을 구하여 살려 주십시오."

거대한 고래를 만나자 '관세음보살'을 외우며 엎드려 있거나 바다의 용오름[70]을 보고 용왕의 행차라 여기며 살려 달라 비는 모습에서 극한 상황에서 저절로 신을 찾는 사람들의 본성을 헤아릴 수 있다. 극한의 위기 상황에서는 인간의 이기심도 나타난다.

나는 홀로 배의 서쪽 가장자리에 머물면서 다급히 김서일을 불렀다. 그렇지만 종내 대답하는 소리가 없었다. 대개 사람들이 자신만 살아나려고 했던 것은 모두가 자맥질하고 헤엄치는 재주를 믿었기 때문이다. 그러나 나는 전혀 자맥질하고 헤엄칠 줄을 몰랐다. 내 목숨은 이미 귀신 호적에 붙여 놓은 셈이다. 각자 자기만이 온전히 살아날 계책을 세웠던 것이므로, 김서일을 여러 번 불렀지만 응답하지 않았던 것 또한 이 때문이었다. 사람들의 마음이 이와 같이 무정한 것인가.

명나라 유민의 상선에서 풍랑이 몰아치는 바다로 내몰린 후 암초 바다를 헤어나다 청산도 인근에서 배가 뒤집힐 즈음, 사람들은 헤엄

---

70   용오름: 습하고 더운 공기 때문에 바닷물이 회오리 물기둥을 만들며 역류하는 현상. 육지에서는 돌개바람.

쳐 해안으로 가려고 바다로 뛰어들었다. 장한철 혼자만이 헤엄을 못 치는 사람이었는데, 헤엄칠 수 있는 친구 김서일을 부르자 대답하지 않았다. 어두운 밤 풍랑이 몰아치는 해안가에서 혼자서도 살아남기 힘든 상황이었기에 아마 도와달라는 친구의 부름을 모른 척했을 것이다. 살기 위해 자기 자신만을 생각해야 하는 상황이었으니, 이때 나타나는 인간의 이기심을 누가 탓할 수 있으랴마는 작가는 서운함을 숨기지 않았다.

그러나 인간에게는 이기심만 있는 것이 아니다. 특히 고난을 함께 헤쳐 나가다 보면 끈끈한 전우애 같은 것이 생겨 서로를 챙기고 위해 주게도 된다.

"우리들이 살아남은 것은 모두 헤엄칠 수 있었기 때문이오. 그렇지만 가히 불쌍한 한 사람만은 어쩔 수 없이 죽는 지경에 붙여 내버려 두었소. 그러니 차라리 우리들이 모두 죽느니만 못하오. 장차 무슨 면목으로 되돌아가서 제주 사람들을 볼꼬?" 한 사람이 슬픈 소리를 내더니, 곧장 여러 사람이 따라 울었다. 대개 내가 이미 죽었다고 여겨 이러했던 것이다. 이에 내가 정신을 차리고서 여러 사람을 향하여 외쳤다. "내가 여기 있소? 그대들은 어찌 죽었다고만 여기고서, 살아 있으리라는 생각은 하지 않는 것이오?" 그러자 여러 사람의 눈이 나를 향했다. 비로소 내가 온전한 것을 알고서, 모두 갑자기 나를 끌어안고 목을 놓아 곡을 했다. 이때 사귀어 친해진 정의 도타움은 어떠하였겠는가!

때로는 서로를 원망하고 다투고 때로는 자기 한 몸의 목숨을 위해 다급한 부름에도 응답하지 않는 이기심을 보이기도 했지만, 같은 처지에서 고난을 겪어 내며 다져진 정의 도타움은 다른 무엇에도 비교할 수 없는 특별한 것이었다. 이 특별한 정으로 묶인 29명 중 살아남은 이는 겨우 8명, 작가는 청산도의 해안가에서 먼저 죽은 이들의 영혼에 제사를 지냈다.

그 제문의 일부를 보면 이들 일행이 서로에 대해 갖는 애틋한 마음을 짐작할 수 있다.

만 리 풍파 노도에 외로운 배를 같이 타고, 한 실오라기 생명이 아침 이슬 증발하듯 침몰하려 할 때, 반드시 내가 살면 그대도 살고, 그대가 죽으면 나 역시 죽기로 했건만 그대는 바다 한가운데에서 바람에 밀려 날아가 버려도 나는 손을 내밀어 당겨 주지도 못했고, 그대가 해안 바깥에서 물에 빠져 죽어가도 나는 손을 뻗어 구해 주지도 못했으며, 그대가 깎아지른 절벽에서 발을 헛디뎌 바다에 떨어져도 나는 구조해 주지도 못했도다. [...] 슬프고, 슬프도다! 남쪽 오랑캐 바다의 외로운 섬에서 나를 부축해 배에서 내려 주었던 이 그대가 아니던가? 큰 귤을 가져다 나에게 먹여 준 이 그대가 아니었던가? 전복을 까서 진주를 바쳤던 이 그대가 아니었더냐? 어찌 오늘 그대가 죽고 내가 살며, 그대가 귀신이 되고 내가 사람이 될 줄 알았으랴?

표류 중

보고 듣고 체험한 것들

표류기에서 독자들이 기대하는 것은 표류의 위기를 탈출하는 과정과 표류의 과정 중의 특별한 견문이나 체험이다. 작가는 바다에서 본 것들이나 상선의 위용, 명나라 유민들에게 들은 이야기, 전설 등 흥미로운 견문뿐만 아니라 연애담까지 섞어 흥미를 더하였다.

내가 보니, 과연 어떤 물체가 머리는 물에 처박고 꼬리는 반쯤 드러낸 채, 등 부분이 떠 있었다. 길이가 삼십여 길이나 되었다.

갑자기 한 무더기 검은 구름이 우레와 번개를 끼고서 바다 위로 올라갔다. 처음에는 짧다가 점점 길게 커지더니 뭉게뭉게 뭉쳐서 올라간 뒤, 마침내 보니 하늘을 붙들고 바다에 꽂혀 끝이 보이지 않았다. 우렛소리와 번갯불이 검은 구름 사이에서 요동치며 번쩍였다. 수고래, 암고래, 큰 수자라, 암자라 족속들이 파도 사이에서 뛰어오르며 바삐 돌진했다. 진실로 인간 세계에서는 아직 보지도 못한 장관이었다.

이어 그 껍질을 벌려 열었는데, 그 안에 쌍 진주가 있었다. 오색이 찬란하여 눈이 부셨다. 생긴 모습이 가지런히 둥글었고, 크기가 제비 알 정도였다. 두 개가 서로 비슷해서, 크고 작은 구별이 없었다. 진실로 쉽게 얻을 수 없는 보배였다.

또 층계를 따라 아래로 내려갔다. 쌀과 비단과 온갖 재화가 저장되어 있었다. 그 한쪽 구석을 구분해 따로 나누었다. 양과 염소를 가둬 놓고 또 개와 돼지를 치고 있었는데, 혹 짝을 이루거나 무리를 이루고 있었다. 또 층계를 따라 아래로 내려가니 배의 밑바닥이었다. 배의 얼개는 모두 네 층이었다. 사람은 맨 위층에 있으며 방들이 서로 이어져 있었다. 그 아래 세 층은 우물 정[井]이란 글자처럼 가지런히 사이를 나누고 시렁을 걸어, 온갖 물건들을 모두 쌓아 놓고 그릇들을 가지런히 놓았다. 온갖 쓸쓸이가 다 갖추어져 있었다.

청려국 향오도(마카오)는 광동 남쪽 바다 바깥에 있소. 청나라 세상을 피해 도망간 명나라 유민들이 여기 많이 들어갔소. 옛날 내가 바다에 다니다가 이 섬에 표류해 들어간 적이 있었소. 섬 안에 조선 사람 마을이 있고 그 마을에 김대곤이라는 사람이 마을의 원로로 덕망을 얻고 있었소. 김대곤이 이렇게 말하였소.
"우리가 여기 살아온 지 이미 사 대째가 되었습니다. 우리 조상은 원래 조선 사람입니다. 옛날 청나라에 포로로 잡혀 남경(난징)으로 흘러 들어갔다가, 명나라 피란민들을 따라서 이 섬으로 피란을 왔습니다. 여기서 집을 짓고 아내를 얻어 자식과 손자를 낳고 기르면서, 이제는 다 향오 사람이 되었습니다."

첫 번째 기록은 바다에서 처음 고래를 보고 그 모습을 묘사한 것이고, 두 번째 기록은 용오름의 장관을, 세 번째 기록은 우연히 얻은 진주 조개를, 네 번째 기록은 일행을 구조해 준 명나라 유민의 상선 내부를 사실적으로 묘사한 것이다. 고래나 진주 조개를 말로만 들었던 사람이나 용오름의 위용을 못 봤던 사람들도 쉬이 그 모습을 상상할 수 있도록 사실적이고 구체적으로 표현했다. 명나라 유민의 상선은 훨씬 자세하게 곳곳을 묘사하였는데, 그 규모나 구조가 엄청나게 크고 복잡하여 그 당대의 사람은 읽으면서 신기해하고 놀랐을 것이다. 이러한 신기하고 흥미로운 소재들을 적절히 배치하고 묘사한 것이 이 작품의 인기를 설명하는 데 도움이 될 것이다.

또한 이러한 신기한 소재를 설명하는 데서 더 나아가 연애담이 삽입되어 있어 흥미를 배가시킨다. 이 연애담은 1인칭 화자인 '나'가 겪은 것으로 표현되어 있는데, 여러 연구 결과물에서는 허구일 것으로 평가하고 있다. 사실이든, 사실에 허구를 섞은 것이든, 완전한 허구이든 표류의 모험담과 아름다운 섬 여인과의 연애담이 같이 있는 것만으로도 매우 흥미로운 서사 구조라 할 수 있겠다.

저녁때 김만련이 내게 매월을 데리고 와서 말했다. "아까 매월이 전하는 것을 들었습니다. 조씨 딸은 길손이 자기를 꿈속에서 만났다는 이야기를 듣고서, 만날 운명을 느끼는 마음이 있어서인지, 특별히 크게 물리치는 말이 없었다고 합니다. 그러므로 이는 허락한 셈입니다. 하물며 그 어머니가 오늘 밤 산속에 있는 절간에 제를 지내러 간다고 합니다. 길손이 꽃을 찾아 사랑을 나눔에는 이런 좋은 기회를 놓쳐서는 안 될 것입니다."

베개를 베고 서로 사랑을 나눔에 이르러서는, 마음과 혼이 물결 넘실거리 듯, 성내고 꾸짖는 소리가 이미 사그라지고 없어졌다. 정이 도타워 서로 떨어질 수 없는 마음을 금할 수 없었다. 초나라 왕이 고당에서 노닐다가 잠이 들어, 무산선녀와 뜨거운 사랑을 나눈 꿈도 족히 그 즐거움에 비교할 수 없었다.

"제가 응당 어머니 친척에 의탁하여, 낭군이 과거에 합격하기만을 기다리 겠습니다. 이 섬 안을 돌아보니, 사람 사는 기척도 드물고 잉어나 기러기 가 날라다 주는 편지도 받기 어렵습니다. 어찌 가히 이 섬 안에서 늙을 수 있겠습니까? 낭군이 저를 버리지 않는다면, 가히 남풍이 불 때를 말미암 아 좋은 소식을 듣게 은혜를 베푸소서. 저는 오 년을 기한으로 하여 기다 리겠습니다. 낭군이 기한이 지나도 오지 않으면, 비로소 가히 다른 집안에 시집을 가겠습니다."
어촌의 닭이 울어 동쪽 하늘이 밝아 오고 있었다. 손을 잡고 서로 이별할 때, 목이 메어 능히 말을 할 수가 없었다.

꿈속에서 보았던 여인을 현실에서 보게 된 '나'는 여인에 대한 마음 을 억누를 수 없게 되고, 그를 눈치챈 마을 사람의 도움으로 여인을 만나 하룻밤 정을 나눈다. 이 부분은 마치 조선시대 연애소설의 한 장을 읽는 듯하다. 여인은 5년 기한으로 '나'를 기다리기로 하고, '나'

는 과거에 급제해 지방관이 되면 반드시 여인을 데리러 오겠다는 약속을 하면서 이별하게 된다.

표류기와 무인도에서의 생존, 구조되었다가 다시 바다에 내던져졌다가, 구사일생으로 목숨을 건진 이야기에 달콤하고 애틋한 사랑 이야기가 더해지니 이보다 더 흥미로운 읽을거리가 있겠는가. 소설처럼 완전한 허구의 이야기도 아니고 실제 작가가 겪은 체험을 바탕으로 기록했다는 사실성이 전제되니, 당시 좁은 세계에 갇혀 살던 조선시대 사람들에게 이 『표해록』이 큰 인기를 끌었음을 짐작할 수 있다.

표류 체험 속에서 깨달은 것들

『표해록』은 단순한 모험담의 기록을 넘어서 고난을 겪은 후의 내면의 성장 역시 언급한다. 작가는 제주에 돌아와 당시 생환자 중 죽은 이들을 조문할 때 만난 사람과의 대화에서 표류 체험을 통해 깨달은 것들에 대해 말한다.

"주리고 추운 것은 사람이 걱정하는 바입니다. 그렇지만 이를 표류하면서 바다에서 고생했던 것과 비교하면, 오히려 배부르고 따뜻한 것입니다. 아프고 병이 드는 것은 사람이 고통스러워하는 바입니다. 그렇지만 이를 표류하면서 바다에서 고생했던 것과 비교하면 오히려 편안한 것입니다.

나로 하여금 모름지기 이를 잊지 않고 바다에서 있을 때처럼 한다면, 하늘과 땅 사이에서 어떤 물건이든 내가 즐기지 못할 것이 없고, 어떤 일이든 내가 즐기지 못할 일이 없는 것입니다. 이에 마소를 먹일 꼴을 입에 물고서라도 맛있는 고량진미가 들어 있는 듯합니다. 땔나무를 지고 절구 찧는 힘든 일을 떠맡고서라도 부귀의 즐거움이 들어 있음을 아는 것입니다. 이는 내가 바다에 표류하면서 지극히 고생하고 위험했던 경험 때문입니다. 그렇지 않다면 지극한 즐거움이 현재 삶으로부터 말미암아 나온다는 깨우침 때문입니다."

대저 통달한 사람은 복이 기울 것을 알므로, 복이 오는 것을 기뻐하지 않습니다. 화가 엎드려 있음을 알므로, 화를 만나는 일을 걱정하지 않습니다. 이를 얻어도 이익이라고 여기지 않고, 이를 잃어도 손해로 여기지 않습니다. 이는 마음이 만 가지 조화와 더불어 그윽이 들어맞고, 정신이 조물주와 더불어 노닐기 때문입니다.

표류 체험을 통해 가장 절실하게 깨달은 것은 현재 사는 것에 대한 감사이다. 바다에서 겪은 극한의 고통은 현재의 삶이 얼마나 소중한지, 현재의 고생이란 것이 바다에서의 고생에 비하면 아무것도 아니니 얼마든지 감수할 수 있다는 것을 작가는 말한다.

이어서 그는 인간의 길흉화복은 정해진 것이 아니어서 고난이 있으면 평온한 삶도 있고, 평온하고 행복한 삶 뒤엔 예기치 않은 고난도 다가오는 법이니 작은 일에 일희일비하지 말고 운명을 받아들이는 삶의 여유로운 자세도 강조한다.

그런데 이렇듯 길흉화복을 미리 말할 수 없는, 그래서 어쩌면 인간의 힘과 의지가 통하지 않아 잔인할 수도 있는 삶을 견디게 하는 것은 무엇일까. 삶이 녹록지 않다는 것을 깨달은 것으로써 삶의 고난을 다 받아들일 수는 없다. 실제로 힘든 고난을 겪을 수 있는 힘은 주변 사람들의 따뜻한 마음과 도움에서 오며, 그런 사람들의 선함을 믿는 마음에서 온다.

이제 이런 행동으로 보건대, 뱃사람들의 성품이 착함은 진실로 처음부터 자연스러운 것이 아니겠는가. 노화도에서 바람을 잘못 만나기 전에, 과연 내게 복종하지 않는 이가 많았던 것은, 그 마음이 악해서가 아니라 길들여져서 그렇게 된 것일 뿐이다. 배가 표류하여 죽음에 다다랐을 때 성심으로 불쌍히 여겨 슬퍼함은, 나를 생각해 따르는 것이거나 내 덕이 능히 그 악을 교화해서가 아니다. 뱃사람들의 성품이 본디 착해서, 장차 죽으려고 할 때에는 착한 말을 하게 되는 것이다. 그러니 진실로 세상에 마음이 악한 사람이 없다는 것을 잘 알겠다.

정오가 가까워지자 비로소 깨어 의식이 들며 점차 회복되었다. 섬사람들이 모두 와서 함께 만 고비 죽을 고생에서 겨우 한 번 살아난 나의 마음을 위로해 주었다. 이 섬에 사는 김만련, 김하택, 곽순창 등 여러 사람이 밤낮없이 서로 이어 가며 부지런히 돌봐 주었다.

항구에 남아 있는 청산도 뱃사람들과 이별하고, 우리 여덟 명은 길벗이 되어 십여 리를 가서 당촌에 도착했다. 길옆에 있는 민가에 투숙했다. 우리가 청산도에 있을 때의 주인은 아주 착한 사람이었다. 쌀과 돈을 마련해 주고, 또 갓, 창의, 짚신을 사서 내가 길 떠나는 것을 챙겨 주었다. 늘 은혜를 느끼지만 갚을 길이 없다.

위의 첫 번째 기록에서 작가는 처음에는 험상궂고 나쁘게 보이던 뱃사람들이 사실은 힘든 노역과 운명에 길들여져 그런 모습을 보이는 것일 뿐 본성은 선하다고 말한다. 다른 기록에서는 고난에 처한 사람들을 대가 없이 돕는 사람들의 인정을 언급한다. 이러한 인간의 선한 본성과 거기에서부터 나오는 도움과 인정이야말로 죽을 처지에 빠졌던 작가와 일행을 구해 준 현실적인 도움이었을 것이다. 작가는 이를 인정하며 그들에게 고마워했다.

표류 체험을 일기로 남기다

18세기 말 자신의 표류 체험을 한문으로 기록한 이 『표해록』은 발표된 이후 조선 후기의 『청구야담』, 『동야휘집』 등 대표적인 야담집에 반복적으로 실려 왔다. 이는 이 작품이 당시 사람들에게 널리 읽히면서 인기를 얻었다는 것을 의미한다.

이렇듯 많은 사람에게 이 작품이 인기가 있었던 것은 바로 이 작품의 특징에 기인한다. 있었던 일을 사실에 근거하여 정확히 기술하고, 여러 가지 흥미로운 견문과 이야기 등을 적절히 배치하여 독자의 흥미를 끌고 있다. 정확한 기술을 할 수 있었던 것은 표류 기간 중 틈틈이 적었던 일기를 바탕으로 하였기 때문이다.

엊저녁에 뱃사람들이 가죽 행낭을 포구에서 건져 냈다. 우리 배 위에 실렸던 것이다. 김서일이 말했다. "우리가 배에서 뛰어내릴 때, 형세가 심히 어쩔 줄 몰라, 급히 긴 밧줄을 당겨 허리 반쯤에 둘러 묶고서는 물속으로 뛰어들어 갔네. 어떤 물건이 밧줄 끝에 붙어서 나를 따라왔으므로, 몸은 무겁고 힘은 약해, 거의 죽음에서 벗어나지 못할 뻔했네. 이 물건이 밧줄 그 트머리에 붙어서 나온 것이 아니겠는가? 뜨거나 가라앉고 존재하거나 없어짐은, 물건에도 또한 그 운수가 있구려!"
곧 행낭을 열어 보았다. 그 안에 들어 있는 것은 종이돈과 문서들이었다. 물에 흠뻑 젖고 모두 진흙 투성이였다. 호산도에 있을 때 적어 둔 '표해일기'가 여기 들어 있었다. 꺼내어 보니 이지러지고 떨어져 많이 살펴볼 수가 없었다. 그러나 뜻으로 더듬어 추측하여 되새기면, 가히 그 대략을 알 수 있었다. 그러므로 이 원고가 없어지지 않은 것을 천만다행으로 여겼다.

가죽 행낭에 든 일기를 건져낸 것은 하늘의 도움이긴 하였으나, 이렇게 표류의 극한 상황에서도 매일 일기를 쓰면서 자기가 겪은 일들을 정리했던 작가의 자세가 『표해록』을 사실적이며 생생한 내용을 담

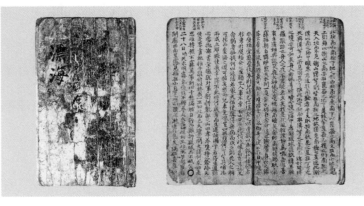

장한철, 『표해록』(국립제주박물관)

은 기록으로 완성한 것이다.

물론 표류의 전 과정과 구조된 이후의 이야기를 사실적으로 묘사했을 뿐 아니라, 부분부분 흥미로운 이야기를 삽입하고 연애담까지 써 넣은 것은 작가의 문장력이 뒷받침되어서이다. 이러한 빼어난 문장 실력에 자신과 일행의 감정을 가감 없이 솔직하게 표현한 것도 이 글을 흥미롭게 하는 요소이다.

풍랑을 만나 표류하게 되었을 때의 두려운 마음, 그런 두려움을 감추고 낙심하고 절망하여 무기력하게 된 일행에게 희망적인 사실을 끊임없이 이야기하며 삶의 의지를 격려하던 강인하고 긍정적인 자세, 남들에겐 희망을 이야기하지만 속으로 혼자 눌러야 했던 공포와 극심한 불안, 어떤 처지에서든 살아남아야겠다는 생존의지, 왜구에 대한 분노와 미움, 고난 속에서 두터워진 서로에 대한 동료애, 겨우 살아난 사람들도 곧 세상을 떠났다는 것을 알았을 때의 슬픔 등 작가와 일행이 느꼈던 다양한 감정과 정서가 이 글을 생동감 있는 글로 만들었다.

29명의 일행 거의가 뱃사람이나 장사치였고, 대부분이 죽었기에 장한철의 『표해록』이 조금의 허구도 없이 사실만으로 쓰였다고는 볼 수 없으나, 자신이 겪은 고난과 표류 중 보고 들은 것을 사실에 충실하게 전달하려고 한 것은 부정할 수 없다. 고난 속에서도 희망을 잃지 않고 살려는 적극적인 삶의 자세는 이 글을 읽는 우리들에게도 시사하는 바가 크다.

4부

연모의
정을 담아

1장

추억 속 그대 모습, 그립고 또 그리워라: 임재당

임재당과 『갑진일록』

임재당任再堂(1686~1726)은 전남 보성 지역에서 대대로 살아왔던 장흥 임씨 가문의 양반이었다. 그가 남긴 『갑진일록甲辰日錄』은 아내의 죽음과 그 이후 작가 자신이 어떠한 삶을 살아가고 있는가를 구체적으로 기록한 일기 작품이다.

임재당의 행적에 대해서는 많이 알려져 있지 않다. 『갑진일록』과 족보 등을 통해 그의 행적을 대략 재구성할 수 있는데, 그는 1686년에 전라남도 보성군 조성면 축내리에서 출생했는데 14세가 되던 1699년에 아버지가 돌아가셨다. 이후 어머니와 살던 그는 1706년(21세)에 풍산 홍씨 홍처일의 딸과 혼인을 하였다. 둘 사이에 자식이 없었고 아내의 독려 속에 과거를 준비했다는 점은 일기의 기록 등을 통해 확인할 수 있다. 그는 전라남도 보성군 축내리에서 살다가 1714년에 어머니를 남겨 두고 10여 리 떨어진 외딴 지역인 금장金藏이라는 곳으로 아내와 함께 이주하여 생활하였다.

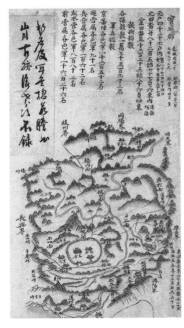

『해동지도』의 보성군(서울대학교 규장각한국학연구원/중앙도서관)

일기는 1724년 6월 20일 아내가 병에 걸린 때로부터 시작한다. 6월 29일에 아내가 죽고 난 후, 죽은 아내에 대해 그때그때 떠오른 생각이나 느낌들을 시간의 흐름에 따라 써 나갔다. 현재 전하는 『갑진일록』은 뒷장이 떨어져 나간 채 1726년 5월 1일에 끝이 난다. 아내의 장례를 치른 이후 급격히 병이 악화되었던 임재당은 일기가 끝나는 지점으로부터 2개월여 지난 후 세상을 마감하였다. 자식은 없었으나 죽기 몇 달 전, 큰형의 셋째 아들 임경천을 양자로 맞아들였다. 양자 임경천은 1740년 무과에 급제하였고, 손자는 1754년 문과에 급제해 벼슬을 했다.

『갑진일록』은 아내의 죽음을 전후로 한 시기에 쓰기 시작하여 3년여 동안 아내를 잃은 작가가 매일매일의 삶의 모습을 솔직하게 적어

나간 일기이다. 물론 『갑진일록』 전체가 아내의 죽음을 애도하는 글
들로만 채워져 있지는 않다. 후반부에 이르러서는 어머니의 죽음에
따른 상실감을 토로하거나 아내와 어머니의 죽음 이후 병마와 싸우
는 자신의 모습을 서술하기도 했다. 하지만 이 경우에도 작가는 아내
를 떠올리며 자신의 외로운 처지를 한탄하는 등 죽은 아내에 대한 그
리움을 지속적으로 서술하였다.

일기는 아내와 함께 생활했던 지난 시절을 추억하는 것, 아내 없는
외롭고 고통스러운 일상에 괴로워하는 것, 이 두 영역으로 나눠 살펴
볼 수 있다.

슬픔은 다함이 없다오

아내가 병으로 갑자기 죽자, 작가는 깊은 슬픔 속에서 헤어나오지
못한다.

> 1724년 7월 16일
> 집으로 돌아와 방에 들어가 문을 여니 견디기가 어려웠다. 인생이 이러한
> 지경에 이르니 죽고 싶을 뿐이다.[71]

---

[71] 임재당의 『갑진일록』 원본은 현재 장흥임씨대종회에 소장되어 있다. 조원경 선생이 처

아내는 1724년 6월 29일에 세상을 떠났다. 슬픔에 잠긴 작가는 집에서 잠을 자지 못하고 다른 곳에서 머물렀으며 절에 가서 지내기도 하였다. 집에 들어가기를 꺼리고 바깥에 머무른 것은 아내와 함께 공들여 지었던 집을 채 완성하기 전에 갑작스럽게 맞이한 아내의 죽음이 가져온 충격 때문이었을 것이다. 그러다가 7월 16일에 비로소 집으로 돌아왔다. 문을 열고 들어서자 작가는 마음이 아파 견디기 어렵다고 하면서 죽고 싶은 마음뿐이라고 토로하였다.

1724년 8월 8일

십구 년 일들을 되돌아보니	回頭十九年間事
어렴풋이 한바탕 꿈이었네	還是依依夢一場
그대 목소리와 얼굴을 다시 접하기 어려우니	可惜音容難更接
슬픈 심정 언제나 저승에서 호소할까	九原何日訴哀腸

아내의 죽음을 애도하면서 쓴 한시 작품의 하나이다. 임재당은 1706년에 풍산 홍씨와 혼례를 올렸다. 두 사람은 19년 동안 결혼 생활을 함께했다. 이제 사랑하는 아내가 세상을 떠나자 부부 사이의 함께했던 지난 세월은 이제 한바탕 꿈이 되어 버렸다. 더 이상 아내의 얼굴을 볼 수도 없고, 목소리도 들을 수 없다.

음 이 책을 발굴하여 번역 소개하였고, 이후 보성문화원에서 새 번역본과 원문 영인을 합쳐 출간하였다.

임재당은 『갑진일록』 안에 매일의 일상을 기록하는 동시에, 부인의 죽음을 애도하는 도망시悼亡詩를 적기도 하고, 부인을 위해 지은 제문祭文을 쓰기도 하고, 부인의 평소 언행을 자세하게 기록한 언행록을 남기기도 하였다.

특히 임재당은 아내의 죽음을 애도하여 쓴 도망시를 100여 수 넘게 썼다. 예전 시대에 도망시를 남긴 경우는 많이 찾아볼 수 있지만, 이렇게 100여 수 넘게 남긴 사례는 찾아보기 힘들다. 유례를 찾아볼 수 없을 만큼 임재당은 많은 도망시를 남겨 놓았던 것이다.

아내의 사람됨과 언행

임재당이 추억하는 아내는 단정하고 올곧으며 따뜻한 품성이 돋보이는 여인이었다. 항상 남편을 존중하고 격려했으며, 부지런하고 검소해 가세를 일으켰다. 주변 사람들에게 상하를 가리지 않고 너그럽고 따뜻하여 인망이 높아 작가는 아내를 마음 깊이 사랑하고 의지하였다.

그녀의 검소하고 부지런한 모습은 일기 여러 곳에서 볼 수 있다. 임재당은 아내의 평소 언행을 여러 항목으로 묶어서 서술하였다. 한두 가지 예만 들어 본다.

1724년 6월 30일

또한 검약함을 좋아하여 집에 있을 때에 평범하거나 누추한 옷을 입었고 화려하게 치장하지 않았다.

1724년 8월 16일

집안을 다스리는 데에 있어서는 긴요한 것만을 힘쓰고 낭비를 좋아하지 않았다. 성품이 또한 부지런하여 밤이나 낮이나 조금도 게으르거나 태만하지 않았다.

이렇듯 검소하고 부지런하며 사치와 허영과는 거리가 멀었기에, 가난한 살림을 일으킬 수 있었다. 분가한 후 집 한 채 없는 외진 곳에 정착하고서도 집을 짓고 논밭을 사들여 가정 경제를 튼튼히 일구는 믿음직한 아내였던 것이다.

또한 그녀는 사대부 양반가의 부녀자로서 올곧은 성품과 엄정한 가치관을 갖고 생활하며, 남편이나 주변 사람들에게도 바르게 살 것을 권면하였다.

1724년 6월 30일

또한 내동乃東(조카의 이름)을 권면하며 말했다. "어찌하여 부지런히 독서를 하지 않느냐? 나는 아침저녁으로 길쌈을 해도 오히려 괴로움을 알지 못하는데, 독서의 즐거움이 어찌 길쌈하는 것보다 못하겠느냐? 네가 젊어서 허랑방탕하다가 늙으면 무엇을 할 수 있겠느냐?"

1724년 9월 20일

집사람은 늘 나에게 "선비로서 할 일은 몸을 닦고 행동을 근실하게 하며 책을 읽고 학업을 행하는 것입니다. 만약 그렇지 않으면 친구들과 함께 문장을 논하고 학문을 하는 것도 좋습니다. 요사이 살펴보니 당신은 남들과 뒤섞여 온종일 실없는 농짓거리만 하고 있고, 입에 올리는 말은 이욕과 탐욕에 대한 것이고 늘상 하는 일은 장기와 바둑 두는 것입니다"라고 하였다.

조카 내동에게 올바른 처신과 독서에 힘쓸 것을 타이르고, 남편에게도 학문을 갈고닦을 것과 바른 언행 하기를 권하는 모습에서 '규중 군자閨中君子'의 모습이 보인다. 또한 그녀는 인정이 많고 너그러워 노비 같은 사회적 약자나 동물에게까지 따뜻한 마음을 썼다.

1724년 6월 30일

다른 사람들의 곤궁함을 보면 불쌍히 여기는 마음이 말과 얼굴빛에 나타나 그들을 돕고 보살핀 뒤에야 그만두었다. 미천한 짐승일지라도 사랑을 크게 베풀었다. 자상하고 은혜로운 덕이 남들보다 뛰어났다.

[…]

일찍이 가축을 죽이지 않았으니, 말하기를 "동물을 기르다가 죽이는 것은 어질지 못한 것입니다"라고 하였다. 인하여 닭 키우는 것도 그만두었다.

이렇게 따뜻한 인정을 베풀어 주변 사람들에게 존경과 사랑을 받아, 그녀가 세상을 떠났을 때에는 온 마을 사람들이 애통해했다. 또

올곧은 성품으로 자신에게는 엄격했지만 주변 사람들에게 관대하여 너그럽고 상냥한 성품을 지닌 사람이었다. 주변 사람에게는 물론이고 그녀는 남편인 작가에게도 극진한 정성과 깊은 이해심으로 일관하였다. 다음의 기록을 읽어 보자.

1724년 11월 29일

아내는 임인년(1722)부터 계묘년(1723)까지 내가 병이 든 것을 슬퍼하여 아침저녁으로 근심을 하며 극진히 정성을 다하고 간호할 방도를 구하였다. 항상 하늘에 축원하기를 나로 하여금 먼저 죽게 해 달라고 하였다. 갑진년(1724) 봄에 이르러 점차 병에서 회복하였다. 이것은 실로 신명이 아내의 정성에 감동한 것이다. 하루는 내가 화를 내지 말아야 할 일에 화를 내었고, 아내에게까지 화를 내게 되었다. 아내는 나의 잘못에 대해 처음부터 따지지 않으니, 이웃 사람이 괴이하게 여겨 그 연유를 물었다. 아내가 말하기를 "내 남편은 오랫동안 병이 들었다가 요사이 조금 회복이 되었답니다. 만약 함께 시비곡절을 논쟁한다면 필시 노기를 돋울 뿐이니 순순히 받아들여 해로움이 없는 편이 더 낫습니다"라고 하였다.

이렇게 병든 남편을 극진히 간병하고 회복을 간절히 축원하며 돌보던 아내가 죽자, 원래 병약했던 작가는 몸도 허약해지고 마음도 상처를 입어 살아갈 힘을 잃었던 것이리라. 그런데 이 완벽한 아내에게도 큰 슬픔과 괴로움이 있었으니 그것은 자식이 없다는 사실이었다. 당시 자식 ―특히 대를 이을 아들― 을 낳지 못하는 것은 아내 된 자로서

커다란 흠이었으니, 자신으로 인해 남편의 대가 끊길 수도 있다는 스트레스와 괴로움은 오랜 세월에 걸쳐 그녀의 심신을 해치고 있었다.

> 1724년 6월 30일
> 오랫동안 자녀가 없어서 손수 익모환益母丸[72]을 지어 여러 번 복용을 하였다. 결국에는 속이 막히는 증세가 나타나고, 원기가 다 소진되었다. 친정집 사람이 와서 보고는 모두 모습이 완전히 변했다고 하였다.

아이가 없다는 사실에 괴로워하여 늘 즐거운 빛이 없었고, 어떻게든 자식을 얻어 보려고 독한 약을 장복하여 마침내 몸을 해치는 데까지 이르렀다. 어쩌면 42세라는 나이에 죽음에 이르게 된 것도 자식을 가지지 못한 데 대한 심적인 고통과 자책, 또 잘못된 약의 사용 등에 기인한 것인지도 모른다. 아내의 고통과 슬픔을 누구보다 잘 알았던 작가는 그것이 못내 안타깝고 가여워 참을 수가 없었을 것이다.

집에 얽힌 추억들

임재당에게 있어 아내와의 추억 중 빼놓을 수 없는 것이 집에 얽힌

---

72   익모환(益母丸): 임신 관련 질환을 치료하는 약.

추억들이다. 혼례를 올리고 몇 년 동안 집안의 노비가 연이어 죽는 흉사가 일어나자, 두 사람은 축내를 떠나 사람이 살지 않는 오지인 금장으로 이사를 간다. 힘겹게 새로운 생활에 발을 디딘 그 두 사람에게 '집'은 생활의 출발이자 완성으로 큰 의미를 가지는 것이었다.

1724년 6월 27일

이듬해 겨울에 아내가 시집을 왔다. 계사년(1713)에 집안 노비가 갑자기 죽었고, 갑오년(1714)에 이르러 집안 노비가 또 갑자기 죽었다. 그날 이사를 하여 금장에 새 터를 조성하였다. 땅은 매우 척박하고 초목이 자라지 않았으며, 바람의 나쁜 기운이 사방팔방에서 모여드는 곳이고 동서남북으로 교차하는 곳이어서 수백 년 동안 주인 없는 곳으로 버려져 있었다. 나만은 이곳에서 거처할 만하다고 여겨서, 남들의 시비를 돌아보지 않고 남들이 비웃거나 욕하는 것을 생각하지 않고 어린 노비 한 명과 함께 집을 지었다. 9월 16일에 터를 닦기 시작하여 10월 15일에 집에 들어갔다. 밤에는 도둑이 두려워 부부가 앉은 채 잠을 지새웠다. 한겨울 눈보라가 불 때에는 낮에 한 사람도 만나지 못하였고 매서운 추위가 몹시 심하였다. 부부는 매번 고진감래라는 말로 서로 위로하며 지냈다. 이듬해 봄이 되어서 비로소 몇 집이 따라 들어와 조금 안심이 되었다. 나는 낮밤을 가리지 않고 집 꾸미기에 힘을 쏟았다. 소나무와 대나무를 심기도 하고 과일나무도 심느라 거의 한가한 날이 없었다. 집 뒤 작은 정원 주변에는 아내가 손수 심은 것들이 있었으며, 울타리 아래 뽕나무와 모시풀도 모두 아내가 심고 키운 것들이었다. 그 이후 촌락이 점차 이루어지고 수목이 무성해져 어느덧 새 마을이 되었다.

[…]

올해 봄 □□□□ 옛것을 허물고 새것으로 고쳐 토목공사를 마치면 집 안과 바깥의 담장을 쌓고 출입할 길과 문을 정한 다음, 가을에 공사를 마치고자 하였다. 갑자기 열흘도 안 되어 아내가 나를 버리고 멀리 떠나고 나 혼자만 이곳에 홀로 남게 되었다. 십 년 동안 해 온 일들이 결국 어디로 돌아갈 것인가?

위의 기록은 1724년 6월 27일, 아내가 세상을 떠난 날에 쓴 글이다. 아내와의 지난 시절을 회상하면서 작성한 것으로, 작가는 '집'에 초점을 맞추어 서술하였다. 작자는 아내와 1706년 혼례를 올렸으며, 이듬해 아내가 시댁에 들어왔다. 몇 년 결혼 생활을 이어 가다가 집안의 노비가 갑자기 죽는 사건이 연속해서 일어났다. 1714년 두 사람은 일가친척이 모여 있는 축내를 떠나 아무도 살지 않는 금장이라는 곳으로 이주를 결정하였다. 그해 9월 16일에 집터를 닦았으며, 10월 15일에 집을 만들어 입주를 할 수 있었다. 그 이듬해가 되어서야 비로소 다른 몇 집이 이사를 왔으며, 점차 마을을 형성해 가기 시작하였다.

그렇게 힘들게 이주 생활을 시작하였던 부부에게 있어 집은 각별한 애정의 대상이었다고 할 수 있다. 작가는 집 주변에 소나무와 대나무, 과일나무를 심었고, 아내는 집 뒤의 작은 정원에 손수 꽃과 나무를 심고 가꾸었으며, 울타리 아래에는 뽕나무와 모시풀을 심었다. 그렇게 집을 가꾸고 꾸미면서 10여 년 생활하였다.

1724년에는 집을 새로 보수하는 토목공사를 진행하였다. 담장을 새로 만들고 출입문을 정하는 일 등을 아내와 함께 상의하면서 진행하였다. 가을에 완공할 예정이었는데, 완공을 하기 전 6월에 아내가 갑자기 세상을 떠났다. 아내와 함께 고생하면서 새 터를 가꾸고 집을 지었는데, 집을 새로 보수하여 완성되는 것을 보지 못한 채 아내가 세상을 떠나갔다. 작가는 10년 동안 함께 가꾸어 왔던 모든 일이 결국 허망하게 되었다고 자탄하기에 이른다.

집은 이제 아내와의 소중한 추억이 깃들어 있는 공간으로 바뀌었다. 아내와 함께 고생을 하며 행복을 나누었던 과거로부터 현재까지의 시간을 담아 과거를 떠올리고 추억할 수 있는 특별한 공간으로서의 의미를 갖게 된 것이다. 동시에 집은 아내와 작가 사이의 추억을 매개하는 시간적 상징을 나타낸다. 작가와 아내 사이의 경험과 추억이 깊을수록 그 집은 더욱더 특별한 의미를 갖게 된다. 더구나 새로 보수하여 완공을 미처 끝내지 못한 집은 어느 날 갑자기 세상을 떠난 아내와 함께했던 시간을 떠올리게 만든다. 미완성인 채 남겨진 집이라는 공간은 아내를 향한 작가의 안타까움과 자신을 향한 회한의 장소였다.

1725년 1월 6일

육일과 칠일에 안방에서 대낮에 불이 나서 지붕을 다 태우고 꺼졌다. 하늘은 필시 나로 하여금 집이 없게 만든 다음에야 그치려고 하는 것인가? 탄식할 뿐이다.

4부 연모의 정을 담아

1725년 9월 12일

초당의 토목공사를 다시 시작했다. 아아! 계묘년(1723) 봄에 처음 초당을 지었고, 갑진년(1724) 봄에 다시 개조하였다. 완공을 보지 못하고 아내가 갑자기 세상을 떠났다. 인하여 이곳에 궤연几筵⁷³을 마련한 지가 십 개월이 지났는데 다시 대상大祥을 만나 사월부터 칠월 사이에 어머님의 궤연을 마련하였다. 장례를 지낸 뒤에 초당이 마침내 텅 비게 되었는데 수리할 마음이 나지 않았다. 일이 아직 마무리되지 않았고 앞서 행한 공이 모두 버려지게 될 것을 생각하니, 한 흔적으로 헛되이 사라질 것이니 어찌 슬프지 않겠는가? 또한 나는 오랫동안 조그마한 집에서 지내느라 울화가 점차 일어나니 형세상 그만둘 수 없는 것이 있다.

이에 내동에게 공사를 시작하라고 하고 이따금 몸소 감독을 하였다. 탄식하는 소리가 절로 입안에서 나도 모르게 새어 나왔다. 어린 종 한 명은 일꾼으로 일하기가 어렵고 조석으로 힘겨운 음식 공양을 면하지 못하였다. 이것 또한 쓸쓸히 슬퍼할 일이다. 아아! 슬프다. 공사가 끝난 뒤에 초당이 비록 보기 좋겠지만 누구로 하여금 보게 하겠는가? 아아! 슬프다.

1725년 10월 3일

이날 밤에 아내를 꿈에서 보았다. 아아! 슬프다. 이 초당을 짓던 날에 제도와 규모를 대부분 아내랑 같이 상의를 하였다. 그런데 오늘 공사를 마친 뒤에 나 혼자 지내고 아내는 초당을 다시는 보지 못하게 되었다. 목석같은

---

73   궤연(几筵): 죽은 사람의 혼백이나 신주(神主)를 모셔 두는 곳을 뜻함.

아내를 꿈에서 본 날 작가는 아내와 함께 상의를 하면서 초당을 하나하나 만들어 나갔던 시절을 떠올렸다. 하지만 그 초당을 미처 완성하지 못한 채 아내가 세상을 떠났으며, 그 후 1년여가 지난 때에 다시 공사를 마무리하고자 하였다. 아내와의 소중한 추억이 남아 있는 집에 머물기가 힘들어 한때는 집을 떠나 사찰 등을 떠돌기도 하였다.

아내가 세상을 떠난 이후 머물기조차 힘들기도 하였던 집이지만, 10년간 아내와 함께 공들여 만들었던 집을 마저 완성하고자 작자는 병든 몸을 이끌고 공사 감독을 하였다. 공사를 맡아 할 일꾼이라고는 아내의 조카로 와 있던 내동 한 사람뿐이었다. 아내와의 추억을 떠올리게 하는 집이 흔적조차 없이 사라지는 것이 안타까워 집을 완공하려고 하지만, 완공하더라도 아내는 그것을 볼 수 없다는 사실이 작가의 슬픔을 더욱 짙게 만들었다. 작가는 아내의 사랑과 꿈의 미완성처럼 남아 있는 집을 다시 마무리지어 아내와의 소중한 추억을 계속 이어 가고자 하였다.

날마다 죽음을 향해 나아간다네

어린 나이에 아버지를 여읜 작가는 어머니와 아내에게 많이 의지하였다. 아내의 죽음 이후 어머니마저 세상을 떠난 작가에게는 자식마저 없었다. 그의 말대로 혈혈단신 홀몸이 된 것이다. 게다가 장례를 치르면서 경제적으로도 궁핍한 상황을 맞이하게 되었다.

1725년 4월 16일

십육일. 지팡이를 짚고 축내에 갔다가 돌아왔다.

아! 슬프다. 혈혈단신 쇠잔한 몸이 달팽이 집에 살고 있다. 낮에는 온종일 혼자 앉아서 누군가랑 이야기를 나누지 않고, 밤이 되면 뒤척거리며 홀로 누워서 길게 탄식하며 깨어 있을 따름이다. 이것은 무슨 상황이란 말인가? 이것은 무슨 상황이란 말인가? 아침저녁으로 어린 여종 한 명이 들어와 겨우 밥을 지으면 내가 몸소 부엌에 마주하여 밥상을 차리게 하여 반상 두 개를 갖추게 한 다음에 으레 다른 여종을 청하여 좌우의 제청祭廳에 나누어 올리게 했다. 반상을 물리친 후 나는 어린 종과 함께 그 음식을 나누어 먹는다. 노비가 나가고 나면 나는 다시 집을 지키고 앉아 있다. 이것이 무슨 상황이란 말인가? 통곡하고 통곡을 한다. 내가 비록 상중이라고 하지만 만약 아내가 살아 있더라면 어찌 이처럼 궁박할 수 있겠는가? 통곡하고 통곡을 한다. 평소 친한 사람들이 나의 이 같은 궁박한 모습을 보고 가여워할 사람이 몇 사람이나 있겠는가? 인정세태는 변덕스러우니 슬프도다. 이 남은 인생이 장차 천지 사이에 한 버려진 존재일 뿐이다. 통곡을 하니, 어찌하리오? 쌀을 내고 들이는 때 그 곤궁함이 어떠한가? 소금과 장을 살피는 때 그 곤궁함이 어떠한가? 부모를 섬기느라 통곡을 하고, 아내를 그리워하여 통곡을 한다. 통곡을 하고 또 통곡을 하여 길이 통곡을 하는 사람이 되어서 다함이 없으니 어찌하리오? 통곡하고 통곡을 한다.

그의 곁에는 때때로 오는 여종을 제외하면 어린 여종 한 명만이 있었을 뿐이다. 아내와 어머니를 떠나보내고 홀로 남은 자의 슬픔과 궁핍한 상황이 '통곡'이라는 글자의 연속 속에 효과적으로 표현되었다. 우리는 비탄에 빠진 자기 독백적 어조 속에서 작가가 처한 상황을 미루어 짐작할 수 있다.

1725년 11월 18일.
버선이 몹시 해어져 발이 매우 시렸다. 할 수 없이 유진사댁에 청해 꿰매 달라고 했다. 나머지 옷들도 매우 얇아서 추위를 막을 수 없었다. 비록 베와 솜이 있지만 남에게 만들어 달라는 것도 어려운 일이다. 심사가 또한 어떠한가?

1725년 무렵 작가의 상황을 잘 보여 주는 대목을 인용해 보았다. 아내가 세상을 떠난 뒤에는 양말이 해졌는데도 꿰매 줄 사람이 없어 이웃집에 부탁해야 하고, 옷들도 얇아서 추위를 견디기 어려운데 베와 솜으로 옷을 만들어 줄 사람이 없다고 하소연하였다. 게다가 작가는 질병에 시달리면서 하루하루의 목숨을 연명해 나가고 있었다. 이질까지 앓게 된 작가는 '하늘이 필시 다 죽이고 나서야 그치려고 하는가'라고 탄식을 쏟아내기도 하였다.

일상의 공간은 현재의 시점에서 작자가 아내 죽음 이후의 삶을 어떻게 보내고 있는가를 보여 준다. 그 일상의 공간은 대체로 간결한 형태로 서술되어 있다. 홀로 집 안에 머물면서 일가친척의 조문을 받거나 제사를 지내는 일이 많이 보인다. 밖으로 외출하는 경우는 아내의 추억이 고스란히 남아 있는 집에 머물기 힘들어서 인근 사찰 등에 머물거나 초상이 난 집에 조문을 하러 가거나 잠시 일가친척이 모여 있는 축내에 다녀오는 경우가 대부분이다.

실패한 애도

애도는 대개 '깊은 슬픔의 과정을 거쳐 다시 삶과 일상의 세계로 복귀하는' 것으로 끝이 난다. 이러한 통상적인 애도와 달리 임재당의 『갑진일록』에 나타난 애도는 완성이나 종결이 없는 '실패한 애도'이다. 일상의 복귀 이후에도 애도는 지속된다. 프랑스의 철학자 데리다는 애도란 '끝없이 계속되는 것이며' '완성이나 종결은 없는 것'이라고 했다. 역설적이게도 '잘 실패해야' 성공한 애도라는 것이다. 사랑했던 사람을 잃은 슬픔에는 끝이 없어야 하며 그것이 진정한 애도일지 모른다. 『갑진일록』은 아내의 죽음에서 시작하여 작가 본인의 죽음에 이르러서야 비로소 끝이 나는 애도의 지속, 즉 '실패한 애도'를 표현했다.

1724년 8월 27일

주위 사람들 통곡한들 어찌할 수 없다고 말하지 말라　　　傍人莫說慟無奈

정과 의리는 차마 잊을 수 없다네　　　情義其如不忍忘

차마 잊지 못하여 스스로 억누르기 어려우니　　　不忍忘來難自抑

이 몸 죽어야 슬픔도 함께 없어지리라　　　政如身死恨俱亡

1724년 11월 10일

그대 얼굴 어렴풋이 날로 멀어지는데　　　顔面依俙日漸遠

처량한 마음 더욱 끝이 없구나　　　凄涼懷事益無窮

세월이 약이라고 말하지 말라　　　休言歲月能爲藥

겹겹이 내 가슴에 쌓인 것을 더 보태네　　　添得重重積我中

일상으로 복귀하지 않고 통곡만 한들 무슨 소용이 있겠느냐는 주변 사람들의 충고에 작가는 아내를 향한 정과 의리를 차마 잊을 수 없다고 하였다. 그것은 스스로 억누를 수 없는 것이어서 자신이 생을 마감하고 나서야 슬픔의 감정도 함께 사라질 것이라고 하였다.

두 번째 시는 아내를 장사 지내기 위한 무덤을 조성하는 공사를 마칠 무렵에 쓴 연작시의 하나이다. 무덤의 매장을 위한 절차를 마무리하던 때인데, 아내가 세상을 떠난 지 5개월여 지난 무렵, 생전의 얼굴이 자꾸 어렴풋하게 희미해져 가고 있다고 하였다. 흘러가는 시간 속에 아내에 대한 기억은 점차 줄어들기 마련이다.

하지만 아내를 잃고 난 후의 서글픈 마음은 끝없이 이어지고 있다.

주변 사람들은 이제 몸과 마음을 추스르고 일상으로 돌아올 것을 요구하면서 '세월이 약'이니 잊힐 것이라고 조언을 하였다. 작가는 그같은 주변 사람들의 충고를 단호히 거부하면서 시간이 흘러간다고 잊히고 사라지는 것이 아니라, 가슴속에 쌓이고 쌓인 슬픔의 응어리에 또 다른 슬픔이 덧보태지고 더해지는 것이라고 말한다. 아내를 향한 애도는 끊임없이 이어져야 하며 자신이 생을 마칠 때가 되어서야 비로소 그치게 될 것임을 분명한 어조로 강조하였다.

병마에 시달리며 죽음을 예감하다

아내의 죽음과 어머니의 죽음은 삶의 의지를 잃은 작가 자신의 죽음으로 이어진다. 아내가 세상을 떠난 지 채 1년이 되지 않은 1725년 3월 12일, 하나 남은 가족인 어머니마저 병에 걸려 덧없이 세상을 등지고 만다. 14세에 아버지를 여읜 뒤 어머니와 아내에게 의지하며 살아왔던 작자는 일 년이 안 되는 기간 동안 가족을 모두 잃는 비극을 겪게 된 것이다. 어머니의 죽음과 이에 따른 상실감은 지대했다.

1725년 3월 12일

하늘이여, 하늘이여! 어찌하여 나를 빨리 죽여서 구천 아래에서 다시 만나게 하지 않고 얼마 남지 않은 목숨을 남겨 두는가? 하늘이여, 하늘이여! 이것은 무엇 때문인가? 어찌하여 이렇게 하였는가? 어찌하여 이렇게 하였는가?

아내와 어머니의 연이은 죽음을 '흉변凶變'으로 일컬으며 하늘을 원망하기까지 한다. 홀로 남겨진 작가는 병세가 악화되기 시작하여 일기 후반부로 갈수록 병마와 싸우며 죽음을 향해 가는 자신의 모습을 기록하기 시작하였다.

1725년 11월 25일

사오일 전부터 기운이 사납고 정신이 혼미하며 두통이 이따금 일어나고 밥맛이 더욱 없다. 게다가 추위가 심해 몸이 차갑고 조리하는 것도 어렵다. 탄식할 뿐 어찌하겠는가? 시월 이후 동변童便[74]을 오래 복용하였다. 십이월 이후엔 흰죽을 오래 먹었고 엿도 먹었다. 요즈음은 배꼽에 쑥으로 뜸을 또 하니, 본래 온전한 날이 없다. 괴로움을 견디기 어렵다.

1726년 2월 1일

근래 천식이 매우 심해져서 숨이 몹시 가쁘고, 전혀 밥맛이 없고, 먹으면 토하였다. 죽을 날이 머지않음을 알 것 같으니 괴로움을 말로 다 할 수 없다.

---

74 동변(童便): 열두 살 이하의 어린 사내아이의 오줌으로, 전통 의학에서 약재로 사용하였음.

『갑진일록』은 기본적으로 죽음의 기록이다. 아내의 죽음이 중심에 놓여 있으며, 어머니의 죽음이 이어져 나오고, 작가 본인의 죽음을 향한 기록이 이어진다. 아내의 죽음이 큰 비중을 차지하는 가운데 어머니의 이어진 죽음으로 인해 작가는 더 큰 고통을 겪어야 했으며, 작가 또한 병에 걸려 힘든 시간을 보내야 했다.

『갑진일록』은 기본적으로 죽음을 다루고 있다. 아내의 죽음, 어머니의 죽음, 그리고 자신에게 닥칠 죽음에 대해 기록하였다. 시간의 순서에 따라 아내의 죽음 이후 어머니의 죽음이 이어지고, 이어서 작자 자신이 병마와 싸우며 죽음을 향해 가는 모습을 묘사하였다.

아내와 어머니의 죽음이 함께 언급되기도 하는데, 꿈을 통해 나타나거나 아내가 남긴 물건을 통해 회상되는 경우가 많다. 작가에게 죽음은 끝없이 환기되는 것으로 나타난다. 아내의 죽음을 떠올리기도 하고, 때로는 어머니의 죽음을 환기하며, 어떤 경우에는 둘이 겹쳐 나타나기도 하고, 작가 본인의 죽음을 예감하기도 한다.

1726년 4월 22일
이십이일부터 병세가 매우 위중하여서 비로소 양자를 정하는 일을 의논했다.

병마에 시달리며 죽음을 예감한 작가는 마침내 집안사람과 양자 들이는 일을 의논하며 사후의 일을 준비한다. 큰형의 아들 임경천을 양자로 삼은 것이 4월 26일이었으며, 마지막으로 일기가 기록된 것

임재당, 『갑진일록』(장흥임씨대종회)

은 5월 1일 자인데 뒷장이 떨어져 나간 채 끝이 나 있다. 그리고 임재당은 그로부터 2개월 후에 아내에 대한 그리움을 가슴에 안고 세상을 떠났다.

애절한 사랑의 기록

임재당의 『갑진일록』은 아내의 죽음 이후의 심리, 감정, 태도가 어떠한가를 솔직하고 진솔하게 낱낱이 기록한 일기로, 유례를 찾기 힘든 거의 유일한 자료이다. 애도의 감정을 다룬 일기 자료가 다수 존재하지만 스승이나 부모를 대상으로 한 것이며, 『갑진일록』의 경우에서처럼 아내가 죽은 뒤에 작가가 겪고 있는 감정과 심리 등을 내밀한 언어로 기록한 일기는 거의 알려진 바 없다. 이른바 장례 일기는 죽은 사람의 장례 의식과 절차를 자세하게 기록하였지만, 서술자의 내면과 감정을 진솔하게 토로하는 경우는 흔치 않다.

이에 반해 『갑진일록』은 자신이 겪고 있는 내적 심경을 토로하기도 하고, 도망시를 통해 부인을 떠올려 보기도 하며, 부인의 평소 언행을 회상하기도 하고, 장례의 절차에 대해 기록하기도 하며, 죽은 아내를 위한 제문을 쓰기도 하였다. 요컨대 『갑진일록』은 임재당에게 있어 아내의 죽음 이후에 맞닥뜨린 생생한 삶의 증언이었다.

임재당은 통상적인 애도 방식을 거부하고 아내의 죽음에 따른 괴로운 심정을 '지속적으로' 드러내 보이고자 하였다. 아내의 죽음 이후 자기 삶의 전 과정을 일기라는 장르 속에 삶을 마칠 때까지 기록해 놓고자 하였던 것이다. 장례 절차에 따라 그때그때 제문을 짓고, 일정한 시간이 경과하면 다시 일상의 세계로 복귀하는 것이 통상적인 애도 방식이라고 한다면, 임재당의 경우에는 그러한 통상적인 애도 방식과는 크게 구별된다.

임재당은 특별한 형식적 제약 없이 하루하루의 시간과 그 시간 속에서 아내를 떠나보내고 자신이 겪고 감당했던 순간순간을 빠짐없이 낱낱이 기록했다. 실제로 임재당은 아내가 죽음을 맞이한 때부터 시작하여 죽기 바로 전까지 일기를 지속적으로 써 내려갔는데, 이 일기 속에서 죽은 아내를 끊임없이 기억하고 생전의 아내와 함께했던 지난 시간을 회상하였다. 그러한 기록 속에서 그의 아내에 대한 그리움과 아내를 잃은 데 대한 슬픔과 비탄이 절절하게 표현되었으니, 시대를 초월한 애절한 사랑의 기록이라 부를 수 있을 것이다.

2장

만나서 사랑하고 미워하며:
지규식

지규식과 『하재일기』

지규식池圭植(1851~?)은 궁중에 그릇을 조달하는 공인貢人이었다. 공인이란 조선 후기 중앙 각 궁과 관아에 필요한 물자의 조달을 맡았던 사람이다. 그의 신분은 중인 또는 평민으로 추정된다. 19세기 중반인 1851년에 태어나 근대 전환기의 격동기를 살았다. 죽은 해는 정확하게 알지 못하는데, 1911년 6월까지는 생존하였다.

조선시대에 임금에게 음식을 올리거나 대궐 안에서 음식을 제공하는 일을 맡은 관청으로 사옹원司饔院이 있었는데, 임금이 사용하거나 궁중에서 쓰는 그릇을 만드는 일도 관할하였다. 그릇에 대한 수요가 점점 늘어나자 현지에서 직접 작업을 관할하는 관청이 필요하게 되

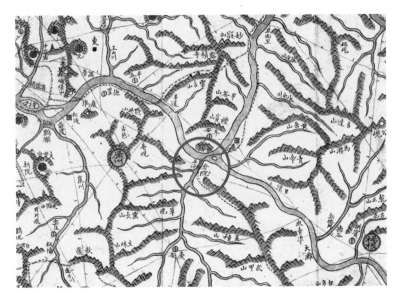

『대동방여전도』의 분원(서울대학교 규장각한국학연구원)

경기도 광주시 분원리에 남은 도요(도자기 굽는 가마)의 모습(국립중앙박물관)

4부 연모의 정을 담아

었다. 그 관청을 분사옹원分司饔院, 줄여서 분원分院이라고 한다. 그래서 분원에는 공인 이외에 그릇을 만드는 사기장沙器匠도 있었다. 지규식은 경기도 광주 분원에 소속된 공인이었다.

18세기에 이르러 한강으로 합류하는 우천牛川[75]의 하류 부근에 분원을 세웠다. 지금의 경기도 광주시 남종면 분원리 일대이다. 이곳은 배를 이용하여 서울까지 이동하는 데에 교통이 편리하였다. 이곳에는 그릇을 만들던 유적이 남아 있으며, 〈분원백자자료관〉이 세워져 있다.

『하재일기』는 지규식이 1891년부터 1911년까지 쓴 일기로, 20년 7개월간 거의 하루도 빠짐없이 기록하였다. 지규식은 분원에서 자금의 출납, 회계 문서의 작성과 관리 등 공소의 재정 운영을 담당했다. 구체적으로 말하면, 궁에 그릇을 납품하고 돈을 받는 일, 그릇을 내다 팔고 대금을 받는 일, 그릇 판매의 독점권이 유지되도록 단속하는 일, 그릇을 굽는 데에 필요한 흙과 나무 등의 수급에 관한 공문을 작성하는 일 등을 맡았다. 『하재일기』에는 그의 직무와 관련된 그릇의 납품, 판매, 자금 거래 내역 등이 상세하게 기록되어 있다.

41세에 기록을 시작해 환갑이 되는 해에 멈춘 이 일기는 양반 신분이 아닌 사람에 의해 작성된 일기라는 점에서 주목된다. 현재 전하는 대부분의 일기는 양반층이 작성한 것인 데 반하여, 『하재일기』는 평민이거나 혹은 중인 신분의 인물이 쓴 것이라는 점에서 특히 흥미롭

75   우천(牛川): 지금의 경안천.

다. 지규식은 양반 신분은 아니었지만, 한
문에 대한 소양이 있어서 양반과 어울려 한
시를 짓기도 하고, 문집을 읽기도 하였다.
『하재일기』도 한글이 아닌 한문으로 기록
되어 있다.

지규식, 『하재일기』(서울대학교
규장각한국학연구원/중앙도서관)

　『하재일기』는 개인의 일상을 빠짐없이 상
세하게 기록해 근대 전환기의 시대상이나
당시 사람들의 생활 모습, 의식이 잘 드러
나 있는 귀중한 자료이기도 하다. 자기 주
변과 생활에 대해 매우 꼼꼼하게 기록해 두었는데, 그 가운데 두 여성
과 연인 관계를 지속해 갔던 과정이 상세하게 나타나 있다. 지규식이
상세하게 기록한 연인과의 관계는 가장 사적이고 개인적인 영역이라
할 수 있다. 개인의 내밀한 사생활을 과장 없이 담담하게 기록한 이
일기에서는 근대 전환기 평민 남성의 연인 관계 및 여성관, 당시의 여
성의 위치 등이 드러나 매우 흥미롭다.

　일기 속에서 지규식은 '한씨'라는 여성과 결혼한 몸이지만, '춘헌春
軒'과 '운루雲樓'라는 두 여성과 오랜 세월 교제를 이어 왔다. 지규식은
동갑인 한씨와 결혼을 하여 슬하에 6남 1녀를 두었다. 자식들 가운데
5명이 요절하였으며, 1905년 이후에는 첫째와 둘째 아들만이 그의 곁
을 지켰다. 춘헌과는 1880년에 만나 1898년까지 거의 20년에 달하는
시간을 함께했고, 춘헌이 죽은 뒤 만난 운루와는 1899년부터 1908년
까지 만남을 이어 갔다. 두 여성과의 관계는 그들이 죽으면서 끝났는

데, 두 여성은 모두 각각 '장춘헌長春軒'과 '벽운루碧雲樓'란 술집을 운영했다.

지규식은 그들과 함께한 일상생활, 갈등과 오해, 화해, 간병했던 일 등을 빠짐없이 일기에 기록하였다. 일기의 어투는 지극히 담담하고 간략하지만, 방대한 기록 속에 남녀의 사랑과 갈등, 이별과 회한이 잘 그려져 있다.

사랑과 갈등의 반복, 춘헌과의 오랜 인연과 사랑

춘헌은 경기도 광주시 남종면 분원리에서 장춘헌이라는 술집을 운영하는 여성이었다. 1871년 분원리에서 출생한 함창섭咸昌燮은 청년 시절의 기억을 이렇게 이야기했다.

> 분원의 사기沙器는 극히 적은 일부분만이 왕실에 납품되고 대부분은 판매되어서 지금의 분원리는 전국 각처에서 모여드는 사기 행상으로 인하여 상설 사기 전문 시장과 같이 되었다.

분원리에서 제작된 그릇이 궁으로 일부 들어갔지만 상당 부분이 민간으로 흘러나와 판매되고 있었다. 1883년에는 분원이 민영화되면

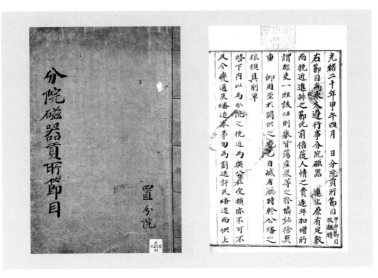

『분원공소절목(分院貢所節目)』(서울대학교 규장각한국학원구원/중앙도서관). 『분원공자기소절목』이라고도 한다. 분원의 민영화를 공포하는 내용이 담겨 있다.

서 상업적 판매와 유통이 더욱 활발해졌다. 이에 따라 지규식이 살았던 당시 분원리는 전국 각지로부터 많은 행상과 재화가 모여들어 상업 중심지로서의 활기를 띠고 있었다.

장사꾼이 오가고 흥정을 벌이며, 음식점, 술집, 가게, 숙박업소 등이 거리에 즐비하였다. 이에 따라 장춘헌과 같은 술집들도 여럿 운영되고 있었다. 『하재일기』에는 장춘헌, 벽운루 이외에도 '임강옥' 등의

백자 청화 분원산수무늬 부채모양 연적(국립중앙박물관). 분원에서 이 같은 사기가 주로 생산되고 유통되었다.

술집, 그리고 그 술집에서 일하는 여러 여성이 등장한다.

지규식은 춘헌과 1880년 무렵부터 만나기 시작한 것으로 추정되는데, 두 사람 사이의 교제는 그녀가 1898년 세상을 뜨기까지 약 20여 년 동안 지속되었다. 현재 전하는 『하재일기』는 1891년 1월 1일부터 시작하는데, 그녀는 1월 2일에 처음 등장하기 시작하여 1898년까지 『하재일기』에 줄곧 등장하는데, 『하재일기』에서 압도적으로 많이 등장하는 인물이다.

지규식은 서울이나 다른 지역으로 출타한 것을 제외하고 분원에 있을 때에는 장춘헌 술집을 자주 찾아갔다. 그의 집은 춘헌이 운영하던 장춘헌과 그리 멀지 않은 곳에 있었다. 그리고 지규식은 춘헌과 만난 날이면 한 번도 빠뜨리지 않고 기록으로 남겼다. 이처럼 연인 관계로 있던 인물과의 사생활을 장기간에 걸쳐 지속적으로 기록으로 남겨 놓은 것은 극히 이례적이다. 춘헌에 대해 기록한 것만을 떼어놓고 그것들을 연결시켜 읽어 보면, 두 사람 사이에 일어났던 사소한 사건들이 한 편의 소설을 읽는 것처럼 흥미롭게 다가온다.

지규식은 춘헌을 여러 이름으로 불렀다. 춘헌 이외에 난경蘭卿, 난인蘭人, 난향蘭香, 이인伊人 등의 이름으로 기록되어 있다. 『하재일기』에 등장하는 여성들이 '제천실' 등과 같이 출신 지역으로 불리거나 한 가지 이름만으로 불리는 것에 비해, 춘헌의 경우에는 다양한 이름으로 불리고 있었다. 하지만 그녀의 본명, 고향, 성장 과정 등을 밝혀 놓지는 않았다.

1892년 1월 3일

밤에 춘헌에 가서 정담을 나누고 돌아왔다.[76]

1892년 1월 9일

춘헌에 가서 만두를 먹고 돌아왔다.

1892년 1월 10일

춘헌에 갔다가 화나는 일이 있어서 바로 돌아왔다.

1892년 1일 12일

밤에 춘헌에 가서 조금 있다가 바로 돌아왔다.

1892년 1월 14일

밤에 춘헌에 가서 밤 한 냥어치를 사서 나누어 먹고 돌아왔다.

　저녁때에 집으로 돌아와 식사를 하고 밤에 장춘헌을 방문하는 경우가 많았다. 지규식은 춘헌과 만났던 일상을 소소하게 기록하였다. 이야기를 나누기도 하고, 만두를 먹기도 하고, 밤을 사서 나누어 먹기도 하고, 때로는 화가 나는 일이 생겨 바로 돌아오기도 하였다. 특별

76　지규식의 『하재일기』는 서울대학교 규장각한국학연구원에 소장되어 있다. 서울역사편찬위원회에서 8권으로 번역하여 출간하였다. 서울역사편찬위원회에서 출간한 번역본은 한국고전종합DB를 통해서도 열람할 수 있다.

할 것도 없는 이러한 사적인 일을 꼼꼼하게 기록으로 남겼다는 점이
중요하다.

1891년 4월 4일
밤에 이인네 집에 가서 정담을 나누고 닭이 운 뒤에 돌아왔다.

1891년 4월 11일
밤에 춘헌에 가서 정담을 나누고 닭이 운 뒤에 돌아왔다.

1894년 1월 19일
밤에 춘헌에 가니 철현금鐵絃琴이 있었는데 새 곡을 연주했다. 정담을 나누
고 닭이 운 뒤에 돌아왔다.

1894년 2월 29일
춘헌네 건넛방에 도배와 장판을 하였다. 밤이 깊도록 정담을 나누고 닭이
운 뒤에 돌아왔다.

때로는 장춘헌에서 새벽녘까지 머물다가 돌아오기도 하였다. 간략
하게 '닭이 운 뒤에 돌아왔다'라는 말을 통해, 두 사람이 함께 밤을 보
낸 것으로 짐작해 볼 수 있다. 장춘헌은 많은 손님이 오가는 유흥의
장소인 동시에, 지규식에게 있어서는 애정의 공간이며, 은밀한 사적
공간이었다.

연인이 만나 교제를 할 때 달콤한 시간만이 있는 것은 아니다. 다투기도 하고 질투를 하기도 하며 미워하며 원망하기도 한다. 지규식과 춘헌의 만남도 예외는 없었다. 지규식은 춘헌과 만나면서 서로 부딪치며 갈등을 벌였던 애증의 모습까지 놓치지 않고 일기 속에 담아내었다.

1891년 4월 14일

오후에 장춘헌에 갔다. 불쾌한 일이 있어서 술 두어 잔을 마시고 논쟁하였으나 결국은 좋게 처리하고 달빛을 받으며 돌아왔다.

1891년 6월 24일

장춘헌에 가서 반가워하며 악수하고 이야기했는데, 난인蘭人이 기쁘지 않은 기색을 하고 있었다. 그 연유를 캐어물으니 난인이 말하기를 "수개월 동안 서울에 머물면서 많은 사람에게 유혹을 당하였다고 추악한 소문이 원중에 떠들썩하니, 이게 무슨 도리입니까?"라고 하였다. 내가 말하기를, "이는 터무니없는 헛소문이다. 어찌 그럴 리가 있겠는가?"라고 무수히 밝혔지만, 그러한 말을 들으니 몹시 안타깝고 한스럽다.

1892년 4월 8일

달빛을 따라 춘헌에 이르렀으나 외출하고는 있지 않았다. 밤이 깊도록 돌아오지 아니하여 불러오게 했지만 일부러 오지 않았다. 분하고 서운한 마음을 이기지 못하여 집으로 돌아왔다.

사소한 일로 갈등을 벌이기도 하고, 때로는 절교를 했다가 다시 화해하기를 여러 차례 거듭하기도 하였다. 연인 간의 만남과 애정 관계에서 흔히 엿볼 수 있는 모습들이다. 춘헌과의 만남도 순탄하게 진행되었던 것만은 아니다. 목소리를 높여 언쟁을 벌이기도 하고, 서로에 대한 질투의 감정을 숨김없이 드러내기도 한다. 상대방에 대한 불쾌한 마음, 안타깝고 한스러운 마음, 분하고 서운한 마음은 연인이 만나서 사귈 때에 흔히 접하는 감정일 것이다.

 『하재일기』에는 춘헌과의 교제 중에 경험하였던 다양한 사건과 감정과 심적 갈등을 가감 없이 기록으로 옮겨 놓았으며, 그 같은 자잘한 사건들을 통해 자신의 다양한 감정을 솔직하게 토로하였다. 춘헌을 찾아갔는데 한 마디도 하지 않고 입을 다물고 있자 분함을 참지 못하여 돌아오기도 하고, 새벽까지 돌아오기를 기다렸지만 끝내 만나지 못하여 서운한 마음을 품고 돌아오기도 하였다. 질투와 배신감 등의 감정이 들었을 것이다.

 춘헌과 만남을 이어 가면서 지규식은 사랑의 기쁨과 즐거움을 경험하기도 하지만, 두 사람 사이의 어긋남과 갈등으로 인해 느낀 복잡한 감정들 —서운함, 후회, 배신, 원망, 분노, 안타까움, 연민 등— 을 숨김없이 일기 속에 토로하였다. 이 점이 또한 『하재일기』에서 우리가 주목할 부분의 하나이다.

1892년 4월 9일

춘헌에 갔는데 의롭지 못하고 무정한 일이 있어서 대단히 가슴 아프고 원망스럽다. 내가 스스로 자책하고 영원히 절교하기로 하였다.

1892년 4월 10일

생사로 짠 명주 네 자의 값이 10냥이요, 왜밀倭蜜 한 장에 8전이요, 참분[眞粉] 한 갑 값이 1냥 7전인데, 춘헌에게 주었다.

1892년 4월 11일

밤에 춘헌에 가서 정담을 나누고 닭이 운 뒤에 돌아왔다.

지규식은 춘헌과 만나 사랑하고 미워하며 둘만의 시간을 이어 갔다. 때로는 그녀에게 절교를 선언했다가 얼마 안 되어 다시 화해하였다. 1892년 4월 9일 지규식은 춘헌과의 만남을 끊기로 결심을 하였다. 하지만 바로 다음 날 춘헌에게 생사로 짠 명주, 왜밀(향료를 섞어서 만든 밀기름), 참분을 선물로 주었으며, 그다음 날에는 장춘헌을 찾아가 화해를 하였다. 그로부터 두 달 뒤에도 지규식은 절교와 화해를 되풀이하였다.

1892년 윤 6월 1일

밤에 춘헌에 갔으나 끝내 화가 나 있었다.

1892년 윤 6월 2일

참외 1냥 5전어치를 사서 춘헌에게 주고 밤이 깊도록 정담을 나누고 돌아왔다.

1892년 6월 27일

참외 열다섯 개를 4냥에 사서 열 개는 집으로 보내고 다섯 개는 춘헌에게 보냈다. 저녁을 먹은 뒤 춘헌에 갔으나, 도무지 한 마디 말도 없어서 분함을 견디지 못하여 스스로 절교하고 돌아왔다.

1892년 6월 29일

점심때가 되어 우천에서 들어와 춘헌에 이르러 영원히 절교하고 돌아왔다.

춘헌과 영원히 헤어지겠다고 굳게 결심을 하지만 며칠 되지 않아 그 결심은 흐지부지되어 버린다. 장춘헌을 찾아가 다시 화해하기를 반복하는 것이다. 『하재일기』 전체를 보면, 춘헌과 절교를 하고 다시 화해하는 기록이 모두 6번에 걸쳐 나타난다.

이렇게 만남을 이어 가다가 1898년 1월 춘헌이 병으로 세상을 떠남으로써 두 남녀의 만남은 끝이 난다.

1898년 윤 3월 7일

창 가득 달그림자에 꽃가지 흔들리는데	滿窓月影動花枝
그 옛날 미인과 함께 정담을 나눌 때라네	曾與玉人私語時
꽃과 달은 그대로인데 사람은 보이지 않으니	花月依然人不見
아득한 이 슬픔을 누가 알리오	悠悠此恨有誰知

위의 시는 춘헌의 죽음을 슬퍼하며 지은 것이다. 꽃이 활짝 핀 봄날 달빛 아래에서 춘헌과 함께했던 옛 추억을 작가는 떠올리고 있다. 춘헌이 죽고 난 뒤에도 어김없이 봄은 다시 찾아와 꽃이 피고 달도 아름답지만 그녀는 이제 이 세상 사람이 아니다. 작가는 춘헌이 죽고 난 뒤에도 여전히 그녀를 잊지 못하고 그리움과 추억 속에서 생전의 모습을 기억하고 있는 것이다.

춘헌에게 준 선물

지규식은 춘헌에게 여러 가지 선물을 보냈다. 몇 가지 예를 들어 본다.

석유등石油燈, 우산, 신발, 담배, 과일, 초, 고운 체, 생면주生綿紬, 왜밀, 참분, 고기, 대추, 앵두, 약병아리, 모시로 짠 항라, 참외, 우심牛心, 명주, 당목唐木, 담뱃대, 참빗, 마포麻布, 생모시, 부채, 미역, 갈비, 황모시, 돼지고기, 은장도, 은, 서양사西洋紗, 자왜증紫倭繒(일본 비단), 붓, 먹, 도미, 『정사情史』, 『청구영언靑丘永言』 등

선물 목록에는 현금과 먹거리도 있지만, 여성의 몸단장이나 치장에 필요한 것들도 많이 포함되어 있다. 그는 서울에 출장을 갔을 때에

옥으로 된 분통(삼척시립박물관)　　　　참빗(국립진주박물관)

바쁜 시간을 내어 춘헌을 위한 여러 선물을 구입하였다. 그러한 선물
중에서 분, 명주와 비단 등의 옷감, 참빗, 신발 등은 일종의 사랑의 징
표였다.[77] 선물을 주는 것 이외에 지규식은 춘헌에게 생활비, 땔나무
값, 옷감값, 약값, 여행 경비 등의 명목으로 돈을 주기도 하였다.

　위의 선물 목록 중에서 또 하나 특별히 주목할 것은 『정사』, 『청구
영언』이라는 책이다.

1892년 2월 28일

점심때 우천에 나가 『청구영언』을 초록하여 작은 책자로 만들었다. 저녁을
먹은 뒤 소매 속에 넣고 춘헌에 가서 보고서 읊게 하였다.

77　서양에서는 연인 간의 애정의 징표로 여러 가지 물건이 등장한다. 여자의 경우 빗, 리
　　본, 반지, 팔지, 손수건, 작은 안경, 진주 목걸이, 허리띠 등이 모두 사랑의 징표였다. 남
　　자는 사랑하는 연인에게 반지나 리본을 주고 대신 리본이나 손수건을 받았다. 필립 아
　　리에스 · 조르주 뒤비 편, 『사생활의 역사』 5, 김기림 역, 새물결, 2006.

1893년 10월 15일

밤에 춘헌에 가서 정담을 나누고 돌아왔다.『정사』중에서 볼만한 것을 한글로 베꼈다.

1893년 10월 22일

초록한『정사』를 표지를 잘 꾸며서 춘헌에게 주었다.

『정사』는 중국 명나라 말기의 작가 풍몽룡馮夢龍(1574~1646)이 쓴 애정 소설이다. 지규식은『정사』를 손수 초록하여 한글로 번역하고 책의 표지까지 잘 꾸며서 춘헌에게 선물로 주었다. 이 기록은 조선 후기에『정사』가 수용된 과정의 한 양상을 알려 주는 중요한 정보이다. 지규식이『정사』를 한글로 번역한 것은 소설에 대한 관심과 흥미를 나타낸 것이지만, 춘헌에 대한 애정의 징표로 직접 제작한 것이라는 점에서도 흥미롭다. 또한 그는 시조가집『청구영언』을 초록하여 책자로 만든 뒤에 춘헌으로 하여금 읊게 하기도 하였다. 19세기 말에『청구영언』이 유통되던 양상을 보여 준다.

1896년 8월 23일 일기에는 '조 고양 댁에서 한글 소설『권용성전權龍星傳』을 빌려서 춘헌에게 보냈다'는 기록이 나온다.『권용성전』은 중국을 배경으로 한 애정소설이다. 한글 소설『권용성전』과 함께 중국 소설인『정사』,『도화선』,『서상기』등 애정 소설을 즐겨 읽었던 지규식은 춘헌을 위해 한글 번역을 직접 하였고, 이를 선물로 제작하였다. 연인 간에 교환하는 선물로 소설이 유통·소비되었음을 보여 준다는 점에서 중요한 의미를 지닌다.

운루와의 사랑과 갈등

지규식은 1899년 무렵 운루라는 여성과 교제를 갖기 시작하였다. 춘헌과 사별한 지 1년 뒤의 일이다. 운루는 벽운루라는 술집을 운영하는 여성이었다. 벽운루 또한 장춘헌처럼 분원 근처의 술집 이름이다.

운루는 1899년 3월 20일에 처음 일기에 등장한 이후 1908년 4월 그녀가 사망할 때까지 기록이 계속 이어진다. 운루에게는 남편이 있었으며, 그녀의 결혼 생활이 행복하지 못했던 것으로 보인다.

1899년 4월 8일	벽운당(운루)에 이르러 회포를 나누다가 밤이 깊어서야 돌아왔다.
1899년 5월 4일	밤에 운루를 방문하여 회포를 나누었다.
1899년 5월 18일	운루와 밤에 이야기를 나누었다.
1899년 5월 21일	운루와 밤에 이야기를 나누었다.
1899년 5월 27일	밤에 운루에게 가서 회포를 나누었다.
1899년 5월 29일	밥을 먹은 뒤 운루를 방문하여 밤이 깊어서야 돌아왔다.
1899년 6월 1일	운루 주인이 체해서 설사를 하는 바람에 몸져누웠는

데, 계속 약을 복용했더니 늦게 차도가 있었다. 밤에 함께 회포를 나누었다.

1899년 6월 2일   운루와 밤에 이야기를 나누었다.

지규식은 운루와 만났던 일을 빠짐없이 기록했다. 때로는 자세하게 기록하기도 했지만, '밤에 벽운루를 방문해서 함께 이야기를 나누고 돌아왔다'는 식으로 간략하게 기록한 경우가 많이 보인다.

1901년 12월 20일
돌아오는 길에 운루에 들렀는데 불미스러운 일이 있어서 몹시 분함을 견딜 수 없었다. 일이 맹랑스러우므로 좋게 타협하고 마음을 풀고 돌아왔다.

1902년 1월 6일
저녁에 운루에 들러 이야기하려 하니 얼굴을 돌렸다. 매우 한탄스럽다.

1905년 9월 8일
운루가 소홀하게 대우한다는 말을 하였으므로 화를 내고 돌아왔다.

운루와의 만남을 계속 이어 가면서 때로는 다투기도 하고, 화를 내기도 하며, 분노의 감정의 숨기지 않기도 하였다. 그때그때의 감정을 지규식은 충실하게 기록하였다. 『하재일기』에는 운루와 있었던 사건들, 그리고 그때그때 느꼈던 여러 감정과 심리 상태가 빠지지 않고 기록되어 있다. 다만 그 사건들을 하나하나 자세하게 밝혀 놓지는 않았다. '불미스러운 일'이나 '이상한 일' 등으로만 되어 있는 경우가 많은데, 운루와 다른 남성과의 관계로 인해 빚어지는 갈등과 질투심 등에 의해 두 남녀는 서로 등을 돌리게 된다. 하지만 다시 화해를 거듭하면서 두 사람은 만남을 이어 갔다. 특히 지규식은 병을 앓고 있는 운루를 정성껏 간호하면서 보살폈다.

1899년 12월 11일

밤에 운루에게 이르렀는데 병세가 가볍지 않아 약을 달여 복용하게 했다.

1899년 12월 26일

운루의 병세가 밤이 되어 더 심해져 밤이 깊도록 간호하고 돌아왔다.

1908년 3월 2일

벽운당을 간병하려고 프랑스 의사를 초청하여 문의하고 침을 맞고 약을 받았다. 약값은 200냥으로 확실히 정하고 100냥을 먼저 주었다.

1908년 3월 17일

저녁을 먹은 뒤 운루에 이르니 갑자기 변심하여 불선하고 패악한 말을 끝없이 해 댔다. 그 연유를 물으니 "내가 병중에 맛있는 음식을 전혀 제공하지 않았다"고 하고, 기어코 단절하려고 하였다. 그녀가 한 말을 들어 보니 이간하는 말이 있어 빚어진 것임을 알았다. 굳이 변명하고 다툴 필요가 없어서 집으로 돌아와서 가동家僮을 보내어 침구를 가져왔다.

지규식은 운루의 병을 치료하기 위해 여러 약을 구하기도 하고, 때로는 직접 약을 조제하기도 하였으며, 특별히 프랑스 의사를 초빙하여 당시로는 거금 200냥을 지불하기도 하였다. 운루를 간호하는 중에 누군가의 이간질로 인해 다툼이 벌어지기도 했지만, 그는 정성을 다해 운루의 병을 고치려고 하였다.

1908년에 들어와 운루의 병세는 더욱 악화되어 결국 세상을 떠났다. 이 무렵 『하재일기』의 기록을 살펴본다.

1908년 3월 18일
저녁을 먹은 뒤 운루에 가니 패악스러운 말이 적지 않아서 바로 돌아왔다.

1908년 3월 21일
운루의 병세가 더욱 심해졌다. 나에게 간호를 청하여 부득이 또 가서 밤을 새웠다.

1908년 3월 24일
운루를 간병하느라 밤을 새웠다.

1908년 3월 27일
운루의 병세가 더욱 심하여 온 낮과 밤을 심한 고통으로 보냈다.

1908년 3월 28일

운루의 병세가 조금 차도가 있다.

1908년 4월 4일

운루의 병세가 더욱 심하더니 밤 자시(오후 11~오전 1시) 초에 죽었다. 매우 가련하고 애처롭다. 함경빈 부자를 불러 수시收屍[78]하고 밤을 보냈다.

1908년 4월 5일

운루를 정오에 염습하고 신시(오후 3~5시)에 입관하였다.

운루의 병세가 갈수록 심해지자 지규식은 밤을 새워 가며 그녀를 돌보았다. 하지만 운루는 병상에서 일어나지 못하고 1908년 4월 4일 세상을 떠났다. 운루가 세상을 떠나던 날 지규식은 '매우 가련하고 애처롭다'고 적어 운루에 대한 애틋한 마음을 표현하였다.

『하재일기』에 나타난 기록 의식의 의미

지규식은 『하재일기』에서 자신의 경험했던 일들을 빠짐없이, 세세

---

78 수시(收屍): 시신의 머리와 팔다리를 바로 잡아 두는 일을 말함.

하게 기록으로 남기고자 하였다. 특히 우리가 주목한 것은 춘헌, 운루라는 두 여성과 나누었던 사랑에 관한 기록이었다. 지규식은 두 여성과의 내밀한 사생활의 모습들을 숨기지 않고 서술하였다. 만남을 가졌던 날에는 어김없이 그 사실을 빠뜨리지 않고 기록하였으며, 두 사람 사이에 있었던 일들에 대해서 가감 없이 일기 속에 적어 나갔다. 두 여성과 만나 사랑을 하고, 때로는 갈등을 겪기도 하고, 다시 화해와 타협을 반복해 나가는 일련의 과정이 구체적으로 기록되어 있다.

또한 지규식은 만남-갈등-화해를 반복하는 과정에서 체험한 자신의 감정과 심리 상태를 생생하게 기록하였다. 두 여성과 만남을 지속하면서 작가 자신이 겪게 되는 감정과 심리의 다채로운 양태를 숨김 없이 드러내고 있다는 점이 『하재일기』에서 특히 주목해야 할 부분이다. 이러한 감정은 질투, 원망, 배신감, 분노, 서운함, 후회, 안타까움, 연민 등 매우 다양하다. 사랑과 다툼과 화해의 반복 속에서 작가가 겪었던 감정의 다양한 양태들을 작가는 의도적으로 감추거나 은폐하지 않았다. 오히려 작가는 연인 관계에서 일상적으로 발생하는 감정들, 심적 갈등 양상을 진솔한 표현 속에 드러내고 있다.

이처럼 두 여성과의 만남 자체를 하나하나 기록해 두었다는 점, 그리고 두 여성과 교제하면서 겪었던 자신의 감정과 심리까지 놓치지 않고 기록해 두었다는 점이 우리가 『하재일기』에서 주목해야 할 그의 기록 의식이라고 생각된다. 지규식은 춘헌, 운루라는 두 여성과 각각 10여 년 동안 만남을 지속하였다. 『하재일기』에는 두 여성과 만났던 시간과 장소, 그들 사이에 있었던 일상의 사건과 감정들이 빠짐없이 서술되어 있는데, 이러한 부분은 개인의 일상 중에서 내밀한 영역에 속하는 것이라고 할 수 있다. 『하재일기』는 일기라는 형식 속에 이 같은 개인의 내밀한 생활을 빠뜨림 없이 표현하고 있다는 점에서 근대 전환기의 시대적 변화를 잘 보여 준다고 하겠다. 다시 말해 개인 주체의 감정과 욕망, 권리가 무엇보다도 중시되었던 당대 역사적 흐름 속에서 『하재일기』에 나타난 이 같은 기록 의식이 지닌 의미를 해석할 수 있을 것이다.

한편 『하재일기』에는 두 사람 사이에 일어났던 사건이나 다툼의 실상을 자세하게 언급하는 대신 '불미스러운 일', '이상한 일', '패악스러운 말', '의롭지 못한 무정한 일' 등으로 뭉뚱그려 표현하였다. 이것은 자신의 사생활을 고백하면서 일부를 감추는 서술 방식이라고 할 수 있다. 드러내기와 감추기의 긴장 속에 『하재일기』에 나타난 사생활 기록 방식의 특징이 있다.

한 개인의 일상과 사랑을 꼼꼼하게 기록하게 된 배경에는 공인 출신이라는 지규식의 신분 및 직업에 따른 의식이 작용하였을 것으로 보인다. 그릇을 제작하여 궁궐에 납품하는 공인이었던 지규식은 공방이 민영화되고 자본주의 체제에 편입되어 변화하는 과정을 직접 경험하였다. 한양과 분원을 오가면서 공인의 역할을 수행하였던 그는 도시 상업 문화와 자본주의적 사회로 변화하는 세태를 눈으로 목격하고 체험하면서 양반 사대부들과는 다른 층위에서, 외부 세계와 개인의 일상을 일기라는 장르 속에 기록하고자 하였다. 경기도 광주 분원 소속의 공인으로서의 지규식의 삶은 사랑의 방식을 바꾸고 일기를 기록하는 방식도 바꾸었다. 일상 속에서 일어나는 개인의 사생활을 중시하고, 일기 속에서도 그러한 개인적인 삶과 사랑, 내밀한 욕망을 기록하는 것을 주저하지 않았다. 『하재일기』에 기록되어 있는 춘헌과 운루라는 두 여성과의 사사로운 만남과 사랑은, 토크빌의 말을 빌리면, '자기만의 작은 사회'였다. 주변 인물들의 평가나 시선 등을 개의치 않고 두 여성과의 교제를 지속해 나갔으며, 둘 사이에 있었던 사생활의 내밀한 모습들을 지규식은 빠짐없이 매우 솔직하게 기록하였다. 게다가 지규식 자신도 두 여성과의 관계를 일기로 기록하는 것 자체를 즐기고 있는 것으로 보인다. 결론적으로 근대 전환기 개인 및 개인주의의 변화를 추적하는 데에 『하재일기』에 나타난 사생활의 기록은 이러한 점에서 소중한 의미를 지닌다.

원문·번역 참고문헌

나주 임씨, 『병인양란록』(이주홍문학관).

남평 조씨, 『병자일기』(국립공주박물관).

_____, 『역주 병자일기』, 박경신·전형대 역주, 예전사, 1991.

_____, 『병자일기: 노부인, 일상을 기록하다』, 박경신 역주, 나의시간, 2015.

분성군부인 허씨, 『건거지』(국사편찬위원회).

심노숭, 『남천일록』(국립중앙도서관).

_____, 『효전산고』(연세대학교 중앙도서관).

_____, 『눈물이란 무엇인가』, 김영진 역, 태학사, 2002.

_____, 『남천일록』, 국사편찬위원회, 2011.

_____, 『자저실기』, 안대회 외 역, 휴머니스트, 2014.

이기원, 『홍애자편』(연세대학교 중앙도서관).

이덕무, 『청장관전서』(미국 버클리대학교 동아시아도서관).

_____, 『청장관전서』(한국문집총간 257-259집).

_____, 『국역 청장관전서』 1-13권, 민족문화추진회, 1978-1982.

이지항, 「표주록」, 『국역 해행총재』 III, 민족문화추진회, 1974-1979.

이학규, 영인본 『낙하생전집』, 아세아문화사, 1985.

_____, 『아침은 언제 오는가: 이학규 산문선』, 정우봉 역, 태학사, 2006.

임재당, 『갑진일록』(장흥임씨대종회).

_____, 『나 죽어서 당신 만나면 이 슬픔 그치겠지요』, 조원경 역, 코람데오, 2015.

_____, 『갑진일록』, 보성문화원 역, 보성문화원, 2018.

작자 미상, 『난리가』(개인 소장).

장한철, 『표해록』(국립제주박물관).

_____, 『표해록』(국립중앙도서관).

_____, 『표해록』, 정병욱 역, 범우사, 1979.

_____, 『표해록』, 김지홍 역, 지식을만드는지식, 2009.

지규식, 『하재일기』(서울대학교 규장각한국학연구원).

_____, 『국역 하재일기』 1-8권, 서울특별시사편찬위원회, 2005-2009.

고려대학교 해외한국학자료센터: http://kostma.korea.ac.kr/

국립중앙도서관: https://www.nl.go.kr/

국사편찬위원회: http://www.history.go.kr/

서울대학교 규장각한국학연구원: https://kyudb.snu.ac.kr/main.do

한국고전종합DB: https://db.itkc.or.kr/

일반 참고문헌

가와이 코오조오, 『중국의 자전문학』, 심경호 역, 소명출판, 2002.

권희영 외, 『병인양요의 역사적 재조명』, 한국정신문화연구원, 2001.

김영봉, 「홍애자편」, 『고서해제』 2, 연세대학교 국학연구원 편, 평민사, 2004.

김영진, 「유배인 심노숭의 고독과 문필로써의 소수 ─유배일기 『남천일록』을 중심으로─」, 『한문학논집』 37, 근역한문학회, 2013.

르죈, 필립, 『자서전의 규약』, 윤진 역, 문학과지성사, 1998.

문희순, 「남평 조씨 3년 9개월의 가정과 인간경영」, 『한국언어문학』 75, 한국언어문학회, 2010.

박규홍, 「시어 분석을 통한 임재당 도망시의 특성 고찰」, 『동아인문학』 45, 동아인문학회, 2018.

박병선, 『병인년, 프랑스가 조선을 침노하다』, 태학사, 2008.

박은숙, 「분원 공인 지규식의 공·사적 인간관계 분석」, 『한국인물사연구』 11, 한국인물사연구소, 2009.

_____, 『시장으로 나간 조선백자』, 역사비평사, 2016.

박혜숙 외, 「한국여성의 자기서사(1)」, 『여성문학연구』 7, 한국여성문학학회, 2002.

반 뒬멘, 리하르트, 『개인의 발견』, 최윤영 역, 현실문화연구, 2005.

심경호, 『나는 어떤 사람인가』, 이가서, 2010.

아리에스, 필립·조르주 뒤비 편, 『사생활의 역사』 5, 김기림 역, 새물결, 2006.

안대회 외, 『청장관 이덕무 연구』, 학자원, 2019.

안대회, 「조선후기 자찬묘지명 연구」, 『한국한문학연구』 31, 한국한문학회, 2003.

_____, 『고전 산문 산책』, 휴머니스트, 2008.

안득용, 『한국 고전 자기 서사 연구』, 태학사, 2019.

안숙원, 「역사의 총체성과 여성 담론: 남평조씨의 『병자일기』를 대상으로」, 『여성문학연구』 2, 한국여성문학학회, 1999.

엄기표, 「순천 송광사 목조관음보살좌상 복장물 조사와 의의」, 『문화사학』 37, 한국문화사학회, 2012.

오갑균, 「영조조 무신란에 관한 고찰」, 『역사교육』 21, 역사교육연구회, 1977.

왕은철, 『애도예찬』, 현대문학, 2012.

유탁일, 「미발표작품 '날리가'에 대하여: 이인좌난때 참전한 한 마병의 수기」, 『국어국문학』 61, 국어국문학회, 1973.

_____, 『한국문헌학연구: 국문학연구의 기초』, 아세아문화사, 1990.

유호식, 『자서전』, 민음사, 2015.

이경선, 「병인양란록과 1866년 프랑스의 강화도원정기」, 『비교문학』 5, 한국비교문학회, 1980.

이근호 외, 『조선후기의 수도방위체제』, 서울학연구소, 1998.

이순구, 「조선후기 양반가 여성의 생활 일례: 병자일기를 중심으로」, 『조선시대의 사회와 사상』, 조선사회연구회 편, 조선사회연구회, 1998.

이왕무, 「소현세자 강빈의 옥사와 신원」, 『역사와 담론』 69, 호서사학회, 2014.

이주홍, 「병인양란록」, 『뒷골목의 낙서』, 을유문화사, 1966.

이 훈, 『조선후기 표류민과 한일관계』, 국학자료원, 2000.

이훈상, 「17세기 중반 순천 송광사 목조관음보살좌상의 조성과 늙은 나인 노예성의 발원」, 『호남문화연구』 51, 전남대학교 호남학연구원, 2012.

임미정, 「임재당의 도망시 연구」, 『열상고전연구』 61, 열상고전연구회, 2018.

정우봉, 「조선후기 자찬연보 연구」, 『한국한문학연구』 59, 한국한문학회, 2015.

_____, 『조선 후기의 일기문학』, 소명출판, 2016.

_____, 「분성군부인 허씨의 한글일기 『건거지』 연구(I)」, 『한국고전여성문학연구』 34, 한국고전여성문학회, 2017.

_____, 「임재당의 『갑진일록』에 나타난 죽음과 애도」, 『한문학논집』 56, 근역한문학회, 2020.

_____, 「『하재일기』를 통해 본 근대전환기 개인의 일상과 사랑」, 『민족문화연구』

　89, 고려대학교 민족문화연구원, 2020.

한국고전여성문학회 편, 『신작로에 선 조선 여성』, 소명출판, 2020.

함민복 외, 『강화도 지오그래피』, 작가정신, 2018.

조선 사람들,

자기

삶을

고백하다